Марина Ивановна Цветаева

寒冰的
篝火

同时代人回忆茨维塔耶娃

（俄）利季娅·丘可夫斯卡娅等 著

苏 杭等 译

广西师范大学出版社

·桂林·

图书在版编目(CIP)数据

寒冰的篝火:同时代人回忆茨维塔耶娃/(俄)丘可夫斯卡娅等 著;苏杭等 译—桂林:广西师范大学出版社,2012.12

ISBN 978 – 7 – 5495 – 2256 – 9

Ⅰ.①寒… Ⅱ.①丘… ②苏… Ⅲ.①茨维塔耶娃(1892 ~ 1941)–生平事迹 Ⅳ.①K835.125.6

中国版本图书馆 CIP 数据核字(2012)第 130273 号

出 品 人:刘广汉
策　　划:魏 东
责任编辑:魏 东
装帧设计:赵 瑾

广西师范大学出版社出版发行

(广西桂林市中华路 22 号　　邮政编码:541001)
(网址:http://www.bbtpress.com)

出版人:何林夏

全国新华书店经销

销售热线:021 – 31260822 – 882/883

杭州富春印务有限公司印刷

(杭州桐庐瑶琳镇新村路 3 号　邮政编码:311515)

开本:890mm×1 240mm　1/32

印张:9　　　　　　字数:165 千字

2012 年 12 月第 1 版　　2012 年 12 月第 1 次印刷

定价:32.00 元

如发现印装质量问题,影响阅读,请与印刷厂联系调换。

谨以此书

献给茨维塔耶娃一百二十周年诞辰

目　录

女儿心目中的茨维塔耶娃(节选)

(俄)阿里阿德娜·埃夫伦 著

苏 杭 译

她是一个什么样的人?

我母亲玛丽娜·伊万诺夫娜·茨维塔耶娃,个头儿不高——163公分,体形像一个埃及小男孩儿——宽肩膀,窄臂部,细腰身。她那少女时代的滚圆的身材一下子便永远地变成了强健而干瘦;她那踝骨和腕骨又瘦又细,步态轻盈而敏捷,行走起来轻快而急速,但并不唐突。如果在人多的地方,当她发现有人在注视着她或者甚至眼睁睁地盯着她的时候,她便把动作迟缓下来,放慢一些。这时侯,她的举止便变得谨慎而又节制,但是从来也不拘谨。

她的姿态端庄而挺拔:即便俯在书案上,她也依然保持着"脊背像钢铁般不屈的姿势"。

她的头发介于金黄色和棕色之间,年轻的时候卷着大花儿,柔软,很早地开始变白——这就愈加显露出她那黧黑而又没有血色的、暗淡无光的脸色;她那双绿色的、葡萄一般颜色的眼睛,镶着淡褐色眼睑,放射着光芒,炯炯有神。

脸的线条和轮廓精确而又明晰,毫不模糊,没有一点儿大师所考虑不周的没有雕塑的、没有琢磨的:那鼻子,鼻梁细长,稍微凸起,鼻尖不是很尖,而是有所收缩,呈平整状,由此像羽翼一般分开两个灵敏的鼻孔,看上去柔和的嘴巴严峻地勾勒出神秘的线条。

两条纵向的皱纹将两道淡褐色的眉毛隔开。

表面看上去是完全孤僻的、静止的脸,实际上内心里经常充满了活动,深藏在心里的表现力,像天空和海洋一样多变而又充满色彩。

但是很少有人能够识破它。

那双手坚强、有力、爱劳动。两只镶嵌宝石的银戒指(一只是雕有小船形象的图章戒指,另一只是光滑的边缘上有赫耳墨斯的玛瑙宝石雕刻,是父亲送给她的礼物)和结婚戒指——从来没有摘下来,没有引起过人们对她的手的注意,既没有为她的手增色,也没有使它们受到束缚,而是自然而然地与它们构成了统一的整体。

嗓音像少女一样高亢,响亮,富有感情色彩。

语言洗练,对话简洁。

她善于倾听;从来不使谈话的对方感到窘促,但是争论起来却咄咄逼人:在各种各样的学术会议、辩论会、讨论会上,她保持着严峻而又谦恭的分寸,迅雷不及掩耳地战胜对方。

她是一个出色的讲故事的人。

她朗诵诗时不是为了小范围,而是像面向着广大的听众。

她朗诵起来充满激情,意味深长,没有装腔作势的"嗥叫",从不放过(漏掉!)诗句的字尾;通过她的朗诵,最复杂的东西也会瞬间洞若观火。

她很乐意,充满信任,只要一提出要求她便朗诵起来,否则不等要求,她便自己提出来:"想听吗,我给您朗诵一首诗?"

一生中,她对读者、听众以及迅速和直接地对所写的东西的反应的需求都是巨大的,而且是永不满足的。

对于初学写作的诗人,只要感觉到——或者想象到!——他们具有"天赋"的才华,就表示出友善和宽宏大量;每一个人她都觉得是笔友,是诗歌本身的——不是自己的!——继承人,但是对那些平庸之辈也会识破,并且无情地予以指出,不管是对于处于起步阶段的,还是对于已经达到了虚假的高度的诗人。

她的确是与人为善的和慷慨大度的:急于助人,搭救人,拯救人——恨不得倾尽所能;与人分享仅有的,最迫切需要的东西,因为她没有多余的。

她既善于给予,也善于毫不客气地索取;她很久都相信"善有善报",相信伟大的、用之不竭的人类的互助精神。

她从来不是冷酷无情的,但是却总是无以自卫的。

待人宽厚,但对亲近的人——友人们、孩子们,如对自己本人一样苛求。

如她的某些肤浅的同时代人认为的那样,她也不排斥时髦,但是既没有物质条件去创造时髦,也没有物质条件去追求时髦,她厌恶地规避那些为了效仿她而哭穷的人,在侨居国外的年代里,她怀着尊严穿着别人的衣裳。

她最注重物品经久耐用:她不喜欢不坚固的、爱变形的、好破的、易碎的、容易受损伤的东西,总而言之——不喜欢"华而不实的"。

她很晚才上床,入睡之前看会儿书。起得很早。

她习惯于斯巴达式的简朴,饮食简单。

在俄国时她吸自制的卷烟,在国外时抽劲儿大的、男士的雪茄烟,普通的、樱桃木的烟斗,一次吸半支雪茄烟。

她喝黑咖啡:把浅色的咖啡熏烤成褐色,然后用古老的土耳其磨不紧不慢地研磨,那磨是铜制的,样子像小圆柱,圆柱上覆满花字图案。

她与大自然千真万确有着血缘关系,她热爱大自然——爱群山、山岩、森林——怀着一种异教徒般的把大自然视为神的力量的,同时要战胜它的爱,不掺杂旁观的态度,因此对于无论是徒步还是泅水都不能战胜的大海她却不知如何是好。她不善于一般地欣赏大海。

犹如沼泽的、泥泞的、芦苇丛生的地方,犹如一年当中潮湿的月份,泥土在路人的脚下变得不可靠,低矮的、平原的景色使她感到懊丧。

她童年时代的塔鲁萨和青年时代的科克捷别里在她的记忆里永远感到亲切,她经常在寻觅它们,并且偶尔在默登森林从前"皇家狩猎区"的丘陵地带,在地中海沿岸的高起的地方,在色彩和气息中发现它们。

她很容易受得住酷暑,对严寒却难以忍受。

对于采摘的花儿,对于花束,对于窗台上的花瓶里或者花盆里开放的一切,她都不以为然;而同花园里栽培的花儿相比,她更喜欢常春藤、帚石南、野葡萄、灌木丛——爱它们强健和长命。

她敬重人们以其才智参与到大自然中去,敬重他们与大自然的共同创造——公园、堤坝、道路。

她对猫和狗怀着一种永恒的柔情、忠诚和理解(甚至怀有敬意!),它们也对她给予了回报。

在散步的时候,她常常是不达目的不罢休——到达某某地方,登上某某高处;她对那些"收获"——采摘的蘑菇、浆果以及我们住在捷克贫穷的郊外乡下的艰难时期里取暖烧的树枝,比买来的更感到高兴。

在城外她能识别东西南北,而在城里却没有方向感,即使在熟悉的地方也时常晕头转向。

她害怕高层楼房、人群(拥挤)、汽车、升降机和电梯。所有市内交通运输中,如果只身没有同行者,她只乘坐电车和地铁。如果没有电车和地铁,她便步行。

对于数学她一窍不通,对于任何一种技术她都格格不入。

她憎恨日常生活——由于这日常生活难以摆脱,由于要日日操劳无益的重复,由于占去了主要事情所需的时间。一生都在忍耐地和孤独地克服着日常生活。

她好与人交往,殷勤好客,喜欢结成友谊,而不喜欢拒绝往来。她更喜欢那些通常被认为是怪人的那些人的圈子,而不喜欢"正人君子"的社会。况且她自己也被认为是怪人。

在友谊中和怨怒中她总是偏激的,但是并非永远一成不变的。"不可为自己竖立偶像"的诫命经常受到她的破坏。

她尊重青年,敬爱老年。

她赋有文雅的幽默感,她不认为明显的可笑的或者粗鲁的可笑的东西是可笑的。

对她的童年产生过影响的两种因素——造型艺术(父亲的领域)和音乐(母亲的领域)中,她接受了音乐。形式和色调——确实可触觉的和确实可视觉的因素,对她来说都是格格不入的。她只能对所描绘的事物的情节感兴趣——孩子们就是这样"看画儿的",——因此,比如说,书中的版画,尤其是木刻(她喜欢丢勒、道尔),与油画相比,同她的气质更接近。

早年醉心于戏剧,部分原因是受她的年轻的丈夫,他与她的年轻的朋友们的影响,但是这种兴趣与她的青年时代一起留在了俄罗斯,既没有超出成年的界线,也没有越过国界。

在所有的类型的视觉艺术中,她喜欢电影,而且喜欢默片甚于"有声的",因为默片为观众提供了较大的共同创作、共同感受、共同想象的可能性。

对于从事创作的人们总是怀着一种同志般的深厚的敬意;游手好闲,寄生生活,只顾个人需求,犹如松松垮垮、懒惰成性、夸夸其谈一样,她本能地感到格格不入。

她是言行一致的人,只覆行职责的人。

尽管十分谦虚,她却知道自己的价值。

她是怎样写作的?

把所有的工作,所有刻不容缓的事记下来,一大早开始,趁着头脑清醒,肚子空空的、瘪瘪的。

倒上一小杯滚热的黑咖啡,放在书桌上,一生中每一天,她都怀着如同工人走到车床前一样的责任感,必然的、不可能不这样的感情走到书桌前。

此时此刻书桌上一切多余的东西,都推到一边,以一种下意识的动作腾出一块地方放笔记本和胳膊肘。

用手掌支撑着额头,手指插到头发里,立刻便能打坐入静。

除了手稿,一切都充耳不闻,视而不见,只见她以敏锐的思维和笔锋埋头于手稿中。

她从不用散页的纸写作——只用笔记本,任何的,从小学生作业本到总账簿,只是墨水不洇便成。在革命的年代里,笔记本是她自己装订的。

她用的是普通的木制笔杆的(学生用的)细笔尖钢笔。从未用过自来水钢笔。

时不时地用打火机点燃一支香烟,呷一口咖啡。口中念念有词,在试语音。她从不站起身来在房间里踱来踱去,寻觅失落的东西,——而是像被钉子钉住一样坐在书桌后面。

如果来了灵感,就记下来主要的,把构思向前推进,速度常常是令人吃惊的;而如果处于只是全神贯注的状态,就做一些诗歌的辅助性工作,寻找那种最恰当的词汇概念、定义、韵律,把写就的诗稿中那些冗长的和似是而非的东西删掉。

找到了确切的词语、意义和音响的统一以后,便一页接一页地填满纵行韵脚,数十个诗节方案,一般来说不急于把否定的东西勾掉,而是使它们告一段落,另起炉灶。

在着手写作大型作品以前,使作品的构思最大限度地具体化,拟订出不许自己偏离计划,以便作品不至于把她引入自己的航线,变成一部难以驾御的作品。

她书写的笔迹非常独特,圆圆的,很小,但很清晰,这种笔迹在她生活的最后三分之一时期由于逐渐增加一些缩写而变得难以辨认:许多词语只用第一个字母标出;手稿越来越变成了给自己一个人看的手稿。

笔迹的个性早在童年时代便已确立下来。

一般说,她认为字迹潦草乃是书写者对未来的读者——任何一个收件者、编辑、排字工人不尊重的表现。因此她写的信字迹特别清楚,而给印刷厂的手稿,则用印刷体字母亲手誊清一遍。

她复信从不拖延。如果收到早班投递来的信件,往往立刻在笔记本里拟出回复的草稿,仿佛把它记入当天的创作的流程。对于自己的书信也当创作看待,几乎也像对待手稿一样要求严格。

在一天当中有时候也回顾一下笔记本。只是在年轻的时候,才连夜写作。

她善于适应各种环境工作,我指的是各种。

她的工作能力和内在组织性的才华与诗歌的天赋是相媲美的。

合上笔记本,打开自己房间的门,——开始从事一天当中的各种繁忙的琐事。

题解:

阿里阿德娜·埃夫伦(1912—1975),昵称阿利娅,玛丽娜·茨维塔耶娃的大女儿。阿利娅聪颖不凡,幼年即展现观察和写作的天赋,从小即和母亲患难与共,是和母亲待在一起时间最长的人,其所著《回忆录》一书文笔简练,妙趣横生,是关于茨维塔耶娃的日常生活与精神面貌的非常重要的文献。该书第三部分是阿利娅和帕斯捷尔纳克的通信,对于理解茨维塔耶娃尤为珍贵。长期在国外的困苦生活,加上父亲的影响,1937 年 3 月,阿利娅怀着满腔希望只身返回祖国。1939 年 8 月 27 日深夜,阿利娅突然被捕。经过十七年集中营和流放生活的磨难,阿利娅终于在 1956 年重获自由,然而,母亲早在 1941 年 8 月 31 日在小城叶拉布加自尽。阿利娅将余生全部献给母亲的未竟事业，整理、注释并出版母亲的遗作。然而令人遗憾的是，茨维塔耶娃将近三十年的生活与文学活动的最直接的见证人，阿里阿德娜·埃夫伦未能完成关于母亲的回忆录便精疲力尽，于 1975 年辞世。

（米　卡）

人，岁月，生活（节选）

（俄）伊利亚·爱伦堡 著

冯南江 译

我认识玛丽娜·伊万诺芙娜·茨维塔耶娃的时候，她是二十五岁。她那桀骜不驯而又惘然若失的神态令人惊奇；她的仪表倨傲——仰着头，前额很高；而两眼却泄露了她的迷惘：大大的、软弱无力的眼睛似乎看不见东西——玛丽娜是近视眼。她的头发剪成短短的周圈垂发式。她不知是像一位神经质的太太呢，还是像一个乡下小伙子？

茨维塔耶娃曾在一首诗里谈到自己的两个女人：一个是淳朴的俄罗斯妇女，乡村牧师之妻，另一个是波兰的贵妇人。旧式的礼貌和叛逆性格，狂妄自大和羞怯腼腆，书本上的浪漫主义和淳朴的心灵，玛丽娜都兼而有之。

我第一次往访茨维塔耶娃的时候，已读到过她的诗了；有些诗我很喜爱，特别是在革命前所写的一首，玛丽娜在这首诗中描写了自己未来的葬仪："莫斯科的街头留在后面,我的马车向前走去,你也在徘徊,在路上落后的不是你一个,第一个土块将要敲响棺材盖,那自私的孤独的梦终归有了解答……上帝啊,请你宽恕由于骄傲而新近死亡的贵妇玛丽娜吧……"

我刚跨入一所不大的住宅便愣住了:一片令人难以想象的荒凉景象。当时人人都是忧心忡忡,但日常生活的外表却依然维持着;而玛丽娜则仿佛故意破坏了自己的巢穴。所有的东西都蒙上了一层尘埃和烟灰。一个十分瘦削而苍白的小姑娘走到我的跟前,信任地紧靠着我低声地说:"多么苍白的衣服! 多么奇异的宁静! 怀中抱着百合花,而你正在漫无目的地瞧着……"我吓得浑身冰凉:茨维塔耶娃的女儿阿利娅当时才五岁,可她却朗诵起勃洛克的诗来了。一切都像是不自然的、杜撰出来的:无论是住宅、阿利娅还是玛丽娜本人的谈话——她原来被政治吸引住了,她说她正在为立宪民主党做宣传工作。

茨维塔耶娃在早年的诗作中曾歌颂过自由民拉辛。根据她的天性,与其说她是为 1917 年夏天那些被吓坏了的市民所谈论的那种巩固的秩序而生,不如说是为叛乱而生。茨维塔耶娃同他们毫无共同之处;但是她离开了革命,在自己的想象中创造了一个浪漫主义的文德①;她同情沙皇(虽然也

---

① 文德原为法国西部的省份,18 世纪末法国资产阶级革命时期,那里曾经是反革命的根据地。此处指反革命的思想。

指责他："后代子孙还将不止一次地提到您明亮的眼睛里那拜占庭的背信"）。她反复地说："啊，你是我那贵族的、我那沙皇的苦恼……"

为什么她的丈夫谢廖沙·埃夫伦要去参加白军呢？我在巴黎曾见到过谢廖沙的哥哥——演员彼得·雅科夫列维奇·埃夫伦，他有肺病，死得很早。谢廖沙长得像他——十分温柔、谦逊，喜欢沉思。我无论如何也想象不到他想当一个朱安党人①。

他走后，玛丽娜便写了一些激烈的诗："拥护索菲亚推翻彼得！"她写道："安德烈·谢尼埃上了断头台，而我活着，这是天大的罪恶。"她在文学晚会上朗读这些诗；并没有因此而遭受任何迫害。所有这一切只是书本上的虚构，只是玛丽娜为之付出了自己被糟踏了的、极端艰辛的一生的一种荒诞无稽的浪漫情调。

1920 年秋天，当我从考特贝尔经历了千辛万苦来到莫斯科以后，我发现玛丽娜依然处于那种极端的孤独之中。她完成了一本颂扬白党的诗集——《天鹅营》。当时我已经见了不少世面，其中也包括"俄罗斯的文德"，思考了不少问题。我打算把白卫分子的真面目告诉她——她不信；我试图和她争论几句——玛丽娜生气了。她的性格倔强，她自己为此吃的苦头比所有的人都多。我保存着她的一本名叫《别离》的

---

①　朱安党人是法国革命时期的反革命暴动分子。

书,她在书上题道:"您的友谊对于我比任何仇恨都珍贵,您的仇恨对于我也比任何友谊都珍贵。赠爱伦堡。玛丽娜·茨维塔耶娃。柏林,1922 年 5 月 29 日。"(虽然当时她所保留的先前的坚定立场已寥寥无几,但在这一行文字中却用了几个旧字母 b,甚至还用了几个硬音符号。)

1921 年春,当我以第一批苏联公民的身份出国的时候,茨维塔耶娃恳求我设法找到她的丈夫。我获悉了谢·雅·埃夫伦还活在人世并住在布拉格的消息;我写了一封信,把这件事告诉了玛丽娜。她打起精神着手张罗出国护照。她说她立刻就得到了护照;在外交人民委员部,米尔金对她说:"您对您的离开还会感到惋惜的……"茨维塔耶娃带走了《天鹅营》一书的手稿。

她和丈夫的会见是凄惨的。谢尔盖·雅科夫列维奇是个有敏锐的良知的人。他向她叙述了白卫的残暴,谈到了他们的暴行和心灵的空虚。天鹅在他的叙述里变成了乌鸦。玛丽娜迷惘了。我曾在柏林和她作过一次通宵的长谈,在我们谈话结束的时候,她说她不出她的书了。

(诗集《天鹅营》于 1958 年在慕尼黑出版。第二次世界大战前夕,茨维塔耶娃在去苏联之前把她的一部分书稿留在巴塞尔市("中立国")的图书馆里了。我不知道出版者是怎样弄到这部手稿的;他们追求的当然是政治目的,违反了茨维塔耶娃的意志,——在她侨居国外的十七年间,出版家们曾多次要求她出版《天鹅营》,但她始终拒绝。)

我打算把被玛丽娜·茨维塔耶娃美化了的关于文德的

话题深入下去，并加以发挥，我想谈谈有时候艺术是怎样变成装腔作势、摆样子的赝品和衣衫这个问题。（我在回忆自己早期的诗作时业已提到过这个问题。）这不仅与《天鹅营》有关，而且也同许多诗人的许多诗集有关，同时这个话题还多多少少有助于读者理解我这部书以下的章节。

正如我曾说过的，我没有保存已往的信件。茨维塔耶娃把她的档案的一部分带到莫斯科来了。其中有一些写给我的书信的草稿。玛丽娜在一份草稿上写道："在 1918 年，当时您曾摒弃过我的唐璜们（一件既不掩饰又不暴露的'外套'），而在 1922 年的今天，你又摒弃我的少女之王和叶果鲁什卡们（我心中的罗斯是次要的）。无论在当时还是在现在，你要求于我的只有一点——那就是我，亦即一个既没有外套又没有长衫的骨头架子，最好是被剥得精光的我。构思，修辞，借喻——所有这一切对于你说来或多或少都是摆样子的赝品。你所要求于我的最重要的东西——没有它我就不成其为我了……我一次也没有使你困惑（我经常使自己困惑，将来亦是如此），你比我敏锐。无论在 1918 年还是在 1922 年的现在，您都是很严峻的——没有任何奇怪的念头！……您是对的。诗中的淫荡（奇怪的念头）绝不比生活中的淫荡（奇怪的念头，为所欲为）要好。另一些人——想来可分为两类——一类是秩序的维护者，他们说：'在诗歌中写些什么悉听尊便，不过在生活中却得举止正派。'另一类是唯美主义者，他们说：'在生活中可以为所欲为——但是必须写出好诗。'只有您一个人说：'无论在诗中还是在生活中都不可淫荡。你不需要这个。'你是对的,因为我现在正默默地朝着这个目标前进。"

她向她为自己提出的那个目标走去,而且达到了这个目标,她是从一条痛苦、孤独和被社会遗弃的道路达到这个目标的。

她和诗歌的关系是复杂而痛苦的。她对瓦·亚·勃留索夫作了许多不公正的描写:她只看到了表面现象,而无意作比较深入的观察和进行一番思考,然而这几行诗句无疑曾引起了她的愤怒:"也许,生活中的一切只是音响嘹亮的诗行的素材,你要从无忧无虑的童年开始找寻词的结合。"茨维塔耶娃回答道:"词能代替思想,韵律能代替感情吗?词产生词,韵律产生韵律,诗行产生诗行……"但同时她又是诗歌的俘虏。茨维塔耶娃想起了卡罗琳娜·巴芙洛娃的诗句,便把自己的一本书起名作《手艺》。她在书中写道:"去给自己寻找那些没能把神秘的奇事改正为数字的轻信的女友吧。我知道维纳斯是手的作品,我是一个手艺人,我知道手艺。"

玛丽娜把生活中的许多东西都称为自己的朋友;友谊突然中断,于是玛丽娜也就同又一次的幻想分手了。但是她也有一个始终不渝地忠实于她的朋友:"是的,有个人已经被爱上,这个人就是桌子。"——她的写字台就是诗。

我生平见到过许多诗人,我知道,一个艺术家要为自己对艺术的酷爱付出多大的代价;但是在我的记忆中似乎还没有一个比玛丽娜更为悲惨的形象。她生平的一切:政治思想,批评性的意见,个人的悲剧——除了诗歌以外,所有的一切都是模糊的、虚妄的。认识茨维塔耶娃的人已所存无几，但是她的诗作现在才刚刚开始为许多人所知晓。

她从少年时代直到去世始终是孤独的，她的这种被人遗弃同她经常脱离周围的事物有关："我爱自己生活中的一切事物，但是以永别，不是以相会，是以决裂，不是以结合而爱的。"茨维塔耶娃侨居国外以后，重又陷于孤独；侨民办的刊物不愿刊载她的作品，而当她热情洋溢地写了一篇关于马雅可夫斯基的作品以后，竟被目为有"背叛"的嫌疑。茨维塔耶娃在一封信中写道："在侨居国外期间，他们起初（凭一时的热情！）还刊登我的作品，后来头脑冷静下来，便不再理会了，他们嗅到了异己的气味：那里的气味。内容似乎是'我们的'，'而声音却是他们的'。"

对于通常被称为政治的那种东西，茨维塔耶娃是天真的、固执的、真诚的。1922 年我同画家艾·里席茨基共同出版《作品》杂志——用俄语、法语和德语出版。玛丽娜自动为这个刊物把马雅可夫斯基的一首揭露性的诗《下流坯，你们听着！》译成了法文。到了 30 年代，当她对俄罗斯的文德的热情早已冷却下来以后，她依然不能适应新的历法。（我想起了苏维埃政权建立的第一年间的几个故事；勃洛克曾在彼得格勒的一次会议上激烈地捍卫古老的缀字法——他什么都接受，但"森林"这个词如不加 Ъ 在他看来就不成其为"森林"。）

在第一次世界大战时期，茨维塔耶娃写道："德意志，我的疯狂！德意志，我的爱！"（她在这种爱中不是孤独的——

勃洛克也曾谈到他对德国文化的溺爱。)过了四分之一个世纪,德国的师团开进被出卖了的布拉格,于是玛丽娜便诅咒他们了:"啊,狂妄! 啊,伟大之木乃伊! 燃烧吧,德意志! 疯狂,你创造疯狂。"

　　30年代,我们见面的次数很少、很偶然、很空洞。我不知道她是怎样生活、靠什么生活的;我也不知道她写了哪些新的诗作。这些年对于茨维塔耶娃是一个严重的考验和认真工作的时期;现在我看见了她在诗歌上的成长,摆脱了最后的几件"外套",找到了普通的和锐利的词句。

　　她生活得很不好:"丈夫有病,不能工作。女儿一天编织帽子赚五个法郎,我们四个人(我有一个八岁的儿子,名叫格奥尔吉)就靠这五个法郎糊口,这就是说,我们正在慢慢地饿死。"

　　谢·雅·埃夫伦成了"返回祖国协会"的组织者之一。他表现得很勇敢。玛丽娜对自己的儿子、对那些在父母侨居国外的时候诞生的年轻人写道:"别去追悼你们不曾到过的那座伊甸园……"阿利娅到莫斯科去了;谢·雅·埃夫伦不久也跟着她去了。

　　但是连茨维塔耶娃自己也不曾到过那座假想的伊甸园。过去的世界从来不是她失去的乐园。"当不能笑的时候,我也喜欢笑。"正是因为"不能",她才爱得很多,她不在她的邻人们鼓掌的时候鼓掌,而且独自望着落下的帷幕,她在演出正在进行的时候离开观众大厅,跑到幽暗的、无人的走廊上去哭泣。

　　玛丽娜在幼年时代很迷恋罗斯丹的《雏鹰》以及他那假想的浪漫主义色彩。她的迷恋逐年加深:歌德、《哈姆雷特》、《费特尔》①。她有时用法文和德文写诗。但是除了在俄罗斯,她在任何地方都感到自己是一个外国人。她的一切——从青年时代的"火热的花楸树"直到最后一株血红的接骨木,都同祖国的景色有连带关系。她的诗作的基本题材是爱情、死亡、艺术,而且她是按俄国的方式来处理这些题材的。对于她说来,爱情就是丘特切夫所说的那个"注定的搏斗"。关于普希金的塔吉雅娜,茨维塔耶娃写道:"哪一个民族有这样可爱的女人:大胆而可敬,钟情而又坚贞不屈,眼光远大而可爱?"她最憎恶爱情的代用品:"他们有多少人,有多少人用雪白的和红中透青的手吃喝,整整几个王国都围绕着你的嘴巴低声地谈情说爱,卑鄙啊!"她自己就是一个钟情而又坚贞不屈的女人。

　　1939 年,茨维塔耶娃带着十四岁的儿子回到了祖国。在她晚年所写的诗中,有一首仿佛是在法西斯分子攫取了西班牙并侵入捷克斯洛伐克之后写成的:"我拒绝在别德拉姆②做非人的蠢物。我拒绝同广场上的狼一同嗥叫……"谢·雅·埃夫伦死了。阿利娅在远方。玛丽娜就是在莫斯科也是孤独的。

　　1941 年 8 月,她曾找过我;我们在多年的阔别之后相见

---

　　①　法国 17 世纪伟大剧作家拉辛的悲剧。

　　②　别德拉姆是伦敦一所疯人院的名字,此处指疯子的国家。

了，但由于我的过错，这次会见却并不成功。那是一天清晨，无线电广播说："我军放弃了……"这时我的思想正在远方。玛丽娜马上察觉到这一点，便把谈话转到事务性的话题上：她说她是来商量翻译作品的问题。她临走的时候，我说："玛丽娜，咱们还要再见面谈谈……"不，此后我们没有再见过面：茨维塔耶娃在撤退到叶拉布加市以后便自杀了。

玛丽娜的儿子在前线牺牲了。我现在有时见到阿利娅；她把玛丽娜未出版的诗都收集起来了。

茨维塔耶娃的某些诗行是我至今犹难忘怀的——它们已铭刻在我的记忆之中，终生不会磨灭。这不仅仅由于诗人的高度的才能。我们的道路是互不相同的；在人生的长途上存在着许多十字路口，一个人每行至此都要实在地或仅仅在自己的幻想中为自己选择一条道路；我同茨维塔耶娃似乎从来不曾在这种十字路口碰过面。但是在茨维塔耶娃的诗人的命运中却有一种对于我是十分亲切的东西——对艺术的权力始终表示怀疑，而同时又离不开艺术。玛丽娜·伊万诺芙娜常常自问，诗和现实生活中的创造，哪一样重要，并回答说："除了形形色色的寄生虫以外，所有的人都比我们（诗人们）重要。"在马雅可夫斯基死后，她写道："作为一个人而活，作为一个诗人而死……"茨维塔耶娃从来没有逃避生活的意思；恰巧相反，她愿同人们在一起生活：孤独对于她说来不是纲领，而是该诅咒的东西；它是同她所说的那个唯一的朋友紧密地结合在一起的："这个人就是桌子……"她从来没有去过"洛东达"，也不认识莫吉尔扬尼，但她写道："注定负有特

殊使命的犹太区。围墙和壕沟。别期待怜悯。在这个最忠
于基督教的圈子里,诗人们都是犹太坯。""注定负有特殊使
命"一词可能会使人莫名其妙;但是茨维塔耶娃认为"犹太
区"并不是一种傲慢的孤立,而是命运的安排:"古往今来的
诗人哪一个不是黑人?"

　　每当我重读茨维塔耶娃的诗作的时候,我就会突然忘记
了诗歌而陷入回忆之中,想起了我的许多友人的命运,想起
了我自己的命运——人,岁月,生活……

题解:

　　伊利亚·爱伦堡(1891—1967),苏联著名新闻记者、作家、翻译
家。爱伦堡自认创作中,诗占第一位,其次是小说,第三位是政论。
那时他尚未写回忆录,所以没有提到。其实,三者中还是政论影响
最大,二战期间他发表的政论在世界各国读者当中产生了强烈反
响。1960 年,爱伦堡开始写回忆录《人,岁月,生活》,在新世界杂志
上陆续发表。1964 年发表完,后结集出版。爱伦堡的回忆录在读者
当中引起热烈的反响,人人争读,就像当年争读他的政论一样。苏
联作家当中没人写出过类似的回忆录,因为谁也没有他那样的经
历。在这部回忆录里,爱伦堡把文学史上从未提到过的作家介绍给
读者,并说出自己对他们的看法。本文选自《人,岁月,生活》第二部
第三节。爱伦堡跟茨维塔耶娃的关系严格说起来并不十分深入。
1921 年 3 月,爱伦堡出国,随后不久茨维塔耶娃写了一首诗,托付爱
伦堡帮她寻找心爱的丈夫。7 月 14 日,茨维塔耶娃得知丈夫尚在人
间,并收到他的第一封信。是爱伦堡从他不肯泄露的渠道打听到谢

尔盖·埃夫隆在君士坦丁堡。茨维塔耶娃很感激爱伦堡的帮助,写了一系列诗送给他。1922 年 5 月,茨维塔耶娃带着女儿阿利娅抵达柏林,爱伦堡夫妇对她们非常关照。茨维塔耶娃在柏林跟人约会见面的机会多得出奇,在柏林逗留十一周期间,她的约会与交往安排得一个接一个。茨维塔耶娃把这些活动安排归功于爱伦堡。刚到柏林不久,她的两本诗集《给勃洛克的诗》和《离别集》就在这个城市出版了,她非常感激爱伦堡为这两本书的出版花费的心血和努力。还在茨维塔耶娃在莫斯科为出国作准备时,爱伦堡就采用书信形式发表了友好的文章,对茨维塔耶娃《给勃洛克的诗》和《离别集》两本诗集进行评论。他这样评说茨维塔耶娃所走的道路:"您自有主意,智慧过人,您勇敢地面对世界,决不随风摇摆,独自在鲍里索格列布巷的阁楼上生炉子,过日子。"爱伦堡到海滨休养,暂时离开了柏林,不过他仍为茨维塔耶娃的作品出版事宜操心,可茨维塔耶娃忙乱得无暇复信,这让爱伦堡心里不是滋味。而且,因为"赫利孔"出版社创办人维什年科的关系,茨维塔耶娃与爱伦堡渐渐疏远,通信不再,友谊就此中断。茨维塔耶娃写于 1923 年 2 月 9 日的一封信似乎专门在解释为什么会跟爱伦堡"绝交"。

(米 卡)

三个影子（节选）

（俄）鲍里斯·帕斯捷尔纳克 著

乌兰汗 译

一

　　1917 年 7 月，爱伦堡按勃留索夫的劝告，找到了我。于是我认识了这位聪明的作家，他是个气质与我完全相反的人，活动能力很强，性格开朗。

　　那时，政治流亡者、在外国遇到战争的人、被拘留在那里的人等开始像潮水般地从国外涌回来了。安德烈·别雷从瑞士回来了。爱伦堡也回来了。

　　爱伦堡对我谈起茨维塔耶娃，赞不绝口，他还把她的诗拿给我看。革命初期，在一次联合晚会上，我出席了属于其他表演者之列的她的朗诵会。军事共产主义时期，有一年冬天，我受人之托去看过她一趟，说了一些无关紧要的话，听了一些无关紧要的回话。那时我还理解不了茨维塔耶娃的作品。

那时,我的听觉已被充斥四周的遁辞饰语和要打破一切习惯用法的口号破坏了。所有正常地说出来的话我全都听不入耳。我常常忘记,除了人们强加在它们身上的那些花哨成分外,语言本身就可以含有一点内容和一点意思。

茨维塔耶娃的诗歌写得和谐悦耳、诗意清晰,并且只有优点而无缺陷,正是这些优点成了我接受时的障碍,妨碍我理解它们的实质。我在各方面所追求的并不是实质,而是不相干的尖锐性。

我长期低估茨维塔耶娃,如同按不同方法低估了其他许多人——巴格里茨基①、赫列勃尼科夫②、曼德尔施塔姆、古米廖夫。

我已经说过,在那些不善于有见识地表达思想、把拙口笨舌视为美德和不得已而标新立异的青年人当中,只有两个人,即阿谢耶夫和茨维塔耶娃,会像模像样地讲话,并会用标准的语言与风格写作。

突然,这两个人都放弃了自己的特长。阿谢耶夫被赫列勃尼科夫的榜样所迷惑。茨维塔耶娃则是内心世界发生了变化。不过,在她蜕变之前,我就被原先的、继承传统的茨维塔耶娃征服了。

_____

① 爱·巴格里茨基(1895—1934),俄罗斯诗人。
② 维·赫列勃尼科夫(1885—1922),俄罗斯诗人,未来主义者。

二

　　她的诗必须精读。当我做到这一点之后，我就为展现在我面前的那种深不可测的纯洁和力量而发出了一声惊叹。周围从未有过类似的东西。我将紧缩议论。就算我说出来，我也不会觉得亏心的。除了安年斯基和勃洛克，以及有些限度的安德烈·别雷之外，早期的茨维塔耶娃就是所有其他象征主义者都想要当而又当不上的那种人物。在那里，在他们的文字创作在臆造的刻板模式和没有生命的古词语的领域里无力地挣扎的那些地方，茨维塔耶娃已一边轻松地翱翔于真正的创作的种种困难之上，一边以不可比拟的高超技巧闹着玩似的完成它的种种任务。

　　1922 年春，当她已经在国外时，我在莫斯科买了她的一本小小诗集《里程标》。我一下子就被茨维塔耶娃的诗歌形式的抒情魅力征服了，这形式是呕心沥血地锤炼出来的，不是软绵绵的，而是极其简洁凝练的，不会在个别诗行上读不下去的，而会用自己的循环诗句的发展来不打断节奏地支配诗节的全部连贯性。

　　这些特点使我感到亲切，也许是因为我们受过相同的影响，也许是因为在性格形成方面有一致的动力，也许是因为家庭与音乐对我们起了同样的作用，还因为我们有相同的出发点、目的和爱好。

我往布拉格给茨维塔耶娃写了一封信,满篇是赞美之词,并因我竟如此之久地忽略她和如此之迟地了解她而感到惊讶。她给我回了信。我们开始通信,到了 20 年代中期书信来往尤为频繁,那时她的《手艺集》一书问世,莫斯科人也从书目中晓得了她的规模宏伟、内涵博大、新颖夺目、不同凡响的长诗《终结之诗》、《山之诗》和《捕鼠者》。我们成了朋友。

1935 年夏天,我到巴黎出席反法西斯大会,当时的我不能自持,近一年的失眠症使我差不多要患上精神病了。我在那儿认识了茨维塔耶娃的儿子、女儿和丈夫,并像爱兄弟一般爱上了这个有魅力的、细心的和坚强的人。

茨维塔耶娃的家属坚决主张让她返回俄罗斯。一部分原因是他们都有思乡之情,并都对共产主义和苏维埃联盟抱有同情之心;另一部分原因是他们认为茨维塔耶娃在巴黎是不会有好日子过的,她在那里听不到读者的反应,会在空虚无聊的状态中闷死的。

茨维塔耶娃问我对此有何看法。在这个问题上我没有明确的意见。我不知道应当向她提些什么建议,非常害怕她和她那可爱的一家人将会在我国感到难以生存和失去安定。这一家人的总悲剧大大超过了我的担心。

三

在这篇导引式随笔的开头，在描写童年的那几页里，我提供了真实的场面和情景，记述了真实的事件，可是写到中间，我改为概述，开始局限于白描式地描写人物性格了。这样做是为了简洁。

要是我一件事接一件事和一个情况接一个情况地叙述志向和兴趣把我和茨维塔耶娃连在一起的全过程，我就会远远超出自己的规定的写作范围。我就该将这件事写成整整一部书，因为那时我们在一起经历了许多风雨沧桑，有喜事也有悲剧，它们总是出人意外地，又总是一次又一次地使双方都扩大了视野。

在这里，以及在其余的几章里，我将不谈个人的私事，而只讲一些极重要的共同性的东西。

茨维塔耶娃是一位怀有男性事业心的女人，办事果断，有战斗精神，性格桀骜不驯。她在生活和创作中都一往直前，贪婪地和几乎是凶猛地追求完整性和明确性，并在这一追求中走得很远，超越了众人。

除了已知的为数不多的作品外，她还写了大量的不为我国读者所知的作品，一些气势磅礴的鸿篇巨著，有的是用俄罗斯民间故事的风格写成的，有的是用众所周知的历史传说和神话的主题写成的。

它们的发表对祖国的诗歌来说将是一桩大喜事和一个大发现,并马上就会用这件迟到的一次性礼物使祖国的诗歌一下子变得丰富起来。

我认为,茨维塔耶娃将会得到最彻底的重新评价和最高的好评。

我们是朋友。我保存过她写给我的近一百封回信。尽管像我早已说过的那样,损失与遗失在我一生中曾占有一定的地位,但还是无法想到这些细心保存的珍贵书信总有一天会以某种方式丢失的。正是过分认真的保管工作毁掉了这些书信。

战争期间,我经常要去看望疏散到外地的家属。斯克里亚宾博物馆有一位工作人员对茨维塔耶娃崇拜得五体投地,她是我的好朋友,建议我把这些信连同我双亲的信和高尔基与罗曼·罗兰的几封信一起交给她保管。她把这些书信都锁在博物馆的保险柜里,却把茨维塔耶娃的信一直留在自己身边,因为她要手不释卷地保管它们,并且不相信防火保险柜的柜壁的牢度。

她全年住在郊外,每天晚上都随身带着一只装有这些书信的手提箱回自己家过夜,第二天早晨再带着它进城上班。那一年冬天,她下班回自己家的别墅时已经筋疲力尽了。离开车站后,走到半路上,在树林里,她忽然想起自己把那只装有书信的手提箱忘在电气火车车厢里了。茨维塔耶娃的信就这样离她而去,不见了。

题解:

　　鲍里斯·列昂尼多维奇·帕斯捷尔纳克(1890—1960),俄国诗人、作家,代表作有诗集《生活——我的姐妹》,自传体随笔《安全保护证》《人与事》,小说《日瓦戈医生》,1958年获诺贝尔文学奖。帕斯捷尔纳克与茨维塔耶娃的关系因为他们二人加上里尔克的通信而蜚声全世界。他们的精神层面的遭遇以及现实层面的相遇都具有戏剧性。1922年6月的一天,茨维塔耶娃的诗集《里程标》辗转寄到了帕斯捷尔纳克手中。受到震撼的帕斯捷尔纳克,满怀兴奋、忘我的心情,好像突然发现了奇迹,他向"高贵的金光四射、举世无双的诗人!"致以骑士般的敬礼,仿佛想以这样的举动抵消深深的遗憾,他后悔前不久在莫斯科竟然忽视并错过了机会,与杰出的作品失之交臂。他后悔没有更早一点发现茨维塔耶娃的诗集,责怪自己"沉溺于小市民最可悲的习气:总觉得书籍想买就买,因而不愿意买书!!!"同一天他把自己的诗集《生活——我的姐妹》寄往柏林,并题词:"赠玛丽娜·茨维塔耶娃。鲍·帕斯捷尔纳克。22年6月14日。莫斯科"。帕斯捷尔纳克与茨维塔耶娃之间的友谊与爱情就这样开始了,二人热切的书信往来不断,连续多年。茨维塔耶娃6月27日收到这封信,既惊讶,又兴奋,过了两天,她写了一封回信。信中回忆了在莫斯科与帕斯捷尔纳克几次仓促的会面,还以大艺术家犀利的眼光分析了帕斯捷尔纳克的几首抒情诗。茨维塔耶娃收到帕斯捷尔纳克寄来的诗集,如同帕斯捷尔纳克看了《里程标》感到惊喜一样,她读了帕斯捷尔纳克的诗既惊奇又震撼,满怀兴奋地写了一篇评论《光雨》,盛赞帕斯捷尔纳克:"我想,这是出类拔萃的才华,蕴含的实质深刻而全面。可谓天赋奇才，水平罕见，真正的奇迹。"
随后，她把《离别集》寄往莫斯科，扉页上写了题词："给鲍里斯·帕
斯捷尔纳克——期待会见！"在诗集的最后写了一首诗《对梦诉说》。
他们二人的书信在1926年里尔克加入之后，旋律变得更加奇妙昂
扬，情感的风暴一次次刮起，将交谈者拖入激情的深渊。三个人的
声音彼此呼应。心心相印的爱情，纯洁、崇高与人性。他们三人惺
惺相惜——飞翔在自己的天空。因为里尔克1927年的病逝，旋律又
回归到以前。茨维塔耶娃期待中的与帕斯捷尔纳克的会面一直延
宕到了1935年——帕斯捷尔纳克在巴黎联谊宫大厅参加了保卫文
化反法西斯国际作家代表大会。然而，这是一次"难堪的会面"。对
于茨维塔耶娃提出的问题——她是不是该回苏联，帕斯捷尔纳克小
心翼翼，犹犹豫豫，不置可否，看上去有些胆怯的样子。茨维塔耶娃
回国后陷入前所未有的困境，帕斯捷尔纳克也曾为她说过情，可收
效甚微。茨维塔耶娃自戕后，帕斯捷尔纳克一度很内疚，这从他跟
阿利娅的通信中能够得知。在自传性随笔中，由于众所周知的原
因，他只是写到了革命前，涉及到茨维塔耶娃的文字也不多，按帕斯
捷尔纳克自己的说法，"继续写下去，过于艰巨。如果按顺序写，就
得写革命时期的岁月、情况、人和命运。本书所收的这篇随笔算是
比较集中谈论茨维塔耶娃的，本文节选了前三节。

（米　卡）

忆玛丽娜·茨维塔耶娃

（美）马克·斯洛宁 著

苏 杭 译

1922 年夏天,在柏林库达姆大街一家咖啡馆里聚集着许多俄国作家和出版家,萨沙·乔尔内①介绍我与玛丽娜·伊万诺夫娜·茨维塔耶娃②相识。我熟悉她的诗,而且我很喜欢她刚刚出版的一本小册子《离别集》③。我想谈谈这本诗集,但是玛·伊听说我住在布拉格,便向我提出一连串的问题。她是春天从莫斯科来到德国④的,她丈夫谢尔盖·雅科

---

① 萨沙·乔尔内(1880—1932),俄罗斯诗人,1920 年起侨居国外。

② 按照俄罗斯人的习惯,为了尊重对方,只呼其名字和父名,下文简称玛·伊。

③ 《离别集》于 1922 年在茨维塔耶娃离开俄罗斯之前,由莫斯科—柏林赫利孔山出版社出版,当时受到斯洛宁、爱伦堡、安德烈·别雷等人的好评。

④ 茨维塔耶娃携不满十岁的小女儿阿里阿德娜(阿利娅)于 1922 年 5 月 15 日抵达柏林,在这里逗留了两个半月,于同年 8 月 1 日移居布拉格。

夫列维奇·埃夫伦原是白军军官,邓尼金和弗兰格尔部队溃败后,流落到捷克斯洛伐克,在那里就读于查理大学,她与丈夫已经几年没见面了,他们打算在布拉格安身。

她说话声音不大,很快,但是清楚,两只灰绿色的大眼睛低垂着,不看对方。有时候她昂起头来,这时候她那轻柔的金色的头发飘动着,她理的是儿童的发式,刘海儿遮着前额。她的有力量的手腕上的银手镯每动一下都在叮当作响,几只戴着戒指——也是银的——的粗大的手指攥着很长的木制烟嘴儿——她不断地吸烟。长长的颈项上一颗硕大的脑袋,宽宽的肩膀,纤细的、匀称的身材的某种端庄的姿态以及她整个的气质给人一种有力而又轻盈、执著而又稳重的印象。她握手像男人一样有力量。

我们在咖啡馆里坐了很久。玛·伊讲述了1918—1920年她带着两个女儿住在莫斯科的阁楼里的饥馑的生活。一个女儿大概死于饥饿①,另一个女儿——阿里阿德娜(大家都叫她阿利娅)她带出国来了。当时我听她说,有一次有一个人来到她家,——后来她猜出来了,是个小偷儿。她由于近视起初以为他是某一个不太有名的诗人——有许多诗人常来找她——,便热情地款待他喝胡萝卜茶。他感到莫名其妙,拒绝了这种寒酸的招待,打量了一下四周,估计了一下这

---

① 茨维塔耶娃的小女儿伊琳娜,1917年4月13日生于莫斯科,1920年2月15日死于昆采沃儿童寄养院。

个简陋的家境,在桌子上留下几个卢布便溜之大吉了。①
玛·伊带着一种幽默的语调回忆起这件事,还回忆起多亏马
克思主义评论家彼得·科甘②,她在 1921 年终于得到了一份
作家的口粮,她微微一笑,这一笑使她的较大的、线条分明的
嘴角向上翘起。

　　我当时担任布拉格《俄罗斯意志》文学编辑。起初它是
一份日报,后来改为周报,我们打算在不久的将来把它改为
月刊。我请茨维塔耶娃供给我们诗稿,并且在抵达布拉格以
后光临我们设在市中心煤炭市场的编辑部。她对我们的地
址的捷克语发音——Ухельни Трх——很感兴趣,后来她常常
以一种调皮的玩笑问我:"喂,你们那里的煤炭市场或者政治
集市怎么样?"当玛·伊听说我们编辑部处在 18 世纪的带有
大门、拱顶和交岔路口的游廊,而且占据着传说 1787 年莫扎
特在一间阳台朝向内院的房间谱写了他的《堂·璜》的宅邸
的时候,便一本正经地说:"这样说来,我答应向你们供稿。"
我提醒她说,我们的杂志是有政治倾向的——我们是社会革
命党人的机关刊物。她连珠炮似的回答说:"我对政治不感
兴趣,也不懂政治,当然啦,莫扎特比我高明。"我直到现在深
信,正是莫扎特影响了她的决定。

------

　　① 这个趣闻是由谢·沃尔康斯基公爵在他的献词《致玛丽娜·茨维塔
耶娃》中转述的,这个献词是他的作品《日常生活与生存》的开场白。
　　② 彼得·谢苗诺维奇·科甘(1872—1932),苏联文艺理论家。

　　1922 年秋天，茨维塔耶娃移居布拉格以后，起初同丈夫和女儿一起住在乡村，仿佛是莫科罗普瑟，后来住在市郊丘陵地带的斯米霍沃。11 月她来到了编辑部，带来了一首《我的所有的河流的宽阔的河床》①——在《俄罗斯意志》上发表的第一首诗，并且认识了我的同仁弗拉季米尔·伊万诺维奇·列别杰夫、叶夫谢伊·亚历山德罗维奇·斯塔林斯基和瓦西里·瓦西里耶维奇·苏霍姆林。前两位 50 年代在纽约逝世，第三位返回苏联后，迟十年死于莫斯科。

　　简短地谈完正事以后，我同玛·伊去伏尔塔瓦河大桥旁边，市立剧院对面的斯拉维亚咖啡馆，我们在那里坐了足足有两个小时，谈论各种各样的话题。我当时正在为柏林涅瓦出版社将要出版的卡桑诺瓦②的回忆录第一卷写序（第一卷于 1923 年问世，而第二卷一直未能出版，涅瓦出版社如同当年大多数俄国文学企业一样由于奖金短缺而关闭）。玛·伊在 1922—1923 年间，在柏林，除《离别集》以外，还得以出版了《普绪刻》、《献给勃洛克的诗》、诗集《手艺集》以及童话长诗《少女沙皇》③第二版——第一版是在莫斯科出版的。

----

　　① 这首诗是献给爱伦堡（1891—1967）的十一首组诗《雪堆》之一，爱伦堡在 1960 年出版的回忆录《人，岁月，生活》的第二部中有一章回忆了茨维塔耶娃。

　　② 乔万尼·贾科莫·卡桑诺瓦（1725—1798），意大利作家，著有十二卷的《回忆录》（1791—1798），记述了同代人的习俗以及许多冒险性的传奇故事。茨维塔耶娃曾以他为题材写过诗剧。

　　③ 《普绪刻》，柏林，格热宾出版社，1923 年；《献给勃洛克的诗》，柏林，星火出版社，1922 年；《手艺集》，莫斯科—柏林，赫利孔山出版社，1923 年；《少女沙皇》，童话诗，圣彼得堡—柏林，时代出版社，1922 年。

　　我感到吃惊的是,玛·伊不仅对卡桑诺瓦了如指掌,并且为这个热情洋溢的情人和冒险家所倾倒,而且还以他为题材写了几部诗剧。我们即刻说定,她为《俄罗斯意志》写一部《传奇》——以贾科莫·卡桑诺瓦,辛加尔的骑士的《我的生平》的第四卷的材料为基础写一部五幕诗剧。此外,她答应把在莫斯科出版的有所歪曲的《卡桑诺瓦的末日》加以补充并稍作修改后给我们发表,并且更名《火凤凰》。① 因为《传奇》的题词,我们俩立刻发生了争执。玛·伊把它译成"你也会把享里埃塔忘掉",而我译为"你同样也会把享里埃塔忘掉"。卡桑诺瓦的恋人,亨里埃塔用钻石把这句话刻在了他们彼此热恋时住过的饭店的玻璃窗上,——过了十五年以后,他在这扇玻璃窗上发现了它,于是痛哭流涕,因为预言应验了。我感到震惊,玛·伊怀着何等的热情坚持自己的译文并且援引了最最出乎意外的论据。"这不过是一桩小事,"我试图使她打住。"一桩小事?"她带着一种令人不安的咝咝声问道,仿佛我亵渎了神灵一样,"选择词汇是最重要的。"此后我多次注意到,只要一谈起个别词的准确性,较少使用的短语或者有节奏的转调的正当性,玛·伊的平静和耐性立刻便消失了,于是她成了一名准备消灭对手的好战的女性。对于

————————
　　① 《传奇》发表于《俄罗斯意志》1923 年第 18、19 期上,《火凤凰》在该刊 1924 年第 8—9 期上。茨维塔耶娃在 1922 年自传中谈及 1921 年莫斯科星座出版社出版的《卡桑诺瓦的末日》时说:"最近的一部东西我认为是一部已发表的草稿,因为星座出版社没有把校样给我看。有些遗漏使原义含混不清,还有错字。插图也未经我认可。"

她来说,约翰福音的第一行诗是神圣的:"道①,是在万有之先,就有了的。道与神同在,道就是神。"我记得 1929 年在默登②的那场战斗,玛·伊给我朗诵《空气之诗》③——她的词藻最华丽的一部作品,有许多词语组合,大多是由动词派生出来的形容词。诗里有这样一些诗句:

> 啊,空气真是湿漉漉,
>
> 湿漉漉! 比穿过燕麦田的猎狗
>
> 还要湿漉漉,可空气滑溜溜!
>
> 狗毛——可空气拂拂!

　　我清楚地知道,玛·伊的"湿漉"(流淌—暴雨)或者"拂拂"(吹拂)她是由什么词根变化而来的,但是我禁不住地指出,这个词对于彼得堡人来讲,听起来有两种意思——要知道,他们会把它当作"扇"的第二格——像人们称呼谢肉节期间在首都不干正当的勾当的芬兰车夫和爱沙尼亚人那样。因为去掉"ять","вейка"(加 e)和"веять"(首先加 ять)两个词之间便失去了区别。于是我对"狗毛——可空气拂拂"这句诗不太欣赏。玛·伊义正辞严地反驳说,决不能因为存在次要的地方的语言而加以更动,而且她趁机再次攻击新的正

---

① "道"的俄文是 СЛОВо,即语言之意。

② 法国巴黎郊区,茨维塔耶娃曾在那里居住。

③ 《空气之诗》写于 1927 年 5 月,发表于《俄罗斯意志》1930 年第1 期。

字法。她起初对于新的正字法深恶痛绝，后来不屑一顾地不喜欢，直到 1925 年才不得已地与它调和了。但是，例如，像她所说的新的历法，无论如何她也不能接受。

　　那些责备茨维塔耶娃在写诗方面狂暴，在语言方面恣意妄为的人，大概不曾怀疑，她对自己的诗下了多大的功夫，她细心地筛选整段的诗以及单独的语句，多次反复推敲改写。她不止一次地重复说，她喜欢"咀嚼单词，挖出它的内核，找到它的根"，她非常重视手艺，难怪给她的一本诗集命名为《手艺集》。她笔下的一切都经过仔细打量和检验——就连散文也不例外。我保存了她的一本把帕斯捷尔纳克与马雅可夫斯基加以比较的草稿的厚厚的笔记本①，其中有大量的对原稿的更改和各种方案，以及如她所写的那样，"清稿的试验"。同一笔记本里她对法文的《致阿玛宗女人的信》②的写作也是很有趣的。总的来说，在她的创作中，恰恰是诗歌的内心激昂和旋风般的结构同形式的技巧和把握，风暴同加工精细的这种结合，使人叹服。当我上面提到的短诗《我的所有的河流的宽阔的河床》发表时，我发现，事实上她的诗歌的河床是很深的，但是它却在狭窄的山岩中间通过，于是她急

---

　　① 《时代和当代俄罗斯的抒情诗。马雅可夫斯基与帕斯捷尔纳克》一文发表在巴黎《新城堡》杂志 1933 年第 6—7 期上。

　　② 《致阿玛宗女人的信》是写给纳塔利·巴尔尼的，在纪廉·利蒙特的努力下，在法国得以出版，出版社将它更名为 *Marina Zvétaieva. Mon frère féminin. Lettre à l'Amazone.* Paris, Mercore de france, 1979。

忙地援引泰奥菲尔·戈蒂埃①的诗句：

. . . pour marcher droit tu chausses,

Muse, un cothurne étroit. ②

　　从 1922 年到 1925 年末，在这三年的时间里，我同玛·伊时常会面，一连几个小时谈话，散步，很快我们便亲近了。文学方面的一致，很快变成了个人的友谊。这种友谊持续了十七年之久，它不平坦而且复杂——有争执，有和解，有起有伏。有一点我是始终不渝的：我认为她是一位大诗人，非凡的诗人，与帕斯捷尔纳克、马雅可夫斯基、曼德尔施塔姆和阿赫马托娃并驾齐驱，而且早在 1925 年我就曾经写过，在侨民当中只有霍达谢维奇③能与她相媲美。④ 我直到现在依然坚持这样的意见。

　　玛·伊的性格中的许多东西以及她作为一个人的某些特点，从她的断断续续的讲述她的童年之中，渐渐地为我所了解。她很少讲起她父亲伊万·弗拉基米罗维奇⑤，但是她

---

　　①　泰·戈蒂埃(1811—1872)，法国作家，主张"为艺术而艺术"。

　　②　"想要大步流星，缪斯啊，你却穿着小鞋。"

　　③　弗·霍达谢维奇(1886—1939)，俄罗斯诗人。

　　④　斯洛宁的文章题名为"侨民文学"，发表于《俄罗斯意志》1925 年第 2 期。

　　⑤　伊·弗·茨维塔耶夫(1847—1913)，俄罗斯学者，古希腊史、金石学史和艺术史专家，莫斯科美术博物馆创始人和第一任馆长，彼得堡科学院通讯院士。

尊敬他,给予他很高评价:他是弗拉基米尔省舒亚附近德罗兹多沃村一个贫寒的神甫的儿子,靠着顽强努力获得了"高级的职位"。他是莫斯科大学教授,语文学家和艺术史家,曾经担任过鲁勉采夫博物馆馆长,还是沙皇亚历山大三世美术博物馆(现为普希金美术博物馆)的创始人。玛·伊说,她从他那里继承了对所热爱的事业的顽强的精神和忘我的忠诚。他完全沉浸在他的事业中,几乎没有时间照顾子女——第一个妻子的两个孩子和再婚的两个孩子玛丽娜(1892年出生)和阿纳斯塔西娅(1894年出生)。他的第一个妻子是著名历史学家德·伊洛瓦伊斯基①的女儿,于1890年逝世。

每当我问起父亲对她有何影响的时候,玛·伊立刻便改变话题,回忆母亲玛丽亚·亚历山德罗夫娜·梅因。她出身于波罗的海沿岸俄罗斯化的德国人的殷实的家庭,一半波兰血统的女人,她具有高度文化素养,是一位有才华的钢琴家,安东·鲁宾施泰因②的学生。她不是按照自己的意愿,而是遵从父亲和亲戚之命而出嫁的。玛·伊常常谈起自己,说她从父母那里继承了三种血统,还从他们那里继承了对莫斯科的热爱,波兰人的尊严和对德意志的依恋。在谈到这个话题之时,她表白是母亲向她敞开了大自然、音乐和诗歌。然而

① 德·伊·伊洛瓦伊斯基(1832—1920),俄国保皇派历史学家、政论家。

② 安·格·鲁宾施泰因(1829—1894),俄罗斯钢琴家、作曲家、指挥家。根据其他资料,玛·梅因是鲁宾施泰因的学生的学生。

玛丽亚·亚历山德罗夫娜却对女儿持以冷漠的态度,对于她的爱慕报以节制的反应,总是想方设法压制玛丽娜的想象,使她的高昂的激情不要超越范围。玛·伊玩笑地讲到,母亲企图让小女儿①接受系统的音乐教育或者使她养成具有尊敬长者和待人接物的礼貌这样一些品格,却没有成功(少女时代的玛丽娜因为举止失礼而被冯—杰尔维兹中学除名,她只好师从阿尔费罗娃,十八岁才结束学业)。但是她六七岁时刚一学会识字和识谱,便开始阅读普希金的作品,听贝多芬的奏鸣曲。对于她来讲,有点儿孩子气的爱好的阶段很早便开始了——萨拉·伯恩哈特②、拿破仑、罗斯丹③;罗斯丹以他的描写拿破仑的不幸的儿子赖希施塔特公爵的剧作《雏鹰》而使她着迷,玛·伊在青年时代便将这个剧本译成了俄文。因为罗斯丹,我们俩争吵起来:我持怀疑的态度谈起罗斯丹,我认为对他的喜爱差不多可说是庸俗趣味的表现,而玛·伊以浪漫主义态度赞赏他,并且指责我在文学方面假斯文。

由于母亲的缘故,玛·伊精通法文和德文,是家庭女教师在她童年时代教授她的。后来她在洛桑④和黑林⑤的寄宿

① 指阿纳斯塔西娅·茨维塔耶娃,即玛丽娜的妹妹。

② 萨拉·伯恩哈特(1844—1923),法国女演员。曾领导萨拉·伯恩哈特剧院,在雨果、小仲马和罗斯丹的戏剧中扮演过角色。

③ 埃特蒙·罗斯丹(1868—1918),法国诗人、剧作家。代表作有喜剧《西哈诺·德·贝热拉克》。

④ 洛桑在瑞士。

⑤ 黑林在德国西南部。

学校差不多度过了两年(1903—1905),而十六岁时,与妹妹一起,在巴黎大学听课。①母亲的严格的、有点拘礼的教育在玛·伊身上终生留有烙印,在参加社交的举止中表现出是一位在贵族环境中成长起来的小姐的身份,但是我觉得她缺乏母亲的温柔和爱,这由下面的情况便可以得到解释,她总是寻求女性的友谊,例如,她在她的年纪较大的捷克女作家安娜·捷斯科娃②身上明显地注重的正是母性的温暖和关怀。这一友谊对她来讲成了替代和补偿。

母亲于1906年死于肺结核,因而从这时候起,十四岁的玛丽娜便成了一个孤僻的孩子,一般来说,随心所欲。十八岁那年,她背着父亲和家人,偷偷地出版了自己的第一本诗集《黄昏纪念册》,此后过了一年又出版了《神灯》。1912年她嫁给了谢尔盖·埃夫伦——她二十,他十九。我清楚地记得,玛·伊对我说过:

"1913年是值得纪念的一年——阿利娅诞生③,父亲逝

---

①　据其他资料,玛·伊在洛桑和黑林寄宿学校时与妹妹在一起,去巴黎大学听课是只身前往的。

②　安娜·安东诺夫娜·捷斯科娃(1872—1954),捷克女作家、翻译家。茨维塔耶娃看来是在1922年末到1923年初于布拉格与她相识的。捷斯科娃是保守的捷俄团结文化慈善协会组织者之一。20年代该协会经常组织文学和音乐晚会,她们便是在这样一次晚会上相识的,很快结成了友谊,持续多年。捷克曾出版过一本茨维塔耶娃致捷斯科娃书信集,内有大量有关茨维塔耶娃生平和创作的资料。

③　茨维塔耶娃又在杜撰:阿利娅生于1912年,不是1913年。

世,还有我的诗集《两本诗的选集》出版①。封面是由阿霞·
屠格涅娃,安德烈·别雷②的妻子设计的。"在这些年代里,
玛·伊结交了马克西米利安·沃洛申③、库兹明④以及别的诗
人,进入了莫斯科的文学界和戏剧界。尽管她与杰出的象征
派诗人们接近,崇拜勃洛克,但却不曾与他们建立关系。阿
克梅派的诗人们同样也没有把她征服,虽然她非常喜欢阿赫
马托娃,常常与曼德尔施塔姆⑤见面并且建立了友情。从她
的讲述中可以判断出,曼德尔施塔姆对她不是无动于衷的
(参见经我手在 1964 年第 11 期 *Oxford Slavonic Papers*⑥ 上发
表的《一首献诗的经过》)。未来主义派诗人们,尤其是马雅
可夫斯基和赫列勃尼科夫,曾引起她的兴趣,但是她与他们
是疏远的。1918 年在她丈夫去顿河以后,她独自生活在莫斯
科,处境艰难,这种处境由于她公开赞颂白军运动而加重。⑦

---

　　①　《两本诗的选集》是《黄昏纪念册》和《神灯》两本诗集的选本。

　　②　安德烈·别雷(1880—1934),俄罗斯作家,象征派代表人物之一。

　　③　马·沃洛申(1877—1932),俄罗斯诗人、水彩画家。是他在茨维塔
耶娃第一本诗集出版后立即给予好评的。

　　④　米·阿·库兹明(1875—1936),俄罗斯作家,起初与象征派接近,后
与阿克梅派接近。

　　⑤　奥·埃·曼德尔施塔姆(1891—1938),俄罗斯诗人,阿克梅派代表
人物之一。30 年代曾两次被逮捕,死于非命。近年来被恢复名誉。

　　⑥　《牛津大学斯拉夫文献》。

　　⑦　本文作者当时并不在苏联,据国内资料,茨维塔耶娃不曾公开赞颂
白军运动。

　　1922 年末,尤其是 1923 年,我同玛·伊说,我们的友谊是在路上结下的。我们一边在街上或花园里漫步,一边聊天儿,而且一成不变地在咖啡馆里结束了我们的散步。玛·伊仿佛同安娜·捷斯科娃说过,因为我的缘故,她熟悉布拉格的数十家咖啡馆。但是她同样也熟悉了布拉格。我过去非常喜欢,现在依然喜欢这座辉煌的,多少有些悲惨的城市,我曾经陪着玛·伊走过成为大学的克力门特大厦①周围的小巷,走过有着城堡和传说的"小城",走过有着矮小房屋的狭窄的皇冠街,传说 16 和 17 世纪这里居住过炼金术士和星占家,路过洛甫科维茨和华伦斯泰②的壮丽辉煌的城堡,这些城堡的崇高的文艺复兴风格变成了巴罗克风格。玛·伊尤其感兴趣的是犹太人的公墓以及乱放在茂盛的草丛中的墓碑,还有查理大桥边的水鬼。桥头的一只石牛旁边,在一个狭窄的底座上立着一个手举利剑的骑士的塑像。骑士的脸部表情威严,身躯端庄,头盔下面露出光亮的卷发,春天的季节,无论是头盔还是利剑都覆盖着四处伸延的树叶,鸟儿在骑士的肘部弯曲处筑起了鸟巢。不知道这个河水的保护者是什么人——是罗兰③还是传说中的捷克的英雄布龙茨维克④。

────────────

　　① 克力门特大厦原为 17 世纪中叶耶稣会一所大学的所在地,现为捷克民族和科学图书馆。

　　② 华伦斯泰(1583—1634),神圣罗马帝国统帅,出身捷克贵族。

　　③ 罗兰(? —778),法兰克王国的封疆伯,曾随查理大帝 778 年出征西班牙。史诗《罗兰之歌》的主人公。

　　④ 布龙茨维克系指国王普舍美斯二世,曾为巩固捷克王国做出很大贡献。

玛·伊因为骑士,因为寂静,因为荒芜的水鬼而十分激动,于
是在我们散步后过了两天,她给我寄来了她的《布拉格骑
士》,这首诗收进了她的所有的诗集:

> 骑士啊,守护着
> 大河的骑士——
> 脸色苍白的哨兵,
> 保卫着时代的波涛汹涌。

关于骑士,她问过所有的人,并且想以 18 世纪的布拉格
为背景写一部关于他的中篇小说。我觉得,她从他身上看到
了与丈夫的相似之处①——同样的窄长的古代人的脸,同样
的为了正义的事业而拔出剑的军人的姿态。这一切与玛·
伊当时在她的"创造的"白军运动的"神话"中的情绪相符合。

玛·伊总是非常喜欢散步——她的步履轻盈而矫健,她
能够走起路来而不觉疲倦,无怪乎后来写了《步行颂》(1931
年曾被《当代纪事》拒绝刊登)。如她所说的,把"游荡"和
"漫步"两个字结合起来,在我们漫游的时候,唯一使她不满
意的是穿过街道。她对汽车怕得要命,一旦离开人行道走到
马路上,她便痉挛地抓住我的袖子,像开玩笑似的,枉费心机
地感到恐惧,悄声说:"亲爱的,请停一下,那个可恶的东西马

---

① 这是本文作者的感觉,而茨维塔耶娃在给友人的信里说,她所以对
这个骑士感兴趣,是因为他长得与她相像。

上就冲着咱们开过来了,说话就会把我们轧死的",而且只要没有走到没有危险的对面,她就不会放下心来。

在从捷克移居法国以后,玛·伊发现,她深深地爱着布拉格,甚至对它还创造了某种神话。这个神话中包括各种各样的因素。最使她感兴趣的是这座都市的精神,它的充满浪漫气息的往昔,以及与这座城市血肉相连的感情——在这里度过了她的侨民生活的最光辉的岁月,这些岁月充满了痛苦和欢乐,充满了诗歌的繁荣和创作的希望。在这里创作了她的优秀的作品——《山之诗》、《终结之诗》、《捕鼠者》、《树木》、《房间的尝试》、《楼梯》①、《地板打蜡女工》和许多美妙的抒情诗。后来,当她住在巴黎郊区的时候,她深有感触地回忆起她在捷克乡村或斯米霍沃丘陵的更为简陋的住宅,并且急切地向往布拉格,犹如向往某一处乐土一般。她在法国侨居的十三年之中,写信或谈话之中经常提到要前往布拉格,哪怕是两个星期也成,因而这个动人的希望变成了她的萦怀的理想。20年代末和30年代初,每当在巴黎同我见面时,她都要征求我的意见,怎样在布拉格举办她的朗诵会,想以此赚点儿路费。我每次到捷克时,都要同玛·伊的忠实的朋友安娜·捷斯科娃(玛·伊不止一次给她写信谈到此事)交换意见,但是我们俩都清楚地明白整个的困难,准确地说,这种事是办不成的。我有一种印象,就是聪明而又审慎的捷

---

① 本文此处有误,《房间的尝试》、《楼梯》写于1926年,当时诗人已在法国。

斯科娃知道玛·伊善于创造神话,虽然自己对此深信不疑,但却担心布拉格之行不会给玛·伊带来欢乐,而是失望。

在玛·伊对捷克的眷恋之中,除了纯属个人的心灵以及——如她本人会补充的——精神的感受以外,《俄罗斯意志》也起了重要的作用。她不仅把这家杂志看作是物质方面的支持,而且也是文学方面的支持。《当代纪事》和《最新消息报》两家报刊不理解她,也不喜欢她的诗,她的作品被他们无情地删节,“编辑加工”,并且遭到荒谬的审查;而我与他们完全不同,无论是玛·伊的诗歌,还是散文,我在发表时,只字不动,只关心排字工人别把“Сирость”(孤苦伶仃)排成“Сырость”(潮湿)①。玛·伊不喜欢感激而且也不会表示感激。1925年当《俄罗斯意志》编辑部给她新生的婴儿送去一辆小推车时,她请捷斯科娃把我引开,之后才表示对礼物赞美,“我不会当面感谢,”玛·伊写道。但是就连她也曾公开地表白过,有很多事要感激《俄罗斯意志》的。直到现在,她在侨民时期最长的和最重要的长诗《捕鼠者》的全文只在《俄罗斯意志》上刊登过(莫斯科1965年的一卷本《作品选》中,《捕鼠者》收入时作了删节)。② 这本杂志还发表过不少组诗和长诗《树木》、《西彼拉》、《小红牛》、《空气之诗》、《楼梯之

① 短诗《工厂的工人们》(之一)中的一行诗有“Сирость”这个词,常被误排为“Сырость”。
② 《捕鼠者》全文有德俄文对照本,另有美国纽约1983年五卷本《茨维塔耶娃诗集》第四卷中所收的根据作者最后审定的、巴塞尔大学档案馆珍藏的校样排印的全文本。

诗》、《房间的尝试》、《致马雅可夫斯基》(这首诗引起过激烈
的争论)、《西伯利亚》,许多抒情诗,还有散文《人间的特
征》、《劳动英雄》(关于勃留索夫)、《车厢中的十月》、《你的
死》(关于里尔克①)、《关于贡恰罗娃》、《致里尔克书简》、
《诗人与时代》以及上面已经提到的两部诗剧《传奇》和《火
凤凰》(《卡桑诺瓦的末日》)。

　　玛·伊并不知道,我把她推荐给《俄罗斯意志》并将她定
为杂志的经常撰稿人并非轻而易举的。作为文学部的编辑,
我有选择稿件的自由,但是我却不止一次地遭到被我们称为
我们周围的人们的那些人的攻击。玛·伊的诗歌的非同凡
响引起了许多朋友——有党派的和无党派的——以及甚至
《俄罗斯意志》的同仁们的不理解和不满。我尤其是受到著
名的老民粹派叶戈尔·叶戈罗维奇·拉扎列夫的责难。他
虽然只在形式上是杂志的出版者,一般不干涉编辑方针,但
是如果我们发表的东西触及他的痛处,他会毫不掩饰自己的
意见和情感。他还是在农奴制时代出生的,他只是马马虎虎
受了点教育,却成了很有学问的人,但是因为他接受的是七
十年代的人的教育,在文学方面只注重经典作家、现实主义

----

　　① 莱纳·马利亚·里尔克(1875—1926),奥地利诗人。茨维塔耶娃于
1926 年经帕斯捷尔纳克介绍,以通信方式与里尔克相识,里尔克于同年末溘
然逝世,使他们失掉了见面的机会。茨维塔耶娃的长诗《房间的尝试》
(1926)是献给里尔克和帕斯捷尔纳克的;为里尔克之死,茨维塔耶娃还写过
一篇随笔《你的死》(1927)。她还有一首安魂曲《新年书简》,也是纪念里尔
克之死的。里尔克也曾写过一首《哀歌》(1926.7)献给茨维塔耶娃。

和思想性。他读过茨维塔耶娃的诗歌，尤其是读过《人间的特征》①和《地板打蜡女工》以后，来到了编辑部，在我对面坐下，摊开两只手，抖动着胡子，用老年人的带鼻音的声音唠叨着："我读过了，一点儿也没懂，茨维塔耶娃②，可我什么花儿也没看到。"

有一次由于他的怪罪和嘲笑，他使我失去了镇静，于是我忘掉了我们的长幼之分，激昂地喊道："您根本就不会读这些诗！"善良的叶戈尔·叶戈雷奇起初有些慌张，后来带着微笑低声地说："瞧吧，直到现在还以为是个有文化的人呐！"我解释说，读茨维塔耶娃的诗应当读出声来，悠缓地，分清音节，根据每一首作品的节律而使声音和韵脚突出、着重、平缓，——只有这样才能容易感受她的诗歌。编辑部在座的人都聚拢一起听我朗诵的表演，而当我结束的时候，叶戈尔·叶戈罗维奇叹了一口气说："看来，这样就清楚多了，不过，反正你们青年人只喜欢新东西，可我不是裁判。"

另外的一些难处是政治方面的。玛·伊被认为是"白色希望的诗人"，邓尼金和弗兰格尔的从前的军官们，反复地念着她那首广为流传的《新年之夜》（1922）铿锵有力的诗句，

———————

① 这些诗当时还不存在。茨维塔耶娃曾想以"人间的特征"为名，出版一本她在1918—1920年间的日记和札记的集子，但未实现。这个题名是茨维塔耶娃于1940年编选诗集时，为1922年写的八首组诗定的，其中五首收进了苏联作家出版社1965年出版的《茨维塔耶娃作品选》；显然，《人间的特征》组诗题名斯洛宁是从这个版本中摘取的。
② 茨维塔耶娃这个姓氏俄文词根是"花儿"之意。

这首诗提议举杯：

> 为了可尊敬的衣衫褴褛的人，
> 为了塔曼，为了库班，
> 为了我们的俄罗斯顿河——
> 古老信徒派的约旦，
> 酒杯和酒杯
>
> 交欢！

　　她的别的东西他们不知道，但是却认为她不该在社会革命党人的刊物上发表作品。而社会革命党人感到惊异，为什么《俄罗斯意志》一期接着一期刊登她的东西，他们暗示我说，似乎我们的"政治和文化"的机关刊物的版面上不该给她提供地盘。我立刻发起脾气来，说他们是一些鼠目寸光的宗派主义者，沾染上布尔什维克教条的书呆子。幸运的是，我的一些同仁，特别是弗·伊·列别杰夫和叶·亚·斯塔林斯基支持我，他们同情我把希望寄托在青年作家身上以及新的艺术流派上。我们乐于发表扎伊采夫、穆拉托夫、奥索尔金的作品，霍达谢维奇和什克洛夫斯基的评论文章，安德烈·别雷的游记，但是特别使我感兴趣的是文学青年。我们"发现了"波普拉夫斯基和加兹达诺夫，给其他的侨居巴黎的诗人和小说家提供了不少版面，吸引那些还不太成熟的侨居布拉格的人，诸如 A. 艾斯纳、B. 列别杰夫、H. 叶列涅夫、B. 费奥多罗夫、H. 安德烈耶夫、X. 克罗特科夫、C. 拉法尔斯基、T. 霍赫洛夫以及其他许多人为刊物供稿,不问他们政治倾向如何。他们大家都来出席编辑部举办的文学茶座,——而当玛·伊来到这里时,她立刻便感觉到友善和爱戴的气氛。而这种茶座她感到非常需要,这是学术性的圈子;而作家的圈子,也许奇里科夫一家除外,却对她很谨慎,有时甚至怀着某种敌意,而且无论如何也不认为她是一位大诗人。

1923 年到 1925 年间,玛·伊常到编辑部来,在这里认识了拉扎列夫。他很喜欢她,他以他平时的派头儿,半开玩笑半认真地对她说:

"怪不得您写白军呢,莫不是将军的女儿。""是啊,"玛丽娜回答说,"不过将军在十二岁以前却光着脚走路①,也像您的童年一样,叶戈尔·叶戈罗维奇。"在接下去的谈话当中,有一个人提到了一个布拉格的女侨民,挥金如土,行为古怪,不知自己如何是好。我们没有答话。"我喜欢富人,"玛·伊突然说道,顺手又拿起一支烟,"我可怜他们。"过了几天,她给我寄来了她那首辛辣讽刺的《富人颂》。记得还有一回她对同一个叶戈尔·叶戈罗维奇说,她不喜欢"白色的桌布"。在巴黎她曾说,在什么地方也没有像在妇女的茶会、招待会和宴请上那样感到难受和不舒服。不过,在那些地方,也许是由于意识到自己贫穷,服装远非入时,自己的生活处境简陋,近乎贫困,同俄国资产阶级侨民的环境完全不相协调而

———————

① 诗人这里说的是她父亲伊万·茨维塔耶夫幼年时家境贫寒,没有鞋穿。

感到难堪。

　　布拉格最大的一家俄国人办的杂志为玛·伊提供版面这件事，对她来讲是非常重要的，但是也许使她感到更为珍贵的是能够充分地发言。后来，每当由于各种各样的限制，她在巴黎侨民的最有影响的机关刊物上发表作品受到阻挠而感到屈辱时，她都提到这件事。她说，《当代纪事》和《最新消息报》能够"容忍"我，但是不喜欢我，不喜欢作为一个诗人的我。《俄罗斯意志》对她的诗歌很重视，早在我们个人结识之前我就曾给予她很高评价。还是在1922年的时候，我就曾经指出《离别集》的意义，是她创作中的新阶段，指出她的"英雄气概的理想主义，对自己的使命的意识和对命运的感知"，认为她是"俄罗斯优秀的女诗人之一"。两年之后，我把她的名字与阿赫马托娃的名字并列在一起。

　　我想补充一句，在"布拉格阶段"的时期里，以及后来，直到1932年，《俄罗斯意志》的稿酬是玛·伊作为作家的主要收入。虽然她不重视金钱，也不善于理财，但是她知道，《俄罗斯意志》在自己有限的能力范围内从未拒绝给予她帮助。在她生计所有最困难时刻，只要她找到我，都会给她预支，或者为她延长由捷克寄往巴黎的作家资助金期限而奔走。

　　在布拉格感受到的好的和坏的，后来汇合起来成了玛·

伊顽强地生存的某种象征。她对康士坦丁·罗泽维奇①的迷恋在这之中起了很大的作用。我见过他两次,他给我的印象是不无幽默感的,有点儿滑头滑脑,相当枯燥乏味,才智平平。他的某些同学,例如 H. 叶列涅夫指责他为人虚伪和世故,对他持以完全否定的态度……根据玛·伊的个别意见——她不喜欢谈论他——我得出一个印象,他被玛丽娜的冲击到他身上来的不能遏制的浪潮惊呆了,于是逃离开暴风骤雨和电闪雷鸣,躲到平静的资产阶级的生活和体面的婚姻的避风港去了。玛丽娜当然不是他的对手,尤其是在她的神话创造开始的时候。她使他们的爱情达到高峰的企图破灭了,为此她付出了沉痛的代价,这一点她在 1924 年创作的《山之诗》和《终结之诗》里谈到过。头一部长诗中的开始第一行"痛苦本是从山起源",便准确地传达了这件事。

正如玛·伊常常发生这种事情那样,她迷恋的不是实际存在的罗泽维奇,而是她自己想象中的他——是她个人的反映和幻想。这并不是普通的斯丹达尔式的"结晶"。她以自

---

① 康·博·罗泽维奇(1895—1988),曾参加过苏联国内战争,先在红军,后被白军俘虏,1922—1923 年与谢·埃夫伦同在捷克查理大学学习,1926 年迁居巴黎,加入共产党,从事政治活动。1960 年将他珍藏的茨维塔耶娃的手稿、书信和书籍移交给阿·埃夫伦的档案库,现存于俄罗斯国立中央文学艺术档案馆。茨维塔耶娃的《山之诗》和《终结之诗》两部长诗是以罗泽维奇为主人公的。罗泽维奇拒绝写关于茨维塔耶娃的回忆录,也拒绝发表谈话。阿·埃夫伦的回忆录说,罗泽维奇是一个有魅力的、勇敢的、悲剧性的人物,而本文作者斯洛宁对他却有不同的印象。

己易于激动和夸大的本领,创造了具有非现实的规模和巨大的力量的、想象出来的形象和感情。有一次,我情不自禁地把这种倾向称作"巨人症",因此她很长时间不能原谅我这一用她的话来说轻浮的表达法。然而恰恰由于她的这种特点,与同代人相处,对她来讲往往变为失败和失望。

我不知道玛·伊在写"青春时代的诗"那个时期是怎么样的,她是不是当真像她自己表达的那样,"犹如现在和过去作孽一样,我将来还要作孽多端:/怀着激情,用上帝赋予我的所有的五种感官!"①但是在国外侨居年代里,她的所有的爱恋在我看来都是诗的虚构,是"沉湎的思想的激动"。

1924年我居住在捷伊维茨街区一幢不大的住宅里,与列别杰夫一家毗邻,玛·伊常到我家来。有一次她给我朗诵完《终结之诗》以后说,如果感情枯竭了,伤口还没有愈合,还在灼痛,但是血已经凝固了,干了——于是这时候便开始痛恨自己再一次轻信受骗,因此想毁掉你所创造的偶像,从而既惩罚了自己,也惩罚了他。我后来明白了,玛·伊在对待她的各种各样的熟人的关系方面,经历了赞美,几乎是神化,而然后是愤然否定,敌视,嘲笑,甚至报复这样一个过程。只有里尔克和帕斯捷尔纳克两位诗人例外。玛·伊曾与里尔克有过书信往来,他曾将他的《杜伊诺哀歌》之中的一首献给

---

① 引自"我没有遵守戒条,没有去赴圣餐……"(1915)。

她①,但是他们从未谋面。她写过许多关于他的文章。帕斯捷尔纳克的诗玛·伊是1922年在柏林"发现"的,颇为赞赏,而他在同一个时候在莫斯科读到了她的《里程碑》,为她的才华所折服。他们的书信友谊就这样开始了。玛·伊常说,人都对别人的东西感兴趣,可是却爱自己的东西,而从帕斯捷尔纳克身上——感受到的是自己的灵魂,他与她是"势均力敌的"。她为了纪念帕斯捷尔纳克,想给她的在1925年2月出生的儿子起名叫鲍里斯,但是她丈夫说服了她,给孩子起名叫格奥尔吉。后来玛·伊断定,在她与《生活——我的姐妹》②的作者之间的生活方面不可能发生任何事情,但是依然继续从远方对他表示崇拜。1935年6月在巴黎作家代表大会之后,她在回廊里同突然到来的帕斯捷尔纳克见了面,聊了聊。当我问到她这次会面的情况时,她怀着我永远也忘不了的痛苦说道"这'不是会见'",话未说完,她突然重复了一下她给勃洛克的诗的最后一段:

> 然而我的河流与你的河流,
> 然而我的手臂与你的手臂
> 难以汇合……③

---

①　本文作者说得不完全准确:里尔克献给茨维塔耶娃的哀歌属于《杜伊诺哀歌》,但是没有收进单行本。

②　《生活——我的姐妹》是帕斯捷尔纳克1922年出版的一本诗集。

③　引自组诗《献给勃洛克的诗》之一"在我的莫斯科——圆顶在闪烁……"

但是她在友谊中的腾飞与失败,犹如她对人们、对书籍、对城市的赞美和排斥、爱恋和厌恶之中的腾飞和失败一样,都是来自她本能的浪漫主义。

人间的乏味的歌曲和上天的声音之间的脱节,松树对想象中的不是此地的棕榈的怀恋,乃是作为心理范畴的浪漫主义的基本特征。这种心理范畴在各个时代始终不渝地存在着,而且依照一定时代的命令在各个时代采取不同的形式。18世纪末和19世纪初在西方作为文学运动的浪漫主义,便是这样的历史的体现之一。这种浪漫主义得到了发展并且产生了巨大的影响,创立了自己的风格和美学理论,在它身上体现了一种由法国大革命而引发出来的暴动的能量,这一革命的理想和忧伤、胜利和失败。

茨维塔耶娃生就一个浪漫主义者,她的浪漫主义是天生的,她高声地肯定它。因此许多人指责她近乎是在做戏,是矫揉造作——但是那些深知她的人都清楚地认为她的激情、她的叛逆、她被人们不正确地称为“狂暴”的一切,都是非常自然而然的。她自己给自己下了正确的定义:

> 我作为一个诗人和头生子在这世上
>
> 如何是好,这里最最黑暗——阴云密布!
>
> 这里像装在热水瓶里一样保护灵感!
>
> 带着世界上这种无限大的

尺度?!①

　　上帝创造的她就是这样的,她看到的和接受的自己也是这样的。她摈弃日常的现实生活,而且非常真诚地承认:"我不喜欢如是的生活——对于我来说,它开始有意义,也就是说只有在艺术中才具有意义和重量。如果把我送到彼岸,送到天堂去但却禁止写作,我会拒绝彼岸和天堂。物品我自然是不需要的。"她的经常性的自我肯定(某些人认为这是缺乏谦虚),她的骄傲以及她谈到自己的贫穷、屈辱和日常生活的困难时所流露的那种使人难堪的坦率,同样不合许多人的心意。事实上,这是诗人在对自己的与众不同方面,在对来自上帝——来自天生——来自命运的才能方面的坚定的信心。她经常反复说,如果一位美人儿摆出一副姿态,仿佛她对自己的姿色并不怀疑,那么她不是愚蠢就是虚伪地卖弄风骚。意识到自己的力量,是对的,而不是罪过。她常对我说,她经常发现,普希金和歌德意识到他们自己的力量——以及由于这种意识带来的欢乐。她不是要标新立异,她是有独创性的,从而吓跑了那些有时隐藏在伪古典主义面具后面的蠢材、伪君子和清教徒式的谦谦君子。他们认为对于大诗人具有典型性的自我中心主义是自命不凡,是盛气凌人。而且,玛·伊自己常常给那些错误的意见提供口实:有时候她压根

————————————

　　① 引自组诗《诗人们》之一"我作为一个盲人和养子在这世上如何是好……"(1925.4.22)

儿就没有看见周围的人，于是他们便把她的专心致志当作蔑视，恰恰是同那些千方百计给予她帮助的人们在一起时她可能表现得冷漠、不公正、严酷。但是不应当忘记她那劳役一般的生活条件，她对命运的没完没了的抱怨——洗碗做饭、清扫、洗衣服每个人都能做，可她还会写诗——但是由于做饭、洗碗、清扫房间，由于所有这些必须从事的劳动，她不可能全力以赴来写诗，她说自己是一个勤杂女工，没有人使她摆脱开这些杂活儿，就连墨水都不得不兑水释稀，因为没有钱新买一瓶儿，而且只能在深夜或者清晨，由于没有写字台而坐在餐桌后面进行创作。她不善于生活，但是她却诚实地、顽强地挑起了自己的重担，这是出于对丈夫、子女、家庭的高度的责任感。她憎恨日常生活和一切劳役，琐碎的操劳使她没办法从事写作，她在没有必要的事情上，在使她精疲力竭的事情上浪费了时间和精力，她预示到她永远也不可能排除干扰而自由地进行创作。

　　1929 年在默登有一次我问她，什么时候能够把关于贡恰罗娃的手稿交给《俄罗斯意志》。她耸了耸肩膀回答说：“如果能挤出时间来，过两个星期。”然后沉默了片刻，带着冷笑和痛楚补充说：“就说波德莱尔吧，他是一位诗人，他是一个信天翁，可是我是什么信天翁呢，不过是一只被拔掉羽毛的快冻死的小鸟儿，更确切说，是彼岸的一个精灵，偶然来到了这个陌生的、可怕的土地上。”这些话我当时便记了下来，永远也不会忘记。她说自己是一个“小小的栋梁”，选择了一小块儿地，为了肯定自己的真理，或者是一个“长着翅膀的，但却没有手的人",因为她能够飞翔,却不善于做杂活儿。

浪漫主义者的一般的负担是现实与理想之间的脱节,他们在这里呼吸困难,只有在高处,在蓝天,才能痛快地呼吸,——可是玛·伊除了这种一般负担以外,还要增加一层经常贫困、沉重的体力劳动、受屈辱、受损害以及孤独的重负。她是一个三重流放犯,因为在侨民当中她是外人——作为一个人,她是一个难处的人,不善于处理普通的人际关系;作为一个浪漫主义者,她为在人世间过着俘虏般的生活而忧伤;作为一个诗人,她完成着自己的使命。茨维塔耶娃是经常感受到她的这种悲剧的,直到最后一刻,自杀才使她得到了解脱。

但是除了生就的浪漫主义以外,玛·伊还属于作为文学流派的浪漫主义。她的宗师主要是上个世纪20年代德国的浪漫主义作家,她阅读的是他们的原文作品,她非常熟悉,而且脱口而出——她的记忆力非常之强。她在同我交谈中经常引用一些她所喜爱的作家,如霍夫曼①、荷尔德林②、沙米索③以及狂飙突进④时代的诗人们的作品。她非常喜欢海涅和克莱斯特⑤,而在法国作家当中她喜欢戈蒂埃⑥,雨果的某

---

① 埃·霍夫曼(1776—1822),德国浪漫主义作家。

② 荷尔德林(1770—1843),德国诗人。

③ 沙米索(1781—1838),德国作家。

④ 狂飙突进是德国18世纪70年代兴起的文学运动。

⑤ 克莱斯特(1777—1811),德国戏剧家、小说家。

⑥ 戈蒂埃(1811—1872),法国诗人。

些长诗,梅里美的中篇小说和斯丹达尔的长篇小说。有一个时期,她对阿兰-傅尼埃①的《大个儿莫纳》十分着迷。

　　玛·伊对于作家和作品的某些见解使许多人感到吃惊。例如,她明显地既不喜欢托尔斯泰,也不喜欢陀思妥耶夫斯基,她与他们是格格不入的。她带着一种嘲笑的口吻说,如果到一个荒岛上去,她不会随身携带他们的长篇小说,而是要带上列斯科夫②的《大堂神父》和阿克萨科夫③的《家庭纪事》。她崇拜普希金,而莱蒙托夫有点儿使她讨厌,他的那种恶魔主义和拜伦主义不合她的心意。在我们的一次较长时间的文学交谈中,我徒然地对她说明,莱蒙托夫不是模仿拜伦,而是在他身上发现了自己本人,他把青年时代的装腔作势当作生活的真实,我受到他的诗歌的力量和音乐的鼓舞,我甚至把她自己的不间断移行(跨行④)——分行的、分节的和分音节的——同莱蒙托夫的作过比较,——她却避而不答。她突然开始惊诧,我们19世纪没有一位女诗人,卡罗利娜·卡尔洛夫娜·扬什(她就是这样称呼她的)除外,她在三十年之中是以巴甫洛娃⑤出现的,她的俄罗斯人的姓氏便是由此而来的。玛·伊坚定地补充说,卡罗利娜出生在雅罗斯

---

① 阿兰-傅尼埃(1886—1914),法国小说家。

② 列斯科夫(1831—1895),俄国作家。

③ 阿克萨科夫(1791—1859),俄国作家。

④ 跨行即一个句子断为两行,中间没有停顿。

⑤ 巴甫洛娃(1807—1893),俄国女诗人,本姓亚尼什,父亲是德国人,莫斯科大学教授,她本人嫁给了俄国作家尼·巴甫洛夫。

拉夫尔,却死在故乡德累斯顿。在她之后,在我们的世纪初期,出现了一种什么运动——"自由思想派"风格,好像是洛赫维茨卡娅①的风格——她毫不留情地援引了几句:"晚霞染成金黄色的田野/消逝在玫瑰色的远方,/黄昏的哀愁编就了/我那难以形容的梦想。"而然后突然是阿赫马托娃。玛·伊曾经受到她的鼓舞,写过诗献给她。据说,阿赫马托娃对茨维塔耶娃的诗歌持谨慎态度——不过,这是完全自然的。

玛·伊认为布宁是一个现实主义小说家——也就是说否定他的真实的心灵的本质。她对列米佐夫②很推崇,她说他的创作是哨兵的功绩,他为俄罗斯做出的贡献比所有的合在一起的流亡政治家都要大。

玛·伊喜欢某些作品,是因为她从这些书里发现了自己——时而充满了欢乐,如同在西格里德·温塞特③的纪事小说《克丽丝汀——拉芙朗的女儿》中描写的那样——她常常翻阅这本书——时而充满了痛苦,如果比方说话题谈到卡捷琳娜·马尔梅拉多娃以及她的贫穷、痛苦、被夺去的孩子以及用不上的法国话的时候。仿佛我问过她,除了她偏爱的浪漫主义作家以外,她评价作品时有没有尺度。她想了想,然后说,她重视高度甚于深度,精神要腾飞,诗歌乃是飘然上升。

---

① 洛赫维茨卡娅(1869—1905),俄国女诗人。
② 列米佐夫(1877—1957),俄国作家。
③ 西格里德·温塞特(1882—1949),挪威女作家。

玛·伊有许多纯表面的浪漫主义特征：青年时代她把自己看作是玛丽娜·姆尼舍克①，醉心于暴动者——拉辛和普加乔夫的外貌，喜欢扮演一个以美色引诱男人的女人，并曾给一个迷恋她的少年写信——"亲爱的同龄人，/您的心依然没有死，/可是我却喜欢话语，/还喜欢镶嵌宝石的戒指。"②她一生都戴着吉卜赛式样的指环、手镯和项链，她对格里戈里耶夫③的《吉卜赛族的匈牙利女子》写得那样俗气表示遗憾，并且加一句说："不是他的过错。"我想，就连她的俄罗斯民间文学的尝试也是完完全全符合浪漫主义的愿望和人民性的。

她对爱国主义，尤其是民族主义是完全持否定态度的，对装模作样的"俄罗斯主义"也不能忍受。她认为反映日常生活的作家应当生活在俄罗斯，但是"抒情诗人、史诗诗人以及就其创作的本质来讲具有远见卓识的童话作家，最好是从远处来看俄罗斯"④。这是她在我保存的一张从小学生笔记本上撕下来的纸上写的——这张纸是从下列有趣的肯定开始的（她常常重复这种肯定）："祖国不是领土的标志，而是颠扑不破的记忆和血液。只有那些把俄罗斯看作身外之物的人，才会害怕不居住在俄罗斯，忘记俄罗斯。心里装着她的

---

① 玛·姆尼舍克(约1588—约1614)，女冒险家，波兰大封建主的女儿，伪德米特里一世和伪德米特里二世之妻。
② 引自短诗"白天已经夕阳西下……"(1915)。
③ 阿·格里戈里耶夫(1822—1864)，俄国文学批评家、诗人。
④ 引自茨维塔耶娃回答《走自己的路》杂志的调查表，布拉格，1925年8—10月。

人,只有同生命一起才会失掉它。"这种信念为她的侨民生活作了辩护,而且非常忠实地表达了她的感情和思想。尽管她接受的是欧洲的教育,坚定地表白热爱德意志——贝多芬和歌德的祖国,并且完全排斥民族的、肤色的和宗教的差异,她在一切方面——举止、言谈、精神面貌方面却是一个十足的俄罗斯女性,一个莫斯科女人。难怪她把那么多的诗献给了莫斯科("莫斯科,巨大的、/流浪者的收容院"①)。

　　无论是关于茨维塔耶娃创作的民间文学,还是关于她对祖国的感情(她的卓越的诗"乡愁啊! 这早就已经/被戳穿的纠缠不清的事情! /对我来说全然一样——/在哪儿都是孤苦伶仃……"②)有许多是值得争论的(正如关于她以古希腊题材写的诗剧和长诗一样),但是这些作品在情绪上和文学上与浪漫主义的联系却是毋庸置疑的。同时,正如同她没有恶魔主义一样,她既没有这一流派的许多代表人物所习以为常的宗教主义倾向,也没有神秘主义倾向。在《小伙子》③里,少女对吸血鬼的爱不带丝毫恶魔主义的性质。我在 1924 年曾经向 E. A. 利亚茨基指出这一点,说服他由他所领导的火焰科学出版社出版这部长诗。这家出版社原则上是不出版诗歌的,但是由于我的坚持,为《小伙子》开了禁例,因此它于同

---

　　① 引自组诗《莫斯科吟》之八(1916)。

　　② 引自短诗"乡愁啊! 这早就已经……"(1934)。

　　③ 《小伙子》这篇童话长诗,早在莫斯科时,茨维塔耶娃便已动手写作,直到 1922 年 12 月在布拉格才最后完成。

年在布拉格得以面世。

有趣的是,玛·伊的作品中没有任何宗教情绪。这位乡村神甫的孙女无论对于宗教还是仪式都漠然处之,关于上帝的神学问题和见解她丝毫不感兴趣,而如果谈到死、生命的意义、永恒、神圣和最高的公正,她会感到乏味,并且改变话题,或者援引蒙田①的学说。她不喜欢我开她的玩笑,暗示她内心里是同意这句有名的诗的——"诗歌是大地的神圣的理想的上帝"。

她同样缺乏浪漫主义者所表露的历史感。豪放、气魄吸引着她,不管它们出现在哪里——在过去还是在现在,她懂得,即便是从古代的席位上也能够达到某种内部的真实,但是她补充说:"为了心灵,而不是为了精神",并且坚持认为这种重大的区别。她的一切都是在当时,在现在,她不理解事件的运动,她距现代比较远,她从不阅读报纸,她把自己的创作解释成是"反抗世纪、重量、时间、分数的阴谋"②。她一面扪心自问,艺术靠什么前进,一面重复她的一位同代人的话:"靠力量,靠热情,靠酷爱。"历史对它却没有威力。

还有一个特点,玛·伊的所有的朋友都了解。她称自己是"迷惘的事业的维护者",并且坚持说,诗人总是应当与被

① 蒙田(1533—1592),法国哲学家和散文作家。反对神学、经院哲学和教条主义。

② 引自组诗《树木》之八(1923),引文不太准确,应为"这是反抗世纪——重量、总数、时间、分数的阴谋"。

战胜者在一起。她把真理的领袖与堂吉诃德等同起来（"战马——瘸腿，/宝剑——生锈。/披风——破旧，身躯——笔挺"[①]）。她对白军运动溃败以后的饱食终日和沾沾自喜——和浪漫主义的遗产以及它的反资产阶级性，对庸庸碌碌、平淡无味和故意显示的美德的揭露，——无怪乎玛·伊所喜爱的作家——从霍夫曼和海涅到斯丹达尔和福楼拜都对这些报以嘲笑。至于俄罗斯文学我就不想谈了。

玛·伊异常聪明。她的智慧机敏，巨大，突出——它把清醒、清晰同对抽象性和一般思想的适应能力，把逻辑一贯性同直觉的突然迸发结合起来。这些素质非常鲜明地表现在同她认为值得注意的人们的交谈之中。她是一位罕见的，同时也是一位难以应付的——很多人都这样说——令人疲劳的交谈者。她寻找并敬重的颂歌便是由此产生的，那大部头的（显然已经佚失）关于沙皇家族灭亡的长诗——尽管她没有任何真正的君主制的思想，如同总的来说没有政治信仰一样——也是由此产生的。

玛·伊并不迷信，但是她赋予符号、巧合以特殊的意义，好像它们揭开了命运的意图。她出生在从星期六到星期日的半夜（1892 年 9 月 26/27 日），她认为这是她人生道路的预兆——由黑夜走向欢乐，由凡世走向精神。不过这里面依然

---

① 引自短诗《首领归来》(1921)。

没有任何隐藏的神秘主义——不过是为想象提供的食粮。仿佛也不是社会制度的论据，不是政治理论使她对市侩习气和资产阶级性充满仇恨，这种仇恨以非同一般的力量和激情既表现在《捕鼠者》之中，也表现在数十首短诗里。这里也汇合了天性的因素——生就的排斥那些只要她一张口便能理解她的人们，她身上有一种高智能者的不耐烦劲头儿，仿佛她不愿意解释那些胡乱抛出的思想或者形象。这些东西应当赶忙地抓住，谈话变成了一场语言竞技，必须时刻地提防着，击退隐喻、引文和格言，猜想那些暗示和只言片语的真意。

也像诗里一样，玛·伊由前提一下子跳到结论，略过中间环节。对她来讲，最主要的是闪电般的简而明的答话——自己的或者别人的——否则游戏的全部狂热，由快速和恍然大悟而产生的全部激动便消失了。一连两三个小时如此紧张，我有时感到自己疲惫不堪，我由于年纪较轻对此仿佛感到有些难为情，好像自己抵挡不住，所以我把这种表现隐蔽起来。只是过了多年以后，我才从别人口中听到了对于这种文学比赛也有类似的感受。此外，玛·伊有时候随便讲起不久前的印象，或者自己的过去——谈到过去时只是三言两语，这时候表现出她的幽默感，表现出她喜欢开玩笑，喜欢描绘她的邻居的愚蠢和天真——但是她的笑声往往流露出挖苦和辛辣的讽刺。我没有感觉到她的言谈中怀有善意。

几乎总是同我刚一分手，玛·伊便紧跟着寄信来，她忍不住要把话说完，加以补充，或者援引一首最能表达她的感情和意见的诗。一般来说,她喜欢写信——有时候我觉得,她忘记了在给谁写信——她想消除沉默并且找到"友情的耳朵"的愿望是那样地强烈。这一点,从她的许多思想和情感的流露大概是找错了对象之中便可得到说明。她的字体清晰,工整,信尾带有"又及",信中上下左右加以补充,有些话加以着重——用拉开字体的间距来加以突出,以便保持语调。在她的书信往来方面——这是她孤独时主要的解闷方式——她也是保持着"奔跑的速度",像我对她说的那样。信一写完,她马上就寄出,而如果做不到这一点(既没有邮票,也没有买邮票的钱),就丧失了兴致,而如果信压了两三天,她索性就把它撕了扔掉。对于复信她也是要求这样急迫,而如果回信迟了,她就会狠狠地责怪收信人疏忽大意、漫不经心,以及其他一些罪过。

她在这方面时常发生冲突,例如,她对捷斯科娃说我不回复她的信,只是因为我由布拉格寄往巴黎的复信迟到了几天——这种指责是完全不公正的,若我说,是荒谬的。这只是在我们交往的漫长的年代里发生的许多误解之一,从玛·伊方面来说这种交往往往是很复杂的,而且在1925年以后有时是矛盾的,再说问题不在于我们的争论。而我们的争论是常有的,而且是由于各种各样的原因。

例如,1932年玛·伊由于我偶然指出各种类型的艺术的混合而非常激动。我说,在一个范围里的一种起源的自我流露的不同形式,以及手势和舞蹈恐怕在语言之先,它们表达着人的无意识的、隐秘的东西——狄俄倪索斯因素直到阿波罗。如同许多近视的人听觉非常发达一样,茨维塔耶娃不是看到的,而是听到的,于是她便同意这一点乃是她同帕斯捷尔纳克的根本区别。她从作为博物馆馆长和艺术学家的父亲那里什么也没能继承下来,绘画、雕塑和建筑以及舞蹈真正与她无缘——正如同作为钢琴家的母亲没能把从事音乐的意愿灌输给她一样。她觉得把在时间上运动的芭蕾舞与在空间里静止不动的建筑和静止的音乐加以比较(我再说一遍,不是我的比较)简直是无稽之谈,是对诗歌的亵渎,对神灵的攻击。"您是在把芭蕾舞与兰斯大教堂加以比较!"她不满地惊呼。于是又出现一场争吵,我接受的是意大利文艺复兴的教育,而玛·伊接受的是德国的哥特式艺术的教育,她本能地疏远希腊和地中海。最后,玛·伊确认她不喜欢那里的所有的碧蓝的海岸,而只承认海洋,更喜欢的是群山和高空。她仿佛写信对我说过,她最大的享受是登山,"毕竟接近天空"。

　　这次谈话以后大约过了三年,由于格伦斯基①我差点儿没同玛·伊争吵起来。她把他当作诗人捧得太过分了,可是他的诗一点儿也不使我感动,引不起我的兴趣。这激怒了她,她指责我冷酷无情。但是有时候我们的争吵更深。我们的关系于1924年末至1925年初出现了裂痕,因为发现我们之间缺乏她所幻想的文学与个人在思想上的一致。是的,我

━━━━━━━━━━

　　① 尼·巴·格伦斯基(1909—1934),青年诗人,死于车祸。1928年茨维塔耶娃与他发生了爱情纠葛。茨维塔耶娃的组诗《墓志铭》是献给他的。

们对诗歌以及一般来说对文字创作的基本观点是一致的,但是我的许多意见和评价与玛丽娜的不尽相同,尽管她"尝试忍耐",如我开玩笑所说的那样,她依然感觉到不满和失望。甚至到了这种程度,她尊称我为"文学批评家"——这在她的语汇中是一句骂人的用语。

我们的个人的友谊也经历了许多变化。玛·伊在与罗泽维奇破裂以后的几个月里变得坚强了。她对破裂感到难受、痛苦,正如她所说的那样,她需要有"一个友善的肩膀,好能够投入其中,埋在里面——忘却忧愁",应当依偎在谁身上。她仿佛觉得,我能够给予她这种精神上的支持,而且此时我已同我的第一个妻子离异,在个人的麻烦事同病相怜的处境下,玛·伊认为有了互相理解的保证。但是我们的个性、激情和追求在这方面却存在着冲突。第一,如同往常一样,玛·伊关于我创造了某种幻觉:她自己把我想象成是精神和一切美德的化身,根本不了解我个人的生活,我的爱好,激情或者缺陷。她升入九霄云外的高空,在那里没有翱翔多久,便坠落到地上,像往常一样,这使她受到了挫伤,给她带来了痛苦。第二,她要求亲近的人不与他人分享地奉献,毫不顾忌地融为一体,包括牺牲,同时她希望带领她的人不是弱者,而是强者,弱者会受到她的蔑视。

玛·伊在1929年4月给捷斯科娃的一封信里公开地承认:"从前,只要人们要,我就像暴风雨一般地给予!后来克制了。与我能够给予的相比,人们需要的是另外的东西。"但是问题首先是,她抛弃了别人所提供的东西——她想要更多的东西。而我既不能接受那种暴风雨，也不能接受她那种导致拒绝生活、拒绝自己本人、拒绝自己的道路的绝对现象。她记得有一次我回答她说："一颗裸露的灵魂！甚至使人感到可怕。"她对我这句话不能原谅，而更加使她受到污辱的是，我对她既没有激情，也没有疯狂的爱，我做不到这些，我只能作为一个同志和使她感到亲近的人，对她表示忠诚和依恋。玛·伊写道："我希望能够有一个终生的和每时每刻（能够每时每刻）的朋友。有谁能永远地，甚至躺在灵床上也能使我感到快乐。"而我知道，我们的生活道路是不能汇合一起的，只是有时候交叉在一起，而且我们俩的命运完全不同。她由此得出错误的意见，似乎我在疏远她，而且却看中了一些卑微的女人，我宁肯要"石膏废物而不喜欢卡拉拉大理石"（她在《忌妒的尝试》①中就是这样写的）。

　　在唱完颂歌以后，她便在见面时开始对我说一些挖苦话，背地里骂我。有一个时期她这样做时，几乎怀着一种仇恨，经常怀着一种强烈的感情，怀着她平时在追求一贯性而又达不到一贯性，在竖立基座而又毁坏雕像时的那种顽强劲头儿。我知道，她这样做并不轻松，殊不知我依然尽我所能地帮助她，在我的一切公开发言中维护她。但是，过了几年，在她化愤怒为宽恕以前，她已经深信我们的友谊是可靠的。

---

　　① 这首诗，看来最初是献给康·博·罗泽维奇的，但是马·斯洛宁（1894—1976）却肯定地说，是献给他的。

　　玛·伊的生活是棲惨的,她的孤独和不能与人长期交往在这之中起了不小的作用。从本质上说,她是一个爱情专一的人,尽管有过着迷和变心,她真正爱的只有她丈夫谢尔盖·埃夫伦一个人。后来,当弄清楚,尽管他们彼此如此相爱,但是他却既不能放弃他的政治活动,也不能放弃独立的、与她格格不入的生活方式,——她便把整个剩余的尚未耗尽的温情移到了儿子身上。同女儿的关系也发生过挫折和冷淡。通常老是与其他人断绝关系——她不是过分苛刻,就是过分"不珍惜"朋友,如果他们有什么地方不合她的心意,她要不就为他们竖立起纪念碑,要不就把纪念碑砸得粉碎。而对那些准备为她赴汤蹈火的熟人,她仿佛视而不见——也许她压根儿就没有意识到,她以冷漠和充满蔑视的满不在乎的态度使他们受到屈辱,把他们吓跑了。但是就连对她总是忍让的人,她也不承认是真正的朋友。比如她对叶连娜·亚历山德罗夫娜·伊兹沃利斯卡娅①、对电影导演图尔然斯基一家、对列昂尼德·安德列耶夫②的第二个妻子安娜·伊利伊尼什娜(她谈到安娜时曾说,她是"火眼金睛,就是在黑夜森林里她徒手都能抓住夜莺")、对图卡列夫斯基、对列别杰夫,突然产生一种好感、投机感,只是刹那间,但是没等建立起持

————————

　　①　叶·亚·伊兹沃利斯卡娅(死于1974年),文学家和翻译家,写有关于茨维塔耶娃的回忆录《墙上的影子》和《必遭毁灭的诗人》。茨维塔耶娃曾将《一首献诗的经过》一文献给她。

　　②　列·尼·安德列耶夫(1871—1919),俄国作家。

久的、经常的联系，她的感情便熄灭了。她同起初对她恶意诽谤，后来表示悔悟的斯维亚托波尔克-米尔斯基[①]有过短暂的友谊，1926 年他曾邀请她去伦敦两周，在他返回俄罗斯之前，曾在经济上资助过她，——但是她却与他很少，只是偶然地见面。与格伦斯基和施泰格尔[②]的友谊，如我已经谈到的，是精神上的，而同捷斯科娃的则是通信的。我认为，1925 年儿子出世以后，玛·伊再也没有过任何的爱情生活，广义来说恋爱生活。[③] 当时她已经 33 岁。不管怎么说，恰好是在穆尔出生以后，玛·伊决定离开布拉格，摆脱掉她在那里常常体验到的闭塞感。她希望在巴黎能找到新的朋友，读者，听众——开辟更广阔的发表作品的可能性。要知道，在俄罗斯人侨居的柏林日落以后，巴黎成了我们的侨民的首都。

　　我不敢相信，玛·伊在法国会实现她的所有计划，但是我不想跟她争论，况且她的离去牵连着许多实际的和经济的

――――――

① 德·斯维亚托波尔克-米尔斯基公爵（1890—1939），俄国评论家、文学史家，1932 年返回苏联，1937 年被捕，1939 年死于距马加丹 200 公里的阿特卡劳改营中。

② 阿·施泰格尔（1907—1944），诗人，茨维塔耶娃是通过施泰格尔的姐姐，女诗人阿·戈洛温娜认识他的。1936 年施泰格尔患肺病，并在爱情上受到挫折，心灰意冷，茨维塔耶娃对他深表同情，因此每天给他写一封信并有献诗，以解除他的烦恼，鼓励他，但施泰格尔却从疗养院又回到他在巴黎原来那个圈子，茨维塔耶娃对此充满愤懑。

③ 本文这里说得不太确切，茨维塔耶娃一生中有过无数次恋爱，无论在她儿子出生以前还是以后；但是大多是精神方面的恋爱，她自己也毫不隐讳，在给她的友人的信中经常提到她的一些爱情纠葛。有的还转化成为作品。

困难,因而她请我给予帮助。在实行南森式护照①的年代里,要想从一个国家迁移到另一个国家,需要经过特别准许。我同法国领事很熟,因此为埃夫伦一家弄到了所需的签证。然后需要为玛·伊盯紧捷克提供的作家资助以及《俄罗斯意志》的预支。在这些未来的收入的保障下,捷斯科娃得以从一位熟悉的妇人那里办了借贷,于是 1925 年 10 月 31 日,把丈夫暂时丢在布拉格,玛·伊战栗地、激动地与穆尔和阿利娅一起登上了旅途。与她同行的还有安娜·伊利伊尼什娜·安德列耶娃,她把一切使玛·伊感到担惊受怕的麻烦事都包在了自己身上,甚至包括照顾几个月的婴儿。

茨维塔耶娃的一生的布拉格的阶段就这样结束了。11月1日她已经身在巴黎,在这里她要度过艰难困苦的十三年。

1925 年 10 月 31 日,玛丽娜·茨维塔耶娃、九个月的穆尔和十二岁的阿利娅(阿里阿德娜)抵达巴黎。接纳他们下榻的是奥莉加·叶利谢耶夫娜·科尔巴西娜-切尔诺娃②,穆尔的教母。切尔诺娃一家生活拮据,住在维勒特附近,乌尔克运河对岸偏僻的工人住宅区里,但是却从三间房里给他们

---

　　① 南森式护照是一种临时身份证,根据 1920—1921 年国际联盟主管战俘事务的最高委员 F.南森的建议,由国际联盟发给无国籍的人和难民,以代替护照。

　　② 奥·叶·科尔巴西娜-切尔诺娃(1886—1964),俄罗斯文学家,著有《忆玛丽娜·茨维塔耶娃》。

让出来一间。奥莉加·叶利谢耶夫娜非常喜欢玛丽娜·伊万诺夫娜，她的三个女儿——三个少女奥莉娅、纳塔莎和阿加赞赏茨维塔耶娃的诗歌，起初几乎是怀着一种崇拜的心情注视着她，尽她们的所有与客人们分享，并且尽量使他们生活得舒适。但是玛·伊并没有觉得应当对她们表示特别的感激，而且仿佛没有注意到她们的关怀。她在书信里把切尔诺娃一家称为"我们的主人们"（要知道她们是衷心的朋友），抱怨拥挤，街道破旧吵闹，无法专心致志。她看到的是工厂林立的郊区的巴黎，在捷克斯洛伐克平和宁静的乡村住宅住惯了以后，如今周围的环境使她感到非常压抑。

但是她在切尔诺娃家里却完成了她的最长的、大概也是最重要的一部长诗《捕鼠者》——而且甚至还有了一张真正的写字台：是奥莉加·切尔诺娃给她让出来的（奥莉加后来嫁给了列昂尼德·安德列耶夫的儿子瓦吉姆）。玛·伊是很少遇到这种阔气的东西的——只有她在谁家做客的时候才能遇得到。在许多年当中，她都是把餐桌当作写字台，她带着嘲笑说，"餐桌既是为了我的体力的饮食，也是为了精神的饮食"。要知道，书桌在她的生活中是一件非常重要的东西。难怪她为了它而写了一部她的最有代表性的长诗，歌颂"比爱情更坚贞——三十年的结缘"：

　　　　你是松木做的，柞木做的，涂着劣等的清漆，

　　　　你的鼻孔上挂着圆环，

　　　　你用途很广——可供就餐，可供花园歇息，

但愿不要变成三条腿,但愿![①]

玛·伊说,她的唯一的财富就是孩子和笔记本。但是后来孩子们离开了她,剩下的只有笔记本了。她在法国自己从来没有写字台,这也是她生活杂乱而贫困的象征。但是她对书桌的歌颂不仅是象征性的,而且也揭示了她的创作的本质。曼德尔施塔姆在街头徘徊,边走边即兴创作,立即使灵感变成了文字,等回家以后再把它们写下来或者口授下来(他的大量的诗稿便是这样创作的),然而茨维塔耶娃却有所不同,她没有笔、没有纸、没有书桌便无法想象。紧接着她的灵感和天启之后,是检查——探索、复查、筛选——所有这一切都是在书桌上创作的过程。

1925年末,玛·伊的丈夫谢尔盖·雅科夫列维奇·埃夫伦来到了巴黎。我是1926年1月见到他们俩的,当时我路经勒阿弗尔[②],我要在这里换乘航船,去美国各个城市讲学,并且为在俄国被关押的政治犯募捐——当时以高尔基的前妻叶卡捷琳娜·巴甫洛夫娜·彼什科娃为首的政治红十字会还存在。

我觉得玛·伊有些惘然若失。她显然不喜欢巴黎,但是她强打起精神,说在筹备她的公开朗诵会,顺便提到她在写《诗人谈批评》一文。谢尔盖·雅科夫列维奇又在沉浸于他

① 引自组诗《书桌》之一"三十年的结缘……"(1933—1935)。

② 勒阿弗尔,法国塞纳河口港口城市。

从前的兴趣——他埋头于欧亚大陆运动的事业,筹办《里程碑》①集刊。

　　我在美国逗留了半年,夏天返回欧洲,在法国南部稍事休息,9 月在布拉格重操我往常的文学生涯和社会工作。这期间我收到过玛·伊的几封短简。从这些信里,而更多的是从共同的熟人的叙述中,我得知她二月的晚会很成功,还听说她朗诵时穿的黑色连衣裙是切尔诺娃家的纳塔莎和奥莉娅姐妹俩为她缝制的,她们还在衣服上绣了一只象征性的蝴蝶——普绪刻。玛·伊用晚会的收入同孩子们和奥莉加·叶利谢耶夫娜·切尔诺娃一起在 5 月里前往旺代②旅行。玛·伊认为法国大革命时代这个边远地方的反叛者们是一些浪漫主义的主人公,她喜欢把俄国的白军称为“我们的旺代”;因此才选择了旺代海岸的圣吉尔去休养。谢尔盖·雅科夫列维奇留在了巴黎,忙于《里程碑》集刊。10 月举家迁往默登森林附近的默登—贝利维尤,但是并没有住多久。1926 年 12 月 31 日,我从美国回来以后第一次与玛·伊见面恰恰是在贝利维尤。但是这次会面完全不像她在给捷斯科娃的信里所描述的那样轻松的气氛中进行的(这次会见的漫画式的,但却完全不可信的反响,在 1928 年第 3 期《里程碑》集刊上发表的长诗《新年书简》中有所描写)。我的确是给玛·伊带来了莱纳·马利亚·里尔克逝世的噩耗(他死于 12

----

① 《里程碑》系欧亚大陆运动的文学集刊,共出三期。
② 旺代,法国西部的一个省会,法国大革命时期保皇党叛乱的中心。

月 29 日,并非像她写的死于 30 日)。我非常了解,她对他非常崇拜,因此我在告诉她他的死讯时是非常谨慎的——而不是"顺便"(她的话)。玛·伊非常激动,她说:"我从来没有见过他,如今永远也见不到了。"

我在临走之前问玛·伊和谢尔盖·雅科夫列维奇是否愿意到我们的共同的熟人家里,同"自由俄罗斯人"一起迎接新年。当时我个人发生了一件非常悲痛的事,任何节日和饭店我连想都不想想,因此才提到简单的友谊的晚会。如同往常一样,谢尔盖·雅科夫列维奇等着由玛·伊来决定,她回绝了邀请。但是答应了我的请求,请她为《俄罗斯意志》写一篇关于里尔克的文章。过了不久,她往布拉格给我寄来了《你的死》,这篇散文发表在 1927 年 3 月号的杂志上。在此之前不久,我在捷俄团结文化慈善协会做过一次关于茨维塔耶娃的创作的报告。显然玛·伊对于根据她的请求由捷斯科娃寄去的关于我的讲演的信息感到不够,因此,当我 1927 年春天去见她时,她便极想知道关于我的演讲的整个详细情况以及听众对她的反应如何。这时候,玛·伊已经移居到默登村,在贞德大街租了三间套房。

当时她还向我谈起出版诗集的计划,问我喜欢不喜欢《离开俄罗斯以后》这个书名,我对此表示非常赞赏,而然后又同我商量她未来在巴黎举办公开朗诵会,她总觉得主要的难处是选择哪些诗好。她说:"不是为了自己才高声朗诵——而是为了别人,为了自己——写诗。"当时我们还商定,在一次晚会上我致开幕词,谈谈她的创作(这件事一直很迟才兑现）。我把《你的死》的校样给她带来了——而且我们说妥,她翻译里尔克的书简(这些书简发表在 1929 年初《俄罗斯意志》上)。

就在 1927 这一年里在巴黎与玛·伊会见,对我来说,是值得纪念的。如她开玩笑地指出的那样,"为了办事"她到巴黎来逗留一整天,仿佛强调一下玛丽娜和事情——这两种的结合是荒谬的。她知道了我从现在起打算交替在布拉格住三个月,再在巴黎逗留三个月,便问我是什么原因不在捷克斯洛伐克久居。当然,我只能回答是因为我们准备把刊物移到巴黎来排版印刷,为此购置了一所不大的印刷厂,这一切也可以说成是办事。这是唯一一次玛·伊直截了当地向我提出问题,而回答——虽然是部分的——毫无疑问她早已明了。我耸了耸肩膀。她连珠炮似的说:"我不想从别人那里,想从您自己的口里听到。"于是我非常简短地向她讲了讲,拉里莎·布奇科夫斯卡娅,我爱上的这位姑娘,去年秋天被捷克斯洛伐克内阁首相的汽车撞死了,警察局企图对新闻界和亲人们掩盖她的死亡的真相。由于我的干预,这件事已被广泛地传播开了,包括国会的问题和向总统马萨里克的报告。在这一切事情过后,我想移居到巴黎来。结束时我也问了玛·伊:"这一切您不是全知道了吗,新年前我去看您时,难道您没有看出我是什么样的情绪?"玛·伊沉默了一会儿,然后说:"我因为里尔克的逝世受到很大打击,而您个人的感受我不想当着谢尔盖·雅科夫列维奇的面谈。"就这个话题,我同她再也没有交谈过。

　　某些苏联批评家很想把茨维塔耶娃的生活与创作划分为三个时期——莫斯科阶段,包括诗人的形成和少年及青年时代的诗歌,这些诗歌对于许多人来讲是最容易理解的,因而也是最容易接受的;1922 年出国和侨居期间的沉重的生活,这种生活由于思念祖国而更加沉重;最后,1939 年返回苏联,似乎是使她的内心的和诗歌的发展得到了完满的结局。有一点他们却避而不谈,那就是她在苏联受到了如此良好的接待:女儿被发配到劳改营,丈夫被杀害,只发表过她的一首旧作,以至于两年后她自缢而死。总之,整个这一公式是臆造的和虚假的。然而事实上并非如此,远为复杂。

　　如果能弄清楚,在革命初期的象征主义者、阿克梅主义者、未来主义者以及无产阶级诗人们的圈子里,怎么能够形成像玛丽娜·茨维塔耶娃这样独特的创作个性的,那会是很有意思的,而且这个题目还有待研究。她在 1912 年到 1922 年间写的许多抒情诗和长诗,非常之美,但是她逐渐超越了这些诗,而且使她与她的所有的著名的同时代人显著不同的特点,在这些诗里表现得越来越突出,这些特点构成了她的独创的诗学——即正是那些确定她在 20 世纪俄罗斯诗歌中的地位和意义的东西。而茨维塔耶娃的天才恰恰是在流亡中,在异国的某种真空中达到了最最充分的发挥。毋庸置疑,我在 1922 年对她的诗集《离别集》的评论中所指出的转折,是在这期间完成的,在贫困、孤独和流亡的十七年当中,茨维塔耶娃创作了她的最卓越的作品。尤其是布拉格阶段

（1922—1925）标志着创作上的巨大的高涨：被称为"茨维塔
耶娃风格"的东西，恰恰是在 1922—1926 年间，无论是在单
独的抒情诗中，还是在《山之诗》、《终结之诗》以及讽刺作品
《捕鼠者》（虽然不该给后者，如同给所有具有独特形式的优
秀作品一样，贴上文学标签）中，都发挥出了最高的表现力。
我认为，茨维塔耶娃的创作鼎盛一直延长到 20 年代末和 30
年代初，似乎是她在布拉格飞快地起跑以后，一直未停，一往
直前地、一个劲儿地继续向前飞奔。"我是在飞跑，"她这样
谈到自己。在她少女时代的诗里："她的大衣的下摆像暴风
雨"，或者：

　　　　我的步伐清楚而又矫健。

　　　　我的全部正义恰好

　　　　在我这步态中得到了体现。①

　　当然，她的全部诗歌——运动的——都处在语言和韵律
的运动和飞行中。但是在 1931—1932 年间已经觉察到速度
在减慢，散文数量在增长。我无论如何也不同意说这是内心
的枯竭。原因在于所谓的巴黎阶段的整个环境。只是仰仗于
非凡的坚韧不拔的精神，在 30 年代里玛·伊才经受住了命运
的一切打击，才没有被摧垮——是后来，在俄罗斯被摧垮的。

　　很难说，在玛·伊在巴黎近郊最后七年的生活中散文在

---

　　①　引自短诗"他们看到了什么？——大衣……"（1915）。

什么程度上胜过诗歌是有内心根据的,是源于有机的需要以另一种形式来表达自己。当然,许多事情都是由于需要而引起的:散文容易发表,散文容易理解,有读者,稿酬付得多。

如果以玛·伊在法国的全部侨居时间来说,那么可以很容易把它分成几个阶段。1926—1927 年间,尽管有许多失败和预示着不祥的征兆,玛·伊还是充满希望的,她相信在法国会找到广大的读者和新的文学创作的可能性。1926 年 2 月晚会的成功肯定了她的这种幻想:这次晚会变成一件盛事,大厅里爆满,玛·伊朗诵她的诗歌,包括《天鹅营》片断,引起了阵阵激烈的掌声,而关于这次演出的总结见于所有俄文的报纸,巴黎的和柏林的。斯维亚托波尔克-米尔斯基态度的转变也使她高兴:不久前他曾说她是"放纵的莫斯科女人",甚至没有把她的作品收入 1924 年出版的他编的诗歌总集《俄罗斯抒情诗》,而在《小伙子》问世和私人相识以后,他变成了她的诗歌的崇拜者和忠实的朋友。他于 1926 年 3 月为玛·伊安排的英国之行以及她在伦敦两个星期的逗留加深了这种友谊。

1926 和 1927 两年,玛·伊的作品不仅见于《俄罗斯意志》(《捕鼠者》、《楼梯》、《房间的尝试》、《你的死》),而且也见于《里程碑》集刊(《山之诗》、《新年书简》、《忒修斯》)以及青年诗人德米特里·沙霍夫斯基公爵(现为旧金山约翰大主教)在布鲁塞尔出版的《善良的人》杂志。恰恰是她在《善良的人》第二集(也是最后一集)上的文章使她与流亡的著名的批评家们的关系大大地恶化了。《诗人谈批评》这篇文章发表时，我不在欧洲，这篇文章还附带着《花坛》的补充——从格·维·阿达莫维奇的对立的文学的论断和评价中的摘录。玛·伊在文章里还触犯了以其对整个诗歌的极其否定的，但是又极其不能令人信服的态度而闻名的 M. 奥索尔金（他甚至以此多少有些假冒斯文）和尤利·艾亨瓦尔德。艾亨瓦尔德是我的舅舅——根据我从美国归来以后 6 月收到的他给我的信判断，他对玛·伊的攻击感到惊异，受到了屈辱——尤其是因为他（化名克列梅涅茨基）在柏林出版的《方向盘》报上发表的文章和评论中曾经赞美过她。他一向注意玛·伊发表的所有的东西，并且认为她是一位卓越的诗人。

《花坛》只能加深阿达莫维奇对茨维塔耶娃的恶感。他们彼此本来不认识，没有任何个人联系。他们的敌对纯属文学上的——而且看来已经很深和很久了。玛·伊的诗歌的精神与阿达莫维奇格格不入，因为他受的是阿克梅主义的熏陶，重视诗歌的严谨和明快。茨维塔耶娃刺伤了他的听觉，她对他来讲过于嘈杂、狂暴、奇巧精致，他为她的大喊大叫、骤然的移行、滑动的韵律而皱眉头。他本能地规避她的散文，嘲笑她的写《忒修斯》和《淮德拉》的诗剧和散发着俄罗斯民间创作气息的长诗。我认为，他对茨维塔耶娃的态度至今基本上没有改变。① 我再说一遍，这里主要的是不同的气

---

① 这一情况不完全准确。阿达莫维奇对茨维塔耶娃的抒情性自传体散文表示赞赏，不仅有文章为证，他还写过一首诗《纪念茨维塔耶娃》。

质和美学观点的冲突。所有的批评家（以及读者）如果认为
浪漫主义不是艺术流派，不是世界观，而且过分抬高严谨、挺
秀和古典主义的匀称，那么就会经常指责玛·伊过分，语言
上和感情上的挥霍，企图飞溅过去，跳越过去——总之是"超
过"和"越过"。茨维塔耶娃的自发性，与世界的无政府主义
的争论，她的狂暴的激情，她的惊呼、感叹、上气不接下气的
喘息的整个风格，她的节奏的"左轮手枪式回旋的急促的响
声"，在他们看来就是逃离海岸或者火山爆发。

然而我却认为，这类批评是错误的：茨维塔耶娃以惊人
的方式，与坚定不移的诗歌的条理性，与严格的遣词造句，与
为征服自然力以及把这种自然力转化为复杂的，但却是坚实
的词汇的形式而下的巨大的苦功所结合一起的东西，却被这
类文章认为是天启，是无意识的和非有机的风格，是几乎不
可解的现象。至于她自己的这种形式毫无疑问是服从于由
其而产生的规律的，但是要知道，这便是她的诗歌的独创性
和她与许多浪漫主义者的一般的语言累赘和杂乱无章的区
别之所在。我再重复一遍我先前说过的话：只要浏览一下茨
维塔耶娃的草稿，便可确信，为了达到最大的准确性和抑扬
顿挫，她是很会选择、删削、剪裁和变换的。当她听到有人把
对手稿的修饰和推敲叫作"粗活儿"的时候，非常恼火——
"要知道，这才是货真价实的诗歌创作——怎么能说是粗活
儿呢。"

1928年春天，在我们再次会面时，玛·伊带着辛辣的嘲

笑说起,《文艺复兴报》①没办法确定,茨维塔耶娃的创作到
底是"妇女的手工"还是"帕斯捷尔纳克的复制品",因此把
它说成既是这样的又是那样的:这些说法的确出现在 2 月的
《文艺复兴报》上。从各个方面来的对茨维塔耶娃的攻击加
剧了。1928 年《离开俄罗斯以后》的问世也没有任何改善。
对于她这本作为几年来劳动成果的诗集,在所有的流亡的报
刊上,只有一篇赞扬的评论——那就是我在《日子》上的那一
篇。阿达莫维奇在《最新消息报》和霍达谢维奇在《文艺复兴
报》上对《离开俄罗斯以后》持否定态度。这本诗集的发行自
然是很不顺利的——这本不太美观的灰色封面的书,我费很
大劲儿才卖出去几本。不用说,如今它已经成为珍本。1965
年莫斯科出版的大型诗人丛书重印了它的大部分。②

　　玛·伊丝毫没有流露出,因为这本靠着一位赞助者的经
济上的支援,又经过无数次的斡旋和努力才得以问世的诗集
的失败而难过,但是她有时候却觉得,是用一种沉默的阴谋
来反对她。不管怎么说,1928 年末和 1929 年初,玛·伊在巴
黎文学界的处境无论是就政治上的原因,还是就文学上的原
因,都变得非常艰难。右翼流亡者忘记了只了解已发表的片

---

　　①　《文艺复兴报》是右倾的报纸,1925—1940 年在巴黎出版,霍达谢维
奇曾任该报文学评论员;茨维塔耶娃不曾为《文艺复兴报》撰稿。
　　②　指莫斯科—列宁格勒苏联作家出版社 1965 年版《茨维塔耶娃作
品选》。

断的《天鹅营》，不知道仍旧作为手稿的《垄沟》，因此用不赞成的态度看待玛·伊与《俄罗斯意志》的合作。"茨维塔耶娃在与左翼调情，"伊利亚·苏尔古乔夫①在一次邂逅时对我说，而且还把其他一些大学生的刊物称为《走自己的路》。我问他，《当代纪事》怎么样？他笑了笑，挥了挥手："一路货色，不过比其他的更得体些。"

在对玛·伊的加剧的敌意中起到不小作用的是《里程碑》：她被指控与欧亚大陆人亲近，而欧亚大陆人被认为是半个布尔什维克——属于这类人的既有她的丈夫谢尔盖·埃夫伦，也有她的朋友斯维亚托波尔克-米尔斯基。这在现在看来是可笑的，但是当时许多人却因为《里程碑》转载了苏联作家的作品而玛·伊又没有拒绝与苏联作家一起出现而大为气愤。在20年代，各种不同的流亡者派别之间的争论是激烈的，思想不同却导致了个人恩怨，对苏联文学的兴趣被认为是可疑的，而对诸如皮利尼亚克、巴别尔、费定、符谢沃洛德·伊万诺夫、法捷耶夫、列昂诺夫这样一些作家的客观评价被认为是对反布尔什维主义的背叛。思想靠得住的流亡者肯定地说，俄罗斯文学的水流已经冲到了欧洲，如季娜伊达·吉皮乌斯②（她就是安东·克赖尼）写的那样，我们不

————

① 伊·德·苏尔古乔夫（1881—1956），俄国作家、批评家。1920年起侨居国外。

② 季·尼·吉皮乌斯（1869—1945），俄国女作家，颓废派理论家。1920年起侨居国外。

是被驱逐的——而是被派遣来的。从东方来的只能是灾难和瓦解，宣传和欺骗。加入这一伙的还有被我称为"文学上的保守派"，即必须忠实于光荣的往昔的传统。

比如，对于布宁和千百个普通的读者来说，马雅可夫斯基之所以不能被接受，不仅是因为他歌颂了共产主义、列宁和党（虽然他没有入党），而且因为他是以未来主义的诗歌并且千方百计地以文字上的和风格上的创新来这样做的。他们嘲弄帕斯捷尔纳克，苔菲由于他而忆起了一首儿歌："鱼儿跟螃蟹跳舞，小丑跟欧洲防风①跳舞。"后来，甚至在 1933 年，当我出版了我的著作——以尤里·安年科夫②为帕斯捷尔纳克画的肖像作为封面的《苏联作家群像》的时候，许多人认为这是"挑衅"和"苏联渗透"。茨维塔耶娃被归入马雅可夫斯基和帕斯捷尔纳克之类。布宁关于她编了顺口溜（不是为了发表），季娜伊达·吉皮乌斯对她的反应带着一种蔑视，并且要求《当代纪事》不要把她的作品与茨维塔耶娃的同时发表。一般来说绝大多数革命前一代的作家根本不理解新的诗歌。彼得·斯特卢威③尽管很有才华，但是他却认为新的诗歌（也包括茨维塔耶娃）是某种世纪病，并且指责它是一种不为人

---

① 欧洲防风是一种植物，俄文与帕斯捷尔纳克是同一个词。

② 尤·巴·安年科夫(1889—1974)，俄国版画家和风景画家。曾为勃洛克的《十二个》作插图。1924 年起侨居国外。

③ 彼·贝·斯特卢威(1870—1944)，俄国经济学家、哲学家、历史学家、理论家，"合法的马克思主义"理论家，立宪民主党首领之一。

需要的毫无内容的莫名其妙的东西。某些人甚至由于勃洛克的《十二个》而对他表示不理解,至于谈到叶赛宁和马雅可夫斯基,就更不像话了:所有这一切被污蔑为"革命的魔鬼"。只有巴尔蒙特①一个人对待茨维塔耶娃很好:倾听她的韵律(奥索尔金曾经说,她的《捕鼠者》"在音乐方面是非常荒谬的")。总之,不仅是吉皮乌斯和一遇机会便不可避免地谴责莫斯科的和列宁格勒的作家们为魔鬼的梅列日科夫斯基②,而且那些比较容忍的流亡者们也否定 20 年代的苏联文学。在这种普遍的排斥当中,政治上的成见同文学上的传统主义与派别联合了起来,于是同一营垒中既有反动派和立宪民主党人,也有中间的社会主义者和保守主义者。《文艺复兴报》,右翼分子和无政府主义者的喉舌,在它的文学立场上,与自由主义的《最新消息报》很少有什么区别,因而霍达谢维奇在古卡索夫的报纸的版面上对茨维塔耶娃的诗歌的尖刻的批评便与阿达莫维奇在米留科夫③的机关刊物上的挖苦的意见,交织在一起。顺便说一句,霍达谢维奇后来对玛·伊的态度有所缓和和改变。而《当代纪事》的社会革命

---

① 康·德·巴尔蒙特(1867—1942),俄国象征派诗人。1920 年起侨居国外。

② 德·谢·梅列日科夫斯基(1866—1941),俄国作家,小说中充满宗教神秘思想,1920 年流亡国外,与吉皮乌斯为夫妇。

③ 巴·尼·米留科夫(1859—1943),俄国政治家、历史学家、政论家。立宪民主党组织者之一。1917 年曾任资产阶级临时政府外交部长。十月革命后侨居国外。

党的领导者们,具体来说,B. B. 鲁德涅夫和 M. B. 维什尼亚克
对于艺术一窍不通,对于文学,尤其是对于诗歌更是充耳
不闻。

　　最有意思的是,加入——虽然是有时和从侧面加入到这
个包括那些有名望的和形形色色的流亡界的骨干人物在内
的统一战线之中的,有"年轻的一代"的代表人物。他们当中
有不少是象征派和阿克梅派的参与者或追随者,他们继续在
这条在革命前的年代里曾经起过很大作用而后来却变成了
浅滩的潮流中漂浮。难怪像曼德尔施塔姆和阿赫马托娃这
样的诗人们,超越了他们与古米廖夫①一起创立的阿克梅主
义的界限,并且找到了新的道路。而中年的流亡者们,在国
外却依然很乐意继续从前那些已经趋向没落的文学流派。
在某种程度上来说他们生活在往昔当中。当然,茨维塔耶娃
的反叛的诗歌,就精神来讲是革命的,就韵律和风格来讲是
革新的,完全不能使他们感兴趣,确切地说,只能吸引那些为
数不多的人,主要是单独的个人。除了其他一切以外,受到
阿达莫维奇鼓励的奇巧精致的、情绪忧伤的抒情诗的流行,
在巴黎俄罗斯文学界占据着统治地位——我当时把这类抒
情诗称为"法兰西—彼得堡忧郁症"。对于阿达莫维奇的弟
子们,诗歌中"降半音的符号"的主张者们来说(阿达莫维奇

---

　　① 尼·斯·古米廖夫(1886—1921),俄国诗人,阿克梅派的首领,阿赫
马托娃的丈夫,1921 年因反革命阴谋罪被处决,近年来被恢复名誉。

喜欢援引瓦莱里①的诗,瓦莱里警告人们避开升号,他更喜欢
"自然的调式"),茨维塔耶娃对力量和激情的肯定,是大自然
的粗鲁的现象,而不是艺术的和谐。1927 年在《环节》杂志
征文竞赛中,在从佚名投寄的两百首诗中选出的二十首里
面,茨维塔耶娃的短诗②没有入选,但是对此用不着惊异:阿
达莫维奇和吉皮乌斯(第三位是 K.莫丘利斯基)是评选委员
会的成员。

　　玛·伊与那些起表率作用的并且认为自己是国外俄罗
斯文化的代表者和表达者的流亡圈子之间的关系尖锐化,是
在 1928 年末和 1929 年初出现的。1928 年 11 月,马雅可夫
斯基在巴黎朗诵自己的诗歌。玛·伊出席了他的一次晚会,
她在从伏尔泰咖啡馆出来的时候与诗人的谈话,在 11 月 28
日《欧亚大陆报》上这样由她转述的:玛·伊回忆道,当 1922
年 4 月,在启程赴柏林之前,她在铁匠桥上遇见了马雅可夫
斯基并且问道:"您有什么话要转告欧洲吗?"他回答说:"这
里——有真理。"过了六年以后,有人也向她提出一个问题:
在马雅可夫斯基朗诵之后,关于俄罗斯她有什么话要说吗?

---

　　① 保尔·瓦莱里(1871—1945),法国诗人。
　　② 即《老式的景仰》(1920)。据另一种资料,这次征文竞赛不是在
1927 年,而是在 1926 年,因为这首诗落选以后,作者曾将它交给《善良的人》
杂志发表(1926 年第 2 期,布鲁塞尔)。另外,征文收到 322 首,入选 12 首。

她答道:"那里——有力量。"①从茨维塔耶娃这句话的上下文来看,可以解释为,"那里有力量"与"这里有真理"是相对照的,但是谁也没有这样理解它们,相反地倒是开始怀疑这两句话里几乎差不多是承认和赞颂苏联制度。《最新消息报》立刻不再发表她的诗歌:根据命运的嘲弄,这是《天鹅营》中歌颂白色运动的片断。更有意思的是,在同一个时期(1928年12月),当玛·伊完成她的《垄沟》——也是描写白色运动的——时,《俄罗斯意志》发表了她的长诗《小红牛》②,这部

---

　　① 阿纳托利·尼库利科夫(1922年生),在他发表于《西伯利亚火光》(1970年第7卷,页83—84)上的浪漫化的马雅可夫斯基的传记的第二部分中,非常随意地——而且是不准确地——描绘了这段插曲。他臆造了茨维塔耶娃的讲话,仿佛她说过:"没有马雅可夫斯基,俄国革命会受到很大损失……他是世界上第一个大众诗人……新世界的第一个新人……"玛·伊当然从来没有讲过这样的蠢话,如同她不可能回答马雅可夫斯基的"您为什么要呆在这里呢? 您早晚会回去的!"这样的问题时,说什么"'我也许会回去,弗拉基米尔·弗拉基米罗维奇'一样。他吻了吻她那又瘦削又细长的手"。这是在苏联广泛流传的"窜改历史"的例子之一。凡是当时见过玛·伊的人,都清楚地知道,当时对于回国她连想都没有想过。而且她的手不是细长的,而是干瘦的,如同她自己所说的,是"劳动的"手。尼库利科夫还说什么她手臂一挥叫来出租汽车,回默登。这也是神话:这样乘一次车会花掉全家一周的收支。——马克·斯洛宁

　　② 斯洛宁关于这首诗的"反共产主义情绪"的意见,不完全准确地表达了这部诗的意义。这首诗与其说是政治上的声明,毋宁说是对于一个毫无意义地逝去的年轻的生命的悲痛。茨维塔耶娃1928年3月11日给捷斯科娃的信里曾说,她在不久前的几天里又一次感到与死亡相遇。她的女友的弟弟患肠结核死去:他死前一夜都在做梦,他说:"妈妈,我做了一个快活的梦,一只红色的小公牛在绿色的草地上追逐的就是我。"茨维塔耶娃又说:"他活着不是为自己,而是为了别人。活着为了工作、工作,为了别人能够活下去。"

长诗里有这样的诗句：

> 小公牛,小公牛,小公牛,小公牛,
>
> 这个绰号是布尔什维克……
>
> 我是当家的,是布尔什维克,
>
> 我用鲜血染红了田野,
>
> 罂粟花是红色的,
>
> 公牛是红色的,
>
> 我们的时代是红色的。

《小红牛》的反共产主义情绪是显而易见的。1961 年和 1965 年苏联出版的茨维塔耶娃选集中没有收入这首长诗。

也是在这个时期,在 1929 年初,玛·伊完成了她的《垄沟》,交给我读读这部"白卫军的长诗",像她带着嘲笑称呼这部长诗的那样。在不久前一次会面时,她问是不是值得把这部诗给《俄罗斯意志》发表。我说,如果《垄沟》别的刊物不愿意刊登,我们可以发表,要知道,她的任何一部作品我们也没有回绝过——但是说实话,我们这样做的时候并不特别起劲儿,她自己应当做决定。"这意思是说出于友谊和迁就,而不是出于见解。"玛·伊指出说,眼睛看着一旁什么地方(她从来不正面看着交谈者)。然后想了想加了一句:"好吧,没关系,放着吧。"后来我听说,谢尔盖·雅可夫列维奇建议她不要急于发表《垄沟》,而且这是少有的现象,她听从了他的意见。关于同我的交谈她后来是这样写信告诉捷斯科娃的:

"甚至连《俄罗斯意志》都拒绝了,委婉地,当然,没有使我难堪,与其说是拒绝,毋宁说是驳回了。"但是我认为《垄沟》是一部较差的作品。

　　后来,大概是 1932 年,玛·伊把另一篇手稿——写在小学生笔记本上的《一首献诗的经过》交给我过目。这是因为格奥尔吉·伊万诺夫在《最新消息报》(1930 年 2 月)的底栏上发表的题为《中国的影子》的文章而促使她写的一篇关于曼德尔施塔姆的回忆录。伊万诺夫在这篇短评中按他的习惯把不多的真实与大量的虚构混合在一起,讲述了关于《Tristia》①的作者各种各样的无稽之谈,仿佛发现了他的某些诗的生活方面的内情。玛·伊被伊万诺夫的错误和臆造所激怒,但是她在自己的论战性的恢复真实的文章中没有直言,而是用姓名的第一个字 Е. А. И. ②表示她将这篇散文所呈献的女友。她知道,巴黎的侨民的报刊不会刊载《一首献诗的经过》这篇有关活着的人们的见证的文章,而《俄罗斯意志》则已经停刊了。1939 年她在回国以前,把一包手稿连同这个笔记本和其他材料留在了我们的共同的熟人塔马拉·弗拉基米罗夫娜·图卡列夫斯卡娅(现已逝世)那里,附记说:"也许——什么时候——会发表。"我是战后才得到这包东西的,并且把《一首献诗的经过》刊登在《牛津大学斯拉夫文献》1964 年第 11 集上。

---

①　拉丁文,意为"忧伤"。
②　即叶·亚·伊兹沃利斯卡娅。详见下文。

　　在 1929 年初我们会面时,我曾提到我个人同画家拉里奥诺夫①和贡恰罗娃②的交谈。听到这个名字以后,玛·伊立刻产生了兴趣:"纳塔利娅·贡恰罗娃怎么样?是重名还是亲属?"③我对纳塔利娅·谢尔盖耶夫娜的描述,更加激起她的兴致。我们说定,她到圣-热尔曼附近圣-伯努瓦街瓦兰餐馆同我共进晚餐。传说瓦兰不是纪尧姆·阿波利奈尔④的随从,就是他的仆人。不管怎么说,反正无论是安德烈·纪德⑤,还是乔治·杜阿梅尔⑥,许多著名法国作家、记者和艺术家都经常到瓦兰开设的这个挂着"小小圣-伯努瓦餐馆"招牌的拥挤的地方来,他们一般都与出租汽车司机们和附近事务所的职员们坐在一张桌上。"小小圣-伯努瓦"也是"自由俄罗斯人",以及拉里奥诺夫和贡恰罗娃的总部所在地,他们每天都在这里用早餐和午餐,也请熟悉的画家、雕塑家、舞蹈家、音乐家,尤其是那些与他们一起在加吉列夫⑦手下工作的

----

　　① 米·费·拉里奥诺夫(1881—1964),俄国画家。其风景画带有印象派和野兽派色彩。舞台设计怪诞。拉里奥诺夫和贡恰罗娃是夫妇。

　　② 纳·谢·贡恰罗娃(1881—1962),俄国画家。1915 年起侨居巴黎。作品接近原始画派。

　　③ 普希金的妻子也叫纳塔利娅·贡恰罗娃。

　　④ 纪尧姆·阿波利奈尔(1880—1918),法国诗人。

　　⑤ 安德烈·纪德(1869—1951),法国作家。

　　⑥ 乔治·杜阿梅尔(1884—1966),法国作家。

　　⑦ 谢·巴·加吉列夫(1872—1929),俄国戏剧和美术活动家,与伯努瓦一起建立了美术家团体"艺术世界",经常组织俄国绘画展览和俄国音乐会,1911—1929 年间侨居国外并经常组织俄国芭蕾舞团演出。

人们，到这里来。

在1月末尾，我又一次返回布拉格以前，在瓦兰餐馆我把玛·伊介绍给了纳塔利娅·谢尔盖耶夫娜·贡恰罗娃，她们彼此很投机。贡恰罗娃的轻声的谈吐，悠缓的、矜持的举止，宁静的外表下面让人很容易猜到这是一个热烈而深情的人，她那纯俄罗斯人的美貌（后来，快老的时候，纳塔利娅·谢尔盖耶夫娜的外貌变得严肃而呆板，——她简直像一个隐修士，像一个修女）立刻吸引住玛·伊。

早餐以后，我们来到了弗洛尔咖啡馆，在一个角落里坐下以后，玛·伊说，她想写两位贡恰罗娃，然后垂下眼睛朗诵她的写第一位纳塔利娅的诗：

　　　　是幸福还是悲哀——
　　　　贡恰罗娃
　　　　压根儿什么也不知道，
　　　　她生就两道长长的眉毛，
　　　　无论对谁都不会冷漠。
　　　　身着雍容华贵的海龙皮斗篷自在逍遥，
　　　　她恣意使普希金心烦意乱，
　　　　但却千古流芳，家喻户晓。

　　　　是一场梦还是不可饶恕的罪过——
　　　　她一生像丝绸，像毛绒，像毛皮，
　　　　她听不见掷地有声的诗，

她额头没有皱纹，过得无忧无虑。

如果有忧愁——就咬住嘴唇，

而然后，到棺材里

去回忆——兰斯科伊。①

　　贡恰罗娃非常喜欢这首诗，于是她立刻同玛·伊谈定，最近将再次较长时间地会见。我后来得知，她们见过几次面。玛·伊说，贡恰罗娃使她产生一种宁静感，但是因为她也感到高兴。她对纳塔利娅·谢尔盖耶夫娜拿给她看的画持以相当冷淡的态度。在她看来，这是一些她所想象和塑造的——后来在她的随笔中所描绘的（《俄罗斯意志》1929 年第 5—6、7、8—9 期）贡恰罗娃的文字肖像的插图和认证。

　　像我已经说的那样，玛·伊具有的不是视觉的记忆，而是听觉的记忆；她对彩色画——具体来说贡恰罗娃的彩色画——的感受，如同许多近视眼的人一样：在她眼里，无论是素描，还是彩色，都汇合为某种共同的印象，她把它们转化成自己的节奏和声音的语言。这是她感知外部世界的一般的过程。友谊，确切说是玛·伊的喜悦，只维持了她写贡恰罗娃并改正她的随笔的校样这段时间。在年底，玛·伊就已经抱怨说："同贡恰罗娃有点冷淡了。我去看她——她感到高

---

　　①　"是幸福还是悲哀……"这首诗写的是普希金的妻子纳塔利娅·贡恰罗娃，普希金死后她嫁给了兰斯科伊将军。茨维塔耶娃还写过一篇关于女画家的散文《纳塔利娅·贡恰罗娃》。

兴。可她从来不请我去。"奇怪的是,玛·伊没有察觉到纳塔利娅·谢尔盖耶夫娜在人前有些矜持——我认为是情感上的胆怯——和她在创作中充分的自我表现。在这一点上,她们俩是完全相同的——因而妨碍了她们的接近。不管怎么说,当我1930年谨慎地问起贡恰罗娃与玛·伊的关系时,我就是这样理解她那些多少有些闪烁其词的意见的。显然,她一下子便猜到了,玛·伊对她打算与之建立友谊的那些男人和女人创造了一种神话——她爱的不是他们,而是她所创造的神话的形象——随后就会感到不痛快,生起气来,因为活生生的人不符合这一形象。

玛·伊的诗歌主要是在集聚于1928年我领导下创立的文学组织"游牧区"周围的年轻的诗人和小说家当中得到了反响。我们没有自己的文字的刊物,但是我们却举办关于苏联文学和国外文学的报告会和口头的刊物的晚会——在这些晚会上作者们朗读自己的作品,然后对它们进行研讨。在蒙帕纳斯街杜美尼利小酒馆的低层大厅里人数众多的集会上有着充分的言论自由,属于各种不同流派的发言者们喜欢享受这种自由。有一次,曾经赞颂过法捷耶夫的《毁灭》——这的确是一部很好的长篇小说,虽然带有模仿的痕迹——的德·斯维亚托波尔克-米尔斯基,大声地声明,为了换取这部小说的几章,他准备把布宁的全部作品都交出去。我忍不住地叫道:"德米特里·彼得罗维奇,您大概不是这样想的,而是故意说的,为了刺激别人。"他得意地笑了笑,但是没说什么。这位聪明的、细腻的和优秀的批评家喜欢以其奇谈怪论语惊四座,像法国人说的那样:"Pour épater les bourgeois."[①]因为他预言十年之后不会有人再阅读契诃夫的作品,我曾说他是"一个在文学方面刚愎自用的人"——玛·伊很长时间不能原谅我这句话。她有时候出席"游牧区"的晚会,比如我在 1929 年 3 月关于外国诗歌的报告会(她对这个报告曾写道:"思想和语言不一致"),但是像平常一样,她在人多的地方感到不舒服,于是便生起气来,说我不找出时间与她交谈。她甚至写信给捷斯科娃说,在 1929 年 4 月纪念"游牧区"周年的集会上,我坐在主席的位置上,"右边是一个金发女人,左边是一个黑发女人,她们与文学毫无关系",我没有与她说一句话。其实,说过"话",虽然我还应当主持大会以及引导嘈杂而激烈的讨论。我们在中间休息时谈过"事":在《俄罗斯意志》下一期应当给她的关于贡恰罗娃的随笔的上部分留多少页(整个随笔约占 80 页)。

恰恰是在这个时期,玛·伊尤其感到孤独。1930 年,尽管恢复了与《最新消息报》的合作,她在默登较之此前在捷克乡村的五年更为闭塞。在巴黎侨民文学界,她明显地与人不合脾胃。往好处说,有些报刊能够容忍她,她能够发表作品,但是她为期刊供稿往往是附带着使她感到屈辱的条件。她在侨民的"社会"里以及它的政治性的和文学性的沙龙里,没

---

① 法文:"为了使资产者惊讶。"

有占有任何席位,在那里大家彼此都认识,像我所说的那样,"坐在一个茶桌上",尽管观点和处境各不相同,但却是在"自己人中间"。而她却是一个腼腆的人,是陌生人,在各个派别之外,在个人的和家庭的联系之外——无论她的外貌,还是言谈,还是衣着,以及无法抹掉贫困的痕迹都非常突出。

在默登她的为数不多的和偶然相遇的熟人不可能创造出她所得不到的那种精神氛围。不错,她与聪明的和有教养的叶·亚·伊兹沃利斯卡娅很友好,伊兹沃利斯卡娅同母亲一起住在利亚·加尔街(好像是在霞飞元帅街的角落上)的一所著名的住宅里。那里住着那么多侨民,以至于人们叫它俄国人的住宅。玛·伊有时到伊兹沃利斯卡娅家的邻居——马斯连尼科夫老人那里做客。他是前国家杜马的议员,立宪民主党人,被认为是自由主义者,他家里的其他成员属于右翼和无政府主义者。他们是萨拉托夫人,玛·伊说,在他们家里感到"安宁和温暖","像在从前的俄国外省一样",坐在他们家里,她回忆起了1916年她曾经居住过的弗拉基米尔省亚历山德罗夫市。

还有一些别的熟人,但是所有被她当作朋友的人都在境外或者在巴黎,她很少见到这些人,部分也是因为到市里去需要钱,可她要节省每一分钱。

在所有这一切之中,外加上在家感到的孤独。许多人都猜想到这一点,但是只有亲近的人才确切地知道。最困难的和复杂的是她与丈夫谢尔盖·雅科夫列维奇的关系。他是一个高个子的、精明的人,脸形窄长,但很漂亮,动作悠缓,声音有些低沉。

尽管有着宽阔的肩膀,优美的大力士般的体格——总是腰背挺直,看得出受过军事训练,——他却时常感染上各种疾病。他瘦瘦的,脸色铁青,显得不健康,而且可疑地咳嗽,肺结核和气喘病周期性发作。1925 年按照玛·伊的请求,我把他安排在布拉格近郊泽姆霍拉诊疗所(疗养院)。1929 年他肺部又发现了病变,他只好丢下玛·伊一个人带着孩子,在萨瓦省①的疗养院度过了八个月。他不能长时间地工作,很快就会疲劳,神经性的气喘时不时地折磨着他。我总觉得他是一个倒霉的人,但是玛·伊不仅爱他,而且对他的高尚品格深信不疑,她为布拉格人称他为"欧亚大陆人的良心"而感到骄傲。就是在 1932 年她还认为,他依然是 1914 年 6 月在科克杰别里时她所描述的那个样子:

> 他那张特别窄长的脸
> 好像一柄长剑。
>
> 他嘴角下垂,默不作声,
> 那两道眉毛优美而充满苦痛。
> 两种古老的血统
> 在他的脸上悲惨地交融。

————————

① 在法国东南部。

......

> 我忠于他脸上的骑士风采，
>
> 还有那视死如归的你们——
>
> 这样的人在这不祥的年代，
>
> 走向断头台的时候还在吟诵诗韵。①

　　他的责任感非常强烈，他能够忠贞不渝，他那种顽强精神伴随着对功勋的渴望。他也像许多弱者一样，想要效劳：在青年时代为玛丽娜效劳，后来为白色的希望，再后来欧亚大陆事业使他着迷，这一事业就像引向追求信仰一样，把他引向了俄国的共产主义。他怀着某种幻想的、把爱国主义与布尔什维主义汇合在一起的激情为它而献身，为了他的偶像准备接纳和忍受一切。他为了它和由于它而牺牲了。但是这件事是在 30 年代末发生的。在他们在法国的生活的初期，其实也如同在布拉格一样，对于谢尔盖·雅科夫列维奇这个自尊心很强的、高傲的人来讲，做"茨维塔耶娃的丈夫"是不轻松的——许多人就是这样看待他的。他想要自由自在地，他认为自己有权——他是对的——过自己的、不依赖

---

　　①　引自短诗《谢·埃》（"我挑衅地戴上他的指环……"，1914）。谢·埃是茨维塔耶娃的丈夫的姓名缩写，他们的婚礼是在 1912 年 1 月 27 日举行的。背面刻着婚期和玛丽娜的名字的戒指，现藏于俄罗斯莫斯科文学档案馆；但刻着谢尔盖名字的戒指没有保存下来。

妻子而独立的生活。他们的兴趣是不同的,尽管有着玛·伊
如此地坚持着的"共同性",也就是多年的婚姻。我没有发现
他们有共同的观点和志向,他们走的是不同的道路。因此
玛·伊能够在畅叙衷肠的时刻谈到自己的孤独和缺少厚爱:
"我虽然活了四十年,却没有一个爱我甚于世上一切的人。"
她用这句话否定了所有的人——甚至也否定了谢尔盖·雅
科夫列维奇。顺便说一下,她早在 1913 年就曾经写过:"我
自己对我自己的灵魂充满厚爱。"①

　　这对夫妇给外人一种奇特的印象:他们彼此以"您"相
称,他们的关系仿佛是形式上的,甚至很难说是志同道合的,
每一个人呆在自己的角落里,他们在不同的和相去甚远的领
域里工作,而且主要是在全家进餐时见面:这时候玛·伊扮
演着家庭主妇的角色。政治、社会问题独占着谢尔盖·雅科
夫列维奇,犹如语言、诗歌独占着玛丽娜一样。他们的根本的
不和以及互不理解,讳莫如深和沉默寡言的根源便在这里。

　　谢尔盖·雅科夫列维奇的要求并不高,他仿佛没有注意到
物质上的贫困,而且对保证家人最起码的生活所需一筹莫展。
他不会赚钱养家——他对此道一窍不通,他不具备任何专业或
者实际技能,而且也没有作特别努力去寻找工作,他根本没有
想过。虽然他毋庸置疑地、衷心地和深深地爱着玛·伊,但是
却没有努力肩负起生活的所有的重担,让她摆脱掉做饭的苦

① 引自短诗"我的血管里充满了阳光,而不是血液……"(1913)。

役,给她以全身心地献身于创作的可能。

　　然而要知道,玛·伊不仅养育儿女,做饭,洗衣服,收拾房间,而且还要养家糊口——她的稿费在家庭收支中占着主要的位置。这一切她都包了下来,照顾谢尔盖·雅科夫列维奇,像照顾患病的孩子一样,她专一地信任他,在他的脑袋的周围看到了思想上的坦率和忠贞的光环。这种信念使她如此醉心,以至于同丈夫生活在一起,她甚至从来没有怀疑过,他不仅在政治观点上,而且在他的秘密的行动上走得是多么远。

　　玛·伊深深地爱着儿子和女儿,但是对他们的关怀只能加重她肩上的负担。一个诗人成了繁琐的日常生活的俘虏,被钉在每天的令人厌恶的劳役上,——这便是茨维塔耶娃的悲剧的一个方面之所在。另一个方面则是,"岁月"从她的身边"逝去了"。有一封信里她写的这句话听起来充满了痛苦:"有些熟人同我在一起很感兴趣,可家里人同所有的人在一起,除我以外,很有兴致,于是我便在家里——洗碗——扫地——做肉饼——我自己懂得。"她从来不曾抱怨自己的命运。大概是因此我才清楚地记住了1932年有一次我到默登去看望她的时候她说的一些话。她当时坐在餐桌后面,俯身在笔记本上,穆尔在角落里玩耍。我问她,不妨碍她吗。她看了边上一眼,按着她的习惯不看着我,用一种使我惊异的、她所不习惯的颓丧的声音回答说,她在浏览旧稿子,现在很难写作。她补充说,"您可知道,对我来说最好的时间是早晨,可是这时候却要给全家准备早餐,要给穆尔洗脸,带他去散步,然后到市场去买些便宜的东西,哪里能写作。有时候一连几个星期挤不出时间来。正经工作起来,最重要的是全神贯注,为此需要清闲,安宁,独处,这些我只是偶尔才能得到,常常要费很大力气"。

在给不同的人的书信里,她不止一次地提到,"在郊外的生活过分沉重,即便是对于我",因为房间太挤,操劳家务——"感觉在沉睡"。在往鱼上滚面粉时,可以思考——"但是我不能感觉,因为受到腥味的妨碍"①。

她曾给帕斯捷尔纳克写过:

> 把手伸给我吧——但要待到来世!
> 在这里呀——我的双手腾不出空。②

在阿利娅是一个小女孩儿的时候,她写过诗,玛·伊非常高兴,并且为这个不平凡的女儿而感到骄傲——她很像母亲。但是随着岁月的流逝,这个神童的特点也消失了,阿利娅出落成一个完全正常的少女。"她压根儿就聪明,"玛·伊显然遗憾地说。她从母亲那里继承了顽强的毅力,毋庸置疑的诗感,嘲讽的幽默的闪光,一种闭塞和多少有些严厉而又

---

① 韦·卡维林在长篇小说《在镜子前》(《星》,1971 年第 1、2 期)里曾经描写过这件事,他把茨维塔耶娃换成了拉里莎·涅斯特罗耶娃的名字。她的肖像是以已经发表的她与不同的人的书信为根据的。此外,有资料表明,卡维林个人在 1939—1940 年在莫斯科曾与茨维塔耶娃有过交往。——马克·斯洛宁

② 引自短诗"我向俄罗斯的黑麦致以问候……"(1925)。

忌妒的性格。我还记得阿利娅 1931 年满十八岁时的样子。这是一个成熟的少女，远非受到生活的骄纵。玛·伊的熟人对她很少注意——这使她受到激怒。她全力以赴地帮助母亲，但并不是十分乐意，她心里非常爱母亲——尽管经常发生争吵和冲突。她——自然地——想成为一个独立的人，走自己的道路——玛·伊的权威压制了她，玛·伊的意愿和兴趣与她自己的不相吻合，她们的关系缺乏和谐。在越来越倾向苏联的谢尔盖·雅科夫列维奇的影响下，早在 1933 年开始，阿利娅便考虑回国，为此同母亲发生了新的不和。

　　在这个时期——30 年代初——玛·伊没有隐讳自己对这件事的感情："所有的人都想把我拉回俄罗斯去，可是我却不能去，这里不需要我，那里我又没有可能。""所有的人"这当然指的是全家人。我记得，在 1935 年，如她所说的，她没有隐瞒"阿利娅的离去"，而且她对穆尔的命运产生了疑虑，如果他将来依然做一个无家可归的侨民的话。过了两年——1937 年——阿利娅①返回了苏联，不久便遭到逮捕，

————————

　　①　阿利娅·谢尔盖耶夫娜·埃夫伦（1912—1975）于 1937 年 3 月 15 日只身返回苏联，被分配在莫斯科法文杂志《莫斯科评论》工作，作插图，写评论，将马雅可夫斯基的诗译成法文，在母亲与弟弟归国后两个月，于 1939 年 8 月 27 日深夜被捕，1940 年 7 月 2 日以"特嫌"罪被判处八年徒刑，流放到北部边疆，1947 年 8 月 27 日刑满释放，在梁赞艺术师范学校教授版画，但获得相对的自由仅一年半，于 1949 年 2 月 22 日再次被捕，终生流放西伯利亚。1955 年 2 月 19 日"因缺乏犯罪要素"而被恢复名誉。此后阿利娅·埃夫伦将全部精力投入整理、编辑、注释、出版母亲茨维塔耶娃的文学遗著，建立纪念馆，撰写回忆录等。直到 1975 年终因心力交瘁而过早地逝世。

她在劳改营和流放中大约度过了十八年,直到斯大林逝世后,仿佛是在 1955 年才被允许起初住在塔鲁萨,后来住在莫斯科。她把自己的全部精力献给了纪念母亲的事业,她把这当作自己的使命和责任。她搜集玛·伊的手稿档案,为发表她的作品做了大量的工作,并且还在继续工作,她做这件事时充满了激情和强烈的敬爱,仿佛是在赎回以前的罪过,同时也是在肯定自己拥有使用母亲的文学遗产的特有的权利。①

阿利娅和穆尔两人之间相差十三岁。当穆尔②五岁的时候,他大脑袋,肥胖,冷漠,是一个难管教的孩子,他占去了玛·伊的不少时间。她对他娇生惯养,对他的一切她都毫无怨言地百依百顺。当有人问起她穆尔的本名叫什么的时候,她会很高兴地回答说,他叫格奥尔吉,是按照莫斯科的胜利者、保卫者,按照民间的传说,也是狼群和羊群的庇护者的名字起的。并且补充说,他是在复活节诞生的,是太阳之子(她用德语说的——Эонтагскинд),因此他懂得鸟兽的语言。当

---

① 阿·谢·埃夫伦把她所搜集到的茨维塔耶娃的全部档案移交给了苏联国家中央文学艺术档案馆。

② 即格奥尔吉·谢尔盖耶维奇·埃夫伦(1925—1944),穆尔 1939 年随母亲回国以后,直到茨维塔耶娃自缢身亡,都在她身边;他是一个很有才华的少年,母亲死后他只身去塔什干,中学毕业后经作家阿·托尔斯泰推荐入莫斯科作家协会文学院读书,1944 年初应征入伍,随即开赴前线与德军作战,于 1944 年夏季为国捐躯。生前日记有许多关于母亲的创作和生平的记载,他原想在战后与姐姐阿利娅一起撰写关于母亲的回忆录,遗憾的是未能实现。

我开玩笑说,如果诨名是据她所喜爱的作家恩斯特·特奥尔多·阿马丢斯·霍夫曼①的公猫而来的,那么读写起来应当是"Mypp",两个"p",玛·伊十分恼火。

穆尔经常同成年人在一起,玛·伊不放他上学校去,他十岁时便根据通常的理由参加姐姐和父母的谈话,他表现得像成年人一样。我不喜欢他,我觉得他粗鲁,被娇纵坏了。我最后一次见到他是在回俄罗斯动身以前,他当时快十五岁了。他个子很高,很胖,像女人似的,看上去比实际年龄大。他对母亲称"您",可是这并不妨碍他粗暴地打断她的话——"您什么也不懂","这是废话"。玛·伊耐心地,但却毫无用处地想向他解释,为什么她的话绝不是废话。他的心里只有一件事——回苏联,他怀着一个着魔的人的固执劲儿要求母亲这样做,他在她的最后决定中起了很大的作用。

在马雅可夫斯基自杀以后,玛·伊曾经说:"他作为一个人生活过,作为一个诗人死了。"她写了一首很长的——七章——长诗《致马雅可夫斯基》(不要同 1921 年写的,收在《手艺集》中的那首同名的 16 行诗混淆)——

---

① 霍夫曼(1776—1822),德国作家。他的长篇小说《公猫摩尔的人生观附乐队指挥约翰内斯·克莱斯勒的传记片断》中的主人公摩尔是一只有教养、会舞文弄墨的猫,目光短浅,事事知足,高傲自负。

你比十字架和烟囱还要高，

你在炮火和硝烟中受过洗礼，

脚步沉重的天使长——

你好，弗拉基米尔万古长青！①

长诗以这四行引子开始，以同样简练的结尾作为结束：

你摧毁了许多庙宇，

这比一切都更有价值。

上帝啊，让你的死去的

敌人的灵魂安息吧。②

　　在七章长诗的一章里，描写了马雅可夫斯基在阴曹地府与叶赛宁的谈话，马雅可夫斯基打听勃洛克、索洛古勃③和古米廖夫的情况。《当代纪事》和《最新消息报》都不敢发表这部长诗：这部诗由我刊登在 1930 年第 11—12 期《俄罗斯意志》上。这部长诗 1965 年莫斯科版的选集中当然没有收入；虽然它是在三十五年前写的，但是正如苏联的一个重要官员所说的，它那"自由的反叛的"语言，对于莫斯科的检查官员

---

　　①　引自《致马雅可夫斯基》(1921)。斯洛宁这里的引诗有误，这四行诗是他所说的 16 行诗的开头一节，而不是他所说的长诗(实际是组诗)。

　　②　引自组诗《致马雅可夫斯基》之七(1930)。

　　③　弗·亚·索洛古勃(1813—1882)，俄国作家。

来说,依然是通不过的。①

　　我保存着1931年与谢尔盖·普罗科菲耶夫②一起到默登去的札记。他当时完成了他的第五交响曲,后来在柏林指挥演出过,正在准备谱写《罗密欧与朱丽叶》。他读了玛·伊的诗以后,颇为赞赏,他说,这些诗里"血液在加速流淌,节奏在跳动",——我也向他提示了她的话:"这是我的心儿迸发的节奏——/就好像那带有磁性的火星。"③我们乘坐普罗科菲耶夫的小轿车,离开了巴黎,他当时的妻子莉娜·伊万诺夫娜坐在后边,而且不停地同丈夫对骂。她是一个西班牙人和俄罗斯人的混血儿,给人的印象是带有南方人的热情和北方人的固执。不过,有一点她是对的:普罗科菲耶夫是一个半吊子司机,在从默登的回程上,在艾克泽尔曼斯林阴道上,撞到了空中铁路的壁柱上,险些送了我们的命。

　　玛·伊对我们的来访非常高兴,做了茶汤招待我们,朗诵了自己的诗,开了许多玩笑。当普罗科菲耶夫在谈话中使用某一个俗语时,玛·伊立刻猛烈地抨击整个的谚语,说这是局限性和人民的虚假的智慧的语句。于是她便滔滔不绝地说出她自己改写的谚语:"哪里坚固,哪里就会破"④,

―――――――――

　　①　本文作者说的情况不完全符合事实。苏联《原野》杂志1968年第3期上便发表过《致马雅可夫斯基》组诗中的五首;1988年苏联文学出版社出版的《茨维塔耶娃作品集》收入了全组诗。

　　②　谢·谢·普罗科菲耶夫(1891—1953),苏联作曲家、钢琴家、指挥家。

　　③　引自组诗《电报线》之一"专横的乡间!……"(1923)。这里引文不完全准确,应为"这是我的心儿迸发的韵律——就好像那带有磁性的火星"。

　　④　原为:"哪里薄,哪里就会破。"

"集腋成裘,可穷人却总是没衣服穿"①,"小心谨慎的人,上帝也不会保护"②,"平平静静——却不是上帝的赐予"③,"又温柔又恭顺——是一对死人"④,"一个聪明人很好——两个就糟糕","走得缓慢,什么地方也到不了"⑤,"即使跟狼打交道,也不学狼嗥叫"⑥。普罗科菲耶夫笑个不停,莉娜·伊万诺夫娜故作大度地微笑着,而谢尔盖·雅科夫列维奇却很赞赏。

晚上结束的时候,普罗科菲耶夫想为玛·伊的诗谱写不是一首,而是几首浪漫曲,因此问她想把什么谱成曲子。她朗诵了她的《语声》,普罗科菲耶夫尤其喜欢开头的两节:

　　　　比铃鼓还要响,比管风琴音量还要大,

　　　　语声——它一视同仁适应大家:

　　　　当不顺遂的时候——就一声唉,

　　　　当遇到难处——就一声噢,当感到惊异——就

　　一声啊!

　　　　啊——来自九重天! 噢——沿着大地遨游,

────────────

① 原为:"集腋成裘。"
② 原为:"小心谨慎,不会吃亏。"
③ 原为:"平平静静——(上帝的赐予)。"
④ 原为:"又温柔又恭顺。"
⑤ 原为:"走得慢些,走得远些。"
⑥ 原为:"与狼打交道,就得学狼叫。"(又译:"近朱者赤,近墨者黑。")

> 诗人，你要认输俯首，
>
> 除了这些唉声叹气以外，
>
> 缪斯是一无所有。①

　　"那么想象力呢?"普罗科菲耶夫问道,"难道这不是缪斯的最主要的东西吗?"于是争论立刻展开了。玛·伊一口咬定说,不单是诗歌,而且整个人类的生活都是靠想象力推动的。哥伦布想象在他和印度之间是水,是海洋,她说道,可是却发现了美洲。科学家们看不见,却发现了星体和微生物,想象出人飞翔的人是航空的先驱。没有想象,便没有爱情。普罗科菲耶夫又问道:"您以为怎么,这是天启吗?""不是的,这是一种才能——向自己和别人提出想象的东西是存在的,而看不见的则是看得见的。"后来普罗科菲耶夫承认,他同意茨维塔耶娃的看法,不过是有意让她谈的。当他指出她过分抽象地认识想象的时候,她像平常一样连珠炮似的,但却清楚地一字一顿地说,想—象意味着形象的体—现。以及预感,预一见——它也是具体的,而不是抽象的,因为发现了事物的本质,不是简单地把它们描述出来。她大笑着结束说:"要看到根源,但不是按着科济马·普鲁特科夫②的方式。"随

---

　　①　引自《语声》(1924),原引诗第二节第二行误为"诗人,你要同意"。

　　②　科济马·普鲁特科夫是 19 世纪五六十年代诗人阿·托尔斯泰、阿·热姆丘日尼科夫和亚·热姆丘日尼科夫共用的笔名。诗作嘲讽精神上的停滞,政治上的"忠实",文学上的模仿行为。

后又补充说:"就拿超现实主义者来说吧,在我看来,是过分抽象的。"

　　在返回的路上,普罗科菲耶夫异常兴奋地谈起,玛·伊是怎样全神贯注地听取一切,甚至不太重要的东西,而然后以同样的激情开始讨论她的哪些诗最适于歌唱,大概是为此汽车才撞到了不该撞的地方。第二天早晨,他给我打来电话,询问玛·伊朗诵的一首诗,结尾是:"我开始梦见修道院,/您已经从我的梦中消失。"①我不止一次听玛·伊朗诵过这首诗,但是我只记得开头:

　　　　月正圆,黑熊毛茸茸,
　　　　小铃铛舞姿婀娜。
　　　　这是最最轻浮的时分,
　　　　对我却是万籁俱寂的时刻。

　　　　这是猫头鹰的时辰,
　　　　妈妈把小雏隐藏起来。
　　　　您过早地开始了
　　　　谈情说爱。

---

　　①　本文作者引诗有误,应为:"我开始梦见上帝,/您已经从我的梦中消失。"下面三节诗中,第一节出自短诗"月正圆,黑熊毛茸茸……"(1915.11.27),而第二节和第三节则出自"白昼已经消逝……"(1915.12.18),显然,斯洛宁将两首诗混为一首了。

亲爱的同龄人，

您的心还没有死，

可我喜欢话语，

也喜欢镶嵌宝石的戒指。

　　1936 年当阿利娅准备回国，而谢尔盖·雅科夫列维奇已经为回归祖国联盟工作，并且完全与布尔什维克合作的时候，玛·伊完成了关于沙皇家族被害的长诗，打算在列别杰夫家里朗诵它，但是她请求在被邀请出席晚会的为数不多的人当中一定也要请我。

　　玛·伊解释说，她写这首长诗的念头早就产生了，是为了答马雅可夫斯基那首短诗《沙皇》。她认为那首短诗是在为残酷的镇压作辩护，犹如对历史的某种宣判作辩护。她坚持她已经不止一次说过的话：诗人应当站在受害者，而不是刽子手一边，如果历史是残酷的和不公正的，那么他一定要去反对它。

　　长诗篇幅较大，描写了叶卡捷琳堡和托博尔斯克，令人联想到茨维塔耶娃 1930 年写的并且发表在《俄罗斯意志》（1931 年 3—4 卷）上的《西伯利亚》的个别篇章。我觉得这两首诗差不多都很鲜明和大胆。朗诵持续了一个多小时，朗诵刚一结束，大家立刻一下子谈论起来。列别杰夫认为，——不管愿意不愿意——是在颂扬沙皇。玛·伊指责他混淆了两个不同的方面——政治与人性。我说有些章节使我激动，它们充满了悲剧性，语言也很成功。玛·伊旋即转向我问:"如果您现在自己有杂志,您是不是打算发表这部长诗?"我回答说,我打算发表,但是也做了编辑的保留——因为长诗不取决于作者的意图和愿望会被看作是政治性宣扬。玛·伊耸了耸肩膀说:"不过大家都知道,我不是保皇党,我和谢尔盖·雅科夫列维奇现在被指责为布尔什维主义。"大家立即异口同声地开始说服她:问题不在于您想的是什么,而是您的语言产生什么样的印象。素来文静的玛加丽塔·尼古拉耶夫娜·列别杰娃制止了我们的激烈情绪:要知道,争论纯属理论性的,长诗毕竟无处可以发表。玛·伊沉思了一会儿,然后自我解嘲地说,看来,将来会有一天要在首页上写上"玛丽娜·茨维塔耶娃的遗著"。但是这个预言注定不能实现。在 1939 年玛·伊回俄罗斯以前,这部描写沙皇家族被害的长诗以及数量较大的被玛·伊正确地认为"不适于带回苏联的"短诗和散文,在我们的外国友人的协助下,寄到了阿姆斯特丹国际社会主义档案馆保存,但是在荷兰被占领期间,这座档案馆被希特勒的飞行员炸毁了,所有的资料都毁于炮火之中。①

　　在长诗朗诵后的次日玛·伊在她寄给我的一封长信里极力为诗人具有无所畏惧地说出不许说的一切的权利作了辩护以及"诗人应当怎样歌唱"。这封信遭遇了奇怪的命运,

----

　　①　斯洛宁这里提供的情况很可能不准确:纽约俄罗斯出版公司曾向阿姆斯特丹国际社会主义档案馆了解过关于茨维塔耶娃的资料的下落情况,得到的回答是:第一,战前该档案馆没有收到过茨维塔耶娃的任何资料;第二,该档案馆从未遭受过轰炸,也没有发生过火灾。

它以及茨维塔耶娃给我的所有其他关于文学的和私人的问
题的信函(150封以上),连同《俄罗斯意志》的档案一起,我
托付了我在巴黎的一位熟人A.A.C-B①加以保存。战后他
回苏联了,我委托他的东西或许被他销毁了,或许被他随身
带回去了。我依然希望,所有这些极其珍贵的资料没有销
毁,将来能在苏联哪一处文学档案馆里被发现。

1931年玛·伊的处境全面地、急剧地恶化。她病倒了,
由于贫血和营养不良她开始脱发,一个钱也没有,她给捷斯
科娃写信说:"尽管我在不停地写作,却靠在小铺赊账度日,
常常是凑不上一法郎十五分去巴黎——这样的生活毕竟是
不公正的。耐性,我的吃苦耐劳的骄傲,里里外外、上上下下
仿佛无所不能,——这一切毁了我。"1932年变得更糟糕:由
于经济原因,她由默登迁移到市郊的另一地方——克拉马
尔,换了两次住所,后来在郊外工人住宅区伊西—莱—穆利
诺定居下来。《俄罗斯意志》停刊了,布拉格缩减"俄国股
份"②,取消了每月五百克朗(约400法郎)的资助。有几个
月靠阿利娅编织帽子一天赚的五法郎作为全家唯一的固定
收入。玛·伊说:"我们慢慢地快饿死了。"如果没有友人们,

---

① A.A.C-B,斯洛宁所指的是谁,不得而知。
② "俄国股份"系指捷克斯洛伐克政府对俄国侨民的资助,这笔资助金
是从俄国黄金储备中拨出的,俄国黄金储备,部分是捷克军团兵士在俄罗斯
国内战争期间攫取的。

尤其是萨洛梅娅·尼古拉耶夫娜·加利佩恩①,原安德罗尼科娃公爵小姐的帮助,他们是难以活下去的;萨洛梅娅也就是曼德尔施塔姆歌颂的"麦秸儿"②,她也受到过阿赫马托娃的赞美("1913 年的美人儿,比所有的人都更美,更高")。1933 年我企图组织一个类似委员会的单位,具体说就是把大部分生活富裕的、同意定期资助玛·伊的妇女组成一个小组。萨洛梅娅·尼古拉耶夫娜积极响应这一建议,但是无论是她的奔走,还是我的微薄之力,其结果,对茨维塔耶娃的整个经济上的支持,却几乎全是来自安德罗尼科娃-加利佩恩个人的资金。有时候捷斯科娃也从她那有限的收入中拨出来一点儿。然而玛·伊说仿佛帮助她的只是一些妇女,这毕竟是不对的,不公正的。除了斯维亚托波尔克-米尔斯基以外,还有列别杰夫以及我都各尽所能,而且《俄罗斯意志》也不是妇女杂志。1934、1935 和 1936 年列别杰夫在贝尔格莱

---

① 萨·尼·安德罗尼科娃-加利佩恩(1888—1982),于 1926 年初与茨维塔耶娃相识,她曾说:"我的流亡生活由于茨维塔耶娃,由于同她的经常会见而大放光彩。我一下子便爱上了她。应当说,很少有人爱她。她仿佛经常使人们,甚至善意的人们激怒……茨维塔耶娃聪明,非常聪明,无限地。……她话说得很好,生动,一连串的幽默,常常开怀大笑。善于遣词造句。我不理解,人们怎么会不喜欢她。"又说:"我从来也没有见过像茨维塔耶娃所陷入的那样的贫困。"安德罗尼科娃-加利佩恩在长达七年之中从她的每月一千法郎收入中支援给茨维塔耶娃二百法郎,直到 1934 年中断。安德罗尼科娃-加利佩恩保存有百余封茨维塔耶娃给她的信。

② 指诗人曼德尔施塔姆的《细细的麦秸儿……》(1916),由两首诗组成,是献给萨洛梅娅·安德罗尼科娃的,俄文"麦秸儿"一词与"萨洛梅娅"读音相似。

德以塞尔维亚文出版的《俄罗斯文献资料》上刊登了玛·伊的三篇文章①,寄去过三次稿费,加上了(当然未经她允许)我在这家出版物上发表的论及她的文章所应得的钱。从1935年起,谢尔盖·雅科夫列维奇成为回归祖国联盟的领取报酬的工作人员,但是玛·伊当然不曾怀疑过,他带回家来的钱是从为苏联秘密服务的特殊基金中支出的。

　　1933年玛·伊通知我说,她为纪念父亲逝世二十周年在写关于他的散文。她非常热爱和敬重父亲,因为他的“工作的激情、纯朴、超脱和严于律己的生活方式”。一部分散文她是用俄文写的(1934年《会见》上发表的《博物馆揭幕》),一部分是用法文写的。她当时产生了一种为法文出版物翻译她自己的作品——诗歌和散文的计划。她把《小伙子》用法文改写成一部新的长诗,在她的安排的试图不太顺利以后,她找上我来帮忙。她在巴黎文学界没有关系,总之,用她的话来说,她在法国觉得自己不仅是“一个异物,而且也是一个异己的灵魂”。我试图把她的《小伙子》法文译文推荐给伽利玛,或者他办的《新法兰西评论》杂志,在这件事情当中,我的老朋友,出版社的秘书布里斯·帕雷帮了很大的忙,但是事情却以失败而告终。她翻译的普希金的诗中只有三首——而且还是在很久以后,在1937年才见于版面。这些译作我不喜欢。玛·伊不久便确信,绝不该打算把翻译作为收入的来源。

　　① 指茨维塔耶娃的《诗人—登山运动员》、《同历史一起的诗人和在历史之外的诗人》和《谈巴尔蒙特》。

她在《最新消息报》上发表作品的可能几乎完全断绝了，她主要的是偶尔在《当代纪事》上，而后来——1937 和 1938年——在《俄罗斯纪事》上发表散文，以及在《会见》和《数》上发表两三篇不重要的小东西。

1934 年我同玛·伊仿佛在巴黎咖啡馆见过面。"如今连您也没地方发表东西了，"她对我说，"连您也转到法文上来了。我简直是没法活了。"这件事是发生在《当代纪事》把她的《步行颂》退稿以后：这首长诗原已采用，仿佛已经排了版，但是后来编辑们突然想起怕"一般读者"理解不了这首诗。我从来不曾见过玛·伊心情如此绝望。我们关于不可避免发生与德国的战争的谈话，使她感到恐怖，她说，一想起战争，她就不想活了。"我孤单单一个人，"她重复说，"我身边空无一人。"我仿佛觉得，她不仅病态地感到自己与世隔绝，而且甚至想要夸大它。我对她说到了这一点，重复了她说的"世纪的阴谋"的话。她摇了摇头，说："不，您不理解。"然后看着一旁，引用了她的两行我不熟悉的诗：

命运用它那巨大的手掌
奔跑着抓住了我的头发。①

接着加了一句："我的信念破灭了，希望消失了，力量耗

---

① 引自短诗"我被赋予了亲切的嗓子……"（1915）

尽了。"我从来没有像那天那样可怜过她。

　　早在 1936 年，玛·伊便已经面临了对她来说可怕的问题——回俄罗斯去。她不愿意回到那里去，这一点她既对我，也对列别杰夫一家公开说过，也在给亲近的熟人们的信里写过。阿利娅和谢尔盖·雅科夫列维奇一两天内就该得到苏联护照和签证。玛·伊一个人留在国外压根儿是办不到的，她认为自己无权毁了这个家并且让极力想回苏联的穆尔成为一个侨民。但是她根本不知道，谢尔盖·雅科夫列维奇为了证明忠于莫斯科而成了内务人民委员部派到欧洲的特工人员。阿利娅于 1937 年初离去。9 月，埃夫伦参与杀害伊格纳季·赖斯一事败露，这件事对于玛·伊是一个沉重的打击。赖斯是国家政治保安局派到国外的执行特殊秘密使命的重要工作人员，他由于对斯大林式的共产主义失望决定寻求政治避难而在瑞士"被镇压"。谢尔盖·雅科夫列维奇是执行莫斯科关于消灭"叛徒"指示的小组的成员。① 玛·伊

---

　　① 谢尔盖·雅科夫列维奇·埃夫伦(1893—1941)第一次世界大战期间放弃大学学业，作为护理人员加入俄国沙皇军队，随后在国内战争中一直在白军中担任军官。1921 年命运将其抛到国外，曾在捷克查理大学毕业。1925 年移居巴黎，逐渐转向苏联，担任苏联内务人民委员部国外侦查员，1937 年 10 月 10 日因涉嫌欲与苏联侦查机关脱离关系的苏联侦查员伊格纳季·赖斯被害案受到法国警察局通缉而被迫返回苏联。茨维塔耶娃回国后仅三个半月，谢尔盖·埃夫伦便于 1939 年 10 月 10 日被他曾经为之效劳的苏联内务人民委员部逮捕，审讯期间对指控他在国外从事反苏间谍活动矢口否认，最后于 1941 年 7 月 6 日被军事法庭以"法国间谍"罪判处死刑，1941 年 10 月 6 日被处决。1956 年 9 月 22 日被平反。关于谢尔盖·埃（转下页）

怎么也不能相信这件事,如同她不相信突然所暴露的一切——谢尔盖·雅科夫列维奇终于仓促逃走才使她睁开了眼睛。

　　然而在法国警察局(Сюрте)审讯时,她一直反复谈丈夫的为人忠诚,天职与爱情的冲突并且背诵援引不知是高乃依①还是拉辛②的作品(她自己后来谈起此事,起先是对马·尼·列别杰娃,后来是对我)。起初那些警官以为她在耍滑头,装疯卖傻,但是当她开始对他们朗诵译成法文的普希金的诗和她自己的诗时,他们对她的精神功能怀疑起来,并且向前来协助的有经验的侨民事务专家介绍她说:"这是一个精神错乱的俄国女人(cette folle Russe)。"

　　同时她暴露出在政治问题上如此无知以及对丈夫的活动如此一无所知,因此他们向她挥了挥手,放她走了。但是,这年可怕的秋季玛·伊所经历的一切把她搞垮了,她的内心受到了创伤。当10月我在列别杰夫家里见到她时,她的气色很难看,我感到十分震惊,她一下子变得苍老了,仿佛憔悴了。我拥抱了她,于是她突然失声哭了起来,轻轻地,悄悄地,我第一次看到她哭。后来抑制住了,几乎是用幽默的语调开始谈论起她所谓的"不幸"。这次谈话穆尔不在场。使我感到震惊的是她的眼泪,没有抱怨命运,一种无望的信心,

---

(接上页)夫伦参加国家政治保安局行动一事,详情参见罗宾·肯博尔教授为阿尔狄斯出版社1980年版《天鹅营》所写的序。

　　① 皮埃尔·高乃依(1606—1684),法国作家。

　　② 让·拉辛(1639—1699),法国作家。

因为没有必要搏斗，应当顺应不可避免的事。我记得她的话听起来是那样普通和平常："我真想死，但是为了穆尔不得不活下去，阿利娅和谢尔盖·雅科夫列维奇已经不再需要我了。"玛加丽塔·尼古拉耶夫娜问起她近期的打算。玛·伊回答说，不得不回俄罗斯了，为此应当到回归祖国联盟去，到苏联领事馆去，反正在巴黎呆不下去了，既没有钱，作品又不能发表，而且要受到流亡者们的迫害，即便是现在——到处遇到不信任的敌意。的确，她不久便因为俄国人邻居的不友好而不得不从伊西—莱—穆利诺移居到巴斯德林阴大道一座破旧的饭店①里去了。

　　我后来在1938年初见过她。她的脸依然很消瘦，痛苦难堪，但是她控制了自己。她生活在极端贫困中，几乎不见任何人，甚至亲近的熟人也有意规避，但是她依然勤奋地写作，清理自己的手稿：她知道，许多作品不得不留在国外。她的《索涅奇卡的故事》的第一部分，由于对她极为友善的И.И.布纳科夫-冯达明斯基的努力，应当发表在《俄罗斯纪事》上，但是后来发表作品对她来说却是不可能的，为了备用而只好写作。恰恰是在1938和1939年，在准备启程之前，她写了壮丽的组诗《致捷克的诗章》和长诗《公共汽车》②。这些作品

---

　　①　约诺瓦饭店。

　　②　斯洛宁弄错了：据阿·埃夫伦说，长诗《公共汽车》茨维塔耶娃是分三次写完的；即1934年4月、1935年12月和1936年5—6月。1938—1939年间，在茨维塔耶娃回苏联之前，她把这部长诗誊清了一遍，曾想把它的最后一部分加工并加以扩充，但是这一构想并未实现。

写成二十六年之后才得以发表。《致捷克的诗章》中的某几
段表达了玛·伊在由巴黎启程之前的心境：

> 啊,黑压压的山岑
> 把全部光明——遮住!
> 赶紧——赶紧——赶紧
> 把入场券退还给造物主。
>
> 我拒绝——苟且偷安。
> 我拒绝在豪强
> 疯人院里——苟延残喘。
> 我拒绝同广场上
>
> 豺狼一起——狂吼。
> 我拒绝与平原上
> 鲨鱼随波逐流——
> 兴风作浪。
>
> 我既不需要耳朵敏锐,
> 也不需要眼睛洞察一切。
> 对你的疯狂的社会
> 回答只有一个——拒绝。①

---

① 引自组诗《致捷克的诗章·三月》之八"啊,泪水充盈着眼
窝! ……"(1939)。

1939 年 6 月初,玛·伊同穆尔到我家来度过了临别的一个夜晚,并且告知,日内便要启程。晚餐过后,我们开始回忆起布拉格,我们一起散步,以及有一次她在我家里呆到了深夜,没有赶上火车,于是搭乘出租汽车,沿着冬天的雪地,我把她送到弗申诺雷村,她低声地朗诵自己早期的诗。她沉思了一会儿,说道:这一切都是发生在另一个星球上。穆尔流露出一种厌烦的心情听着这次谈话,接下去玛·伊朗诵她的最近一篇作品——《公共汽车》。我为这首长诗的语言的光彩以及它那纯粹茨维塔耶娃式的幽默而深受感动,惊奇得如醉如痴,因为在这痛苦的几个月里,她竟然具有力量和喜剧感来写下如此的诗句:

> 竟然像魔鬼一样,
> 公共汽车横越过障碍。

玛·伊回答我的问题说,她现在想尽可能多写些东西,因为不知道,她在莫斯科会怎样,是不是允许她发表作品。困倦得打哈欠的穆尔立刻振作起来,说道:“您说什么呀,妈妈,您总是不相信,一切都会好的。”玛·伊没有理会儿子,又说了一遍她从前说的话:“作家写作,也就是呼吸,在哪里受到干涉最少,他在哪里就最好。”

　　玛·伊谈她打算留下的手稿——已经寄往阿姆斯特丹的除外——的命运谈了很久。她打算把《天鹅营》、《垄沟》、《索涅奇卡的故事》的第二部分,以及别的什么东西寄给巴塞尔俄罗斯文学教授伊丽莎白·爱德华多夫娜·马勒,并且问能不能为我把一包东西留在她住的旅馆的邻居图卡列夫斯基家里。①

我们坐到很晚的时候。听到近处的钟楼敲了十二下,玛·伊起身后带着一种惨然的微笑说道:"现在已经是半夜了,不过不用汽车,不是弗申诺雷,到巴斯德林阴大道我们可以走着去。"穆尔催促她,她却迟迟不动。我们在门前的平台上相互拥抱。我激动得一句话也说不出来,默默地注视着玛·伊领着儿子走进电梯,电梯移动了,他们面孔向下方慢慢地消失——永远地。②

日内瓦,1971

题解:

马克·利沃维奇·斯洛宁(1894—1976),俄裔美国文学评论家,曾任捷克布拉格出版的《俄罗斯意志》编辑,先后在布拉格和巴

---

① 所有这些手稿都珍藏在巴塞尔大学图书馆档案部。伊·爱·马勒于1970年逝世,终年八十八岁。由于我离开了巴黎,那包资料我是在战后才从塔马拉·图卡列夫斯卡娅(现已逝世)那里拿到的。其中包括《一首献诗的经过》,纪念沃洛申的长诗,写有各种文本的和关于马雅可夫斯基和帕斯捷尔纳克的、发表在《新城堡》(1933)上的文章的原稿,以及其他草稿和书信的笔记本。——马克·斯洛宁

② 斯洛宁回忆录的最后两页是关于茨维塔耶娃返回苏联以后的生活的,根据完全可以理解的原因,失之确切,故略。可参见利季娅·丘可夫斯卡娅的回忆文章《临终之前》。

黎工作和生活多年。后移居美国。主要著作有《苏维埃俄罗斯文学》,该书有一章详尽地评论茨维塔耶娃的创作,并给与相当高的文学史地位。这也是当年苏联境外首次系统评论茨维塔耶娃其人其作。玛·茨维塔耶娃侨居国外十七年里所创作的诗歌和散文等作品,几乎大部分经过斯洛宁的手发表。他们的相识是通过安德列·别雷介绍的,他与茨维塔耶娃建立了深厚的友谊,这篇回忆录基本是可靠的(偶有记忆之误)。

(米　卡)

从巴黎回国以后的一百四十五天

（俄）H.卡塔耶娃-雷特金娜 著

苏 杭 译

博尔舍沃的"神秘的"住宅①多年来使我不得安宁。玛丽娜·茨维塔耶娃从巴黎归来的第一天起便生活在那里，足不出户，从未露面。

我很困难地找到了这所房子。原以为它毁灭了，然而房子却完好无损。我同现在住在那里的人关系不错。记录了他们的讲述，从前的和现在的邻居的讲述。找到了茨维塔耶娃的儿子——格奥尔吉在博尔舍沃学校读书时的同学。询问了了解埃夫伦-茨维塔耶娃一家的、西班牙战争和法兰西抵抗运动的参加者，其中包括 A.埃斯纳、B.索辛斯基、H.斯托利亚罗夫、阿·谢泽曼以及从捷克斯洛伐克和巴黎归来的

---

① 现已建成博尔舍沃茨维塔耶娃纪念馆。

共同的朋友。对耳闻的与 1937—1939 年法国报纸上发表的材料和国外发表的目击者的回忆做了比较。然而直到现在没有任何人了解在 1939 年可怕的岁月里同玛丽娜·伊万诺夫娜·茨维塔耶娃共同居住在博尔舍沃这座房子里的人们所讲述的事。

博尔舍沃的灾难是玛丽娜·伊万诺夫娜·茨维塔耶娃一家的悲惨的命运的顶点和关键。

它有着久远的起源。

茨维塔耶娃本身素来便载有悲剧,但是同样也具有生活的力量。关于这一点她本人在 1940 年致薇拉·梅尔库里耶娃的信中比谁都说得更好。"幸福的人应当对生活感到高兴,要对他的这种罕见的天赋给予鼓励。因为幸福来自幸福的人。来自我的幸福已经消逝了,完全消逝了。我举着别人的重担(被放上去的重担),就像大力士举着杠铃一样。自由从我这里消逝了。一个人在心里知道,从窗子里跳出去以后,却往上掉。人们在我身上就像琥珀一样复活了,他们自己开始举起重担。"①

尽管茨维塔耶娃的生活**独特**,在博尔舍沃的情形还是完全**特殊**的。

从 1939 年 6 月 19 日起,到 11 月 10 日止,总共生活了五个月。

---

① 《未发表的书简》,YMCA-Press,巴黎,1972 年。

　　正如茨维塔耶娃自己所说的那样,由于法兰西将她与自己隔绝并排挤出去而完全绝望中她离开了巴黎。尼娜·别尔别罗娃在《着重点是我加的》一书中回忆说,1937 年在巴黎在谢尔盖·沃尔康斯基葬礼结束以后,在教堂的出口处,没有人向茨维塔耶娃伸出双手。她噙着眼泪独自站着。大家从她身边走过。

　　正如茨维塔耶娃的女儿所说的那样,回俄罗斯的路是预先规定的:巴黎——勒阿弗尔——列宁格勒——莫斯科——博尔舍沃。这是她丈夫埃夫伦从法国逃回俄罗斯的路线。路线是"机关"指定的。

　　她也是离开了即将进攻的法西斯匪帮,离开了致命的孤独,离开了不可能反对儿子的急忙返回俄罗斯去找父亲的坚决的要求(这一点她曾写信给安·捷斯科娃),——径直地落入了逐一地吞噬了妹妹、女儿、丈夫和亲人的制度的陷阱,灭绝了生活的一切希望。

　　茨维塔耶娃在 1939 年 5 月 31 日从巴黎寄给安·捷斯科娃的信里把博尔舍沃称作乡村:"我将到乡村。那里有松林,这是我唯一知道它的。"(关于妹妹阿纳斯塔西娅被捕她还什么也不知道。)

　　原来博尔舍沃既不是乡村,也不是幽静的所在。就其本质来讲,博尔舍沃是一所既假定又绝对的囚禁地——指定的生活,即将临头的灾难的不断加快的噩梦。它的不可避免已经被死死地捆在一起的所有的住宅的居民意识到了。

离博尔舍沃村不远，在铁道线路那边，在森林深处，有三座完全一模一样的仿佛三胞胎似的别墅，由远方的墙板围起来而且绝对不相往来。所谓的"新生活"村别墅。在它们的后边，稍远一点，是私人的住宅——那里已经不是那么"新的"而且完全是另外一种生活了。

正如今天住在那里的"木材出口公司"工作人员伊兹赖尔·扎韦利耶维奇·克卢格曼所说的那样，这些别墅既称作"木材出口公司"的别墅，它们也称作"报刊公司"的，它们还是内务人民委员部的别墅，国家安全部的公有别墅。（米哈伊尔·科利佐夫①对"报刊公司"以及对其他许多人都有直接关系。）

附近居民渺茫地知道，"那里住着外国人"。旁边是皮亚塔科夫的堡垒别墅，远处是一座别墅，托姆斯基在博尔舍沃自杀的枪声在那里依然没有平息。

茨维塔耶娃居住的那座别墅是外人禁止入内的。总而言之，是约定俗成的，并且是不受鼓励的。有时候在草丛中会发现暗中监视者。仿佛这座别墅是单行线上的"转运站"。

传说房子是30年代初建设的，并且由人民委员罗森戈利茨②转送给鲍里斯·伊兹赖列维奇·克拉耶夫斯基③的。

----

① 米·科利佐夫(1898—1942)，苏联作家。

② 阿尔卡基·巴甫洛维奇·罗森戈利茨(1889—1938)，1905年入党的布尔什维克党员。1925—1927年间执行驻伦敦全权代表职务。中央监察委员会委员。1929年任工农检查局副人民委员。这是我所能了解到的仅有的情况。——H.卡塔耶娃-雷特金娜

③ 何许人也，不详。

1937 年克拉耶夫斯基、他的妻子巴甫林娜·巴甫洛夫娜和儿子被逮捕。雅科夫·斯维尔德洛夫①的遗孀常到克拉耶夫斯基家作客。（后来她的儿子安德烈·斯维尔德洛夫成为阿里阿德娜·埃夫伦案件的侦查员。）

　　正如了解到的那样，执行别墅管理员职务的是阿列克谢·马特维耶维奇·奥布霍夫。定员表上是扫院人，死于1966 年。管理员实质上既是全权的主人，又是仆人。他身边一大家子人，有五个孩子。与他住在一起的有大女儿、连襟和大姨子一家。其中之一的他妻子的姐妹安娜·特罗菲莫夫娜在克拉耶夫斯基家当过佣人，而且还清楚地记得斯维尔德洛夫的遗孀。

　　管理员阿列克谢·马特维耶维奇在所有的多次的逮捕中是经常的、必然的见证人，还有他的妻子柳博芙·特罗菲莫夫娜（死于1982 年）。他们的小女儿克拉拉季娅·奥布霍娃（多尔马托娃），生于1934 年，她还记得，作为五岁的小女孩到这座别墅去的时候，人们招待她，而然后她说："我是内务委员部（内务人员委员部）的，吃了酸酸的（西红柿）。"

　　房屋"面对"着铁道，离它很近。房子是原木建造的，很大，正面是拉长的，两侧有两个装有玻璃的凉台，有两个独立的进门和穿堂，有三扇双重框子的窗户，有共用的宽敞的客厅；客厅里有壁炉，一张长圆形的大桌子，餐柜和沙发（餐柜

①　雅科夫·斯维尔德洛夫(1885—1919)，苏联国家和党的活动家。

作为见证人至今仍在那里）。荷兰式的火炉,镶木地板。院子里有不取暖的厕所。

有很大的一块场地上的松树林（关于这些松树林茨维塔耶娃在巴黎时就知道）呼啸着。没有小路——全是柔软的针叶林植被。在松树林中间有一副单杠,挂着秋千,它们的长入树干里的钩钉至今还在翘着。那里还有吊环。

有一口清澈的能治病的水井。夏季的淋浴更衣间。从井里汲水只能通到管理员的小屋。往别墅运水要用水桶。

1939 年异常炎热的夏天,一起居住在博尔舍沃的有埃夫伦-茨维塔耶娃和克列皮宁两家,还有克列皮宁家的女友埃米利娅·利陶埃尔。刚回来的时候,玛丽娜有时还继续记日记。写信。（将来会公布她自己关于博尔舍沃事件的证据的。）克列皮宁夫妇的女儿索菲娅·尼古拉耶夫娜——她当时十二岁——对我说:“我们当时住在博尔舍沃的可笑的叫什么‘新生活’街4/33 号（现为斯维尔德洛夫街15 号①）。这是一所原木建造的、在地段深处毫无道理地拉长的房屋,这个地段没经过任何修整,只是围墙隔离着……客厅和厨房是共用的。我的父母同茨维塔耶娃家早在巴黎就认识。我们回到了苏联几乎是同时。我们在别墅度过了 1938/1939 年冬季……1939 年末爆发的事件使我成为孤儿和社会所抛弃的人,在我心灵里排挤掉了许多东西。

① 现为茨维塔耶娃街 15 号。

"我同穆尔（格奥尔吉），玛丽娜·伊万诺夫娜的儿子很要好……我们很难与别人相处。农村的孩子们招惹我们，因为穿着不一般。因此我们的整个生活几乎都是在地段里或者在客厅里，它白天归我们使用。"

这两个家庭共同生活在一起不是偶然的。克列皮宁夫妇，他们的女友埃米利娅·利陶埃尔以及茨维塔耶娃的丈夫谢尔盖·埃夫伦是共产国际的，而后来则是国家安全部的侦查员。

巴黎《最新消息报》（1937 年第 6056 期）报道材料说："叶·卡·米勒①将军的消失。'苏维埃祖国友人协会'遭到搜查。谢·雅·埃夫伦逃亡。市政厅对玛·伊·茨维塔耶娃的审讯。"报纸报道："……搜查'苏维埃祖国友人协会'与对暗杀伊格纳季·赖斯②案件初步调查有关。对米勒将军消失案件，这种警察程序没有直接关系。但是两种罪行是国家政治局的间谍按莫斯科的指示完成的。在比西街搜查的结果能够以新的有价值的资料丰富调查。"下面接着说："近日来在巴黎散播一种传说，在安·尼·和尼·安·克列皮宁夫妇神秘离去以后，前欧亚大陆同盟会员谢·雅·埃夫伦也离开了巴黎。埃夫伦数年前转向苏联方面，并且加入了回归祖国协会。"当伊·赖斯的死亡众所周知时，克列皮宁夫妇和埃

_____

① 叶·卡·米勒（1867—1937?），苏联国内战争期间反革命领导人。

② 伊格纳季·斯坦尼斯拉沃维奇·波列茨基（伊格纳季·赖斯）（1899—1937），苏联驻国外侦查员，因写信拒绝执行斯大林主义而被暗杀。

夫伦是以另一种姓氏,即克列皮宁夫妇是利沃夫夫妇,埃夫伦是安德烈耶夫而逃离法国的。

参加侦查工作的还有他们的大孩子:阿列克谢·瓦西里耶维奇·谢泽曼(克列皮宁娜初婚之子),他1936年回到莫斯科以及阿里阿德娜·埃夫伦——茨维塔耶娃的女儿,1937年3月18日归来。

这两家经常在一起是由事件的整个过程所决定的。在巴黎两家从1926年至1927年便已经友好合作。在白军反对革命的俄罗斯的军事行动悲惨的事件之后,他们在重新评价的痛苦的道路上尝尽了患难之苦。寻找补偿的道路。在巴黎近郊居住的地点(事情已经这样)几乎同时更换,而且总是住在邻近。

他们最初的重新评价是在"欧亚大陆同盟"中进行的。渐渐地克列皮宁和埃夫伦先是在文学方面,后来在思想意识方面参加了反对新的苏维埃俄罗斯的敌人的斗争,而后来又参加了侦查工作,起先是共产国际在救援从废墟中站起来的俄罗斯这条线上,后来救援正在毁灭的西班牙(那时候毕加索也成了共产党员),而最终已经理所当然地加入了国家安全部路线的反对具体的单个的敌人的斗争。

谢尔盖·埃夫伦成了西班牙的国际纵队队员。(国际纵队队员同样要做侦查工作。)他还参与了监视托洛茨基、他的儿子谢多夫,劫持米勒将军,而然后追捕所谓的"背叛者"侦查员伊格纳季·赖斯-波列茨基(党内称号为路德维希)。

他原来想,这条路是以在自己的人民面前赎罪,以为它新的服务而开始的,却以完全从属于制度而告终的。所有这一切不是一下子发生的：一步接着一步,渐渐地。

谢·埃夫伦在 1926 年 4 月 18 日致 E. Л. 涅德泽利斯基的信里写道："欧亚大陆同盟对我来讲之所以感到亲切,也是因为企图通过文化的,**而非实际的**达到民族的自决",1927 年 5 月 25 日——过了一年以后写道："我现在是巴黎欧亚大陆俱乐部的**首领**(……)主要的不是这里,而是'那里'。"

过了不长时间,他已经不顾一切地准备为离开的祖国去做一切——"整个真理在'那里'"。

类似的感情当时许多有尊严的人都体会到了(这一点也必须理解),处在"俘虏中时代"的世纪的人质是这样行动的。

他们的悲惨的道路不是单一的。非典型的侦查员——专业人员,而是不知所措的受难的战士,他们在第二次世界大战前夜的那种唯一的短暂的历史时刻,从不太多的可能性当中走向毁灭。

"为亲爱的俄罗斯服务的激情的力量和流亡者的迷惘的力量是那样强大,"索菲娅·克列皮宁娜写道,"以至于某些他们曾经发生过的历史情况是不能左右的,是复杂的,而且由于它的复杂性和赤裸裸而不能很快发现。我父亲的兄弟德米特里·克列皮宁是邓尼金的一位勇敢的军官,激烈的君主主义者,结果却因为帮助共产党员而被法西斯匪帮杀害。一名军官——却成了神甫。在巴黎监狱中服务,而且是被关押者和抵抗运动之间的联系人。他和母亲现在全世界都知晓。俄罗斯流亡者是热爱俄罗斯的。有时候他们会为他们所选择的为俄罗斯服务的道路而遭到谴责,他们在为祖国服务的道路当中冒着生命的危险,成为牺牲品,但是却是非常勇敢的。"

茨维塔耶娃在这种情况下与埃夫伦肩并肩生活在一起,又理解了什么呢? 完全的献身者她是不可能的,但是众所周知,埃夫伦-茨维塔耶娃一家在巴黎是拿苏维埃"津贴"的。

茨维塔耶娃的智慧是男性的,敏锐的。目光是有预见性的。从她的革命时代的日记(《选集》两卷本,1917—1937年,纽约,1979年)中可以清楚地看到,一切从一开始她便深刻而又全面地理解了。然而此处讲的是另外一种情况。

在生活道路的所有曲折当中,她以自己的全部同情、信念和骄傲同埃夫伦在一起。当谢尔盖·埃夫伦作为一名基干军官、第56后备军团的具有著名的历史的第10连的准尉保卫克里姆林宫(记得吗——玛丽娜写过的1917年在鲍里索格列布斯基胡同时克里姆林宫的钥匙)的时候,玛丽娜·茨维塔耶娃全心全意地同他在一起——"荣誉以白军的捍卫者而升起"。在交出克里姆林宫时,它的军团司令员佩卡尔斯基被刺刀刺死。关于埃夫伦英勇地参加战斗的十月战役,谢尔盖·雅科夫列维奇写过一篇中篇小说《十月》(它发表在布拉格集刊《在异国》1925年第11期,"火焰"出版社)。茨维塔耶娃在那些日子里写道:"如果谢廖沙不在了,我也就不在了,就是说,他们也不在了(指儿女——本文作者)。"两个人的生命是不可分割的。

然后——"王朝被普通人民的狂澜所推翻"。谢尔盖·

雅科夫列维奇,作为拉·格·科尔尼洛夫将军的自愿军的侦查员和指挥员,他与军队一起走过了冰天雪地的远征的整个道路,直到克里木。"在自己的佩剑上:玛丽娜——你指定了奋起保卫祖国。"

他永远是处在最前沿。直到彼列科普,陷入泥泞沼地,大口吃盐,饥渴而死,冲锋陷阵。

玛丽娜写道:"我最后一次见到谢尔盖是 1918 年 1 月 18 日。怎样见到的,在哪儿,以后我会告诉你,——现在没有勇气。""在词典里若有所思的子孙说:顿河这个词写着职责。"每天她从心底都与他在一起,并且在自己的日记中写下这一点。"旧的世界的最后的梦;青春——豪迈——旺代——顿河。"

接着是"逃亡"——按照布尔加科夫①:盖利博卢,捷克,巴黎。

谢尔盖·雅科夫列维奇发表了非常好的论自愿运动的文章。……"留在那里,在后面,在俄罗斯的坟墓有千千万万,整个世界散落着千百万残废伤员,一连串的功勋和献身精神以及……'白色近卫军精神'、反侦查、大溃败、枪杀、燃烧的乡村、抢劫、投机倒把、贪污、纵饮无度、可卡因等等,等等。真理在哪里? 他们是什么人,或者确切说,他们曾经是什么人——是献身的英雄还是强盗杀人犯?"

---

① 米·阿·布尔加科夫(1891—1940),苏联作家,《逃亡》是他的剧作,反映了白军的毁灭。

"自愿的死亡，"茨维塔耶娃说。埃夫伦献给了英雄们应有的东西，并且痛斥恶棍——"格奥尔吉们"和"骗子们"。茨维塔耶娃高度地评价无论是他的文学才华，还是他的豪迈。她写了一首长诗《彼列克普》——"献给我的亲爱的和永恒的自愿军"。

然后是新的阶段。"谢尔盖全心投入到欧亚大陆同盟。"仔细地、兴奋地注视着新的俄罗斯方面。

在《俄罗斯复兴》、《日子》里"准确的信息"说，欧亚大陆同盟会员从布尔什维克那里收到了大量的资金。茨维塔耶娃写道，自然没有任何证据（因为不可能有）——已经是1929年了。

"我远离所有这一切，但是我的政治方面的冷静却动摇了。指责我拿布尔什维克的钱也是如此，谢尔盖自然很难过，他在这方面丧失了最后的健康。"

接下去："欧亚大陆同盟解散了。阿列克谢耶夫教授以及其他人深信不疑，谢廖沙是肃反工作人员和共产党员。如果我遇到（即阿列克谢耶夫以及其他人——本文作者），我会担心自己（……）阿列克谢耶夫教授（……）是流氓！（……）但是我很为谢尔盖难过。连同他的纯洁和心灵的激情。他是……欧亚大陆同盟的道德的力量。人们就是这样称呼他："欧亚大陆同盟的良心"。这是1929年底。

"谢·完全回到了苏维埃俄罗斯，别的什么也看不见，而在那里看到的是他想见的"——现在已经是1932年。事态急剧地发展了。

　　八个月（1936年）。谢尔盖·雅科夫列维奇在萨瓦疗养院恢复了健康。儿子穆尔（格奥尔吉）和玛丽娜·伊万诺夫娜在邻近处租了房子。红十字支付。大概是双重"红色的"。接下去是绝境，无论是智慧还是良心都什么也不能操纵。不能公开的——是埃夫伦的体质的自然本质。人们为他着想和为他解决。当整体不清楚而且不是一下子就明白你为什么而负责的时候，他只能是他人意志（远方中心）的执行者。

　　"埃夫伦和其他人，如果愿意的话，是有报酬的间谍。"苏联侦查员基里尔·亨金，一位著名演员的侄子回忆说。"但是他们从来不是雇佣者，因为他们不会为任何金钱而去为反对苏联而工作的……我还记得，在这个圈子里对一个人的评价总是包括他的政治上忠诚和物质上大公无私为标准的。"

　　伊格纳季·赖斯，这位站出来反对斯大林主义的苏联侦查员的公开的死讯震惊了整个巴黎，就事情的本质来讲，是指定的行动的失败。现在唯一的出路和命令，便是返回逃跑到1937年陡然而起的俄罗斯。同一个亨金写道："在莫斯科在战前，与已经成为侦查员的**前共产国际成员**有了一些不成功的经验：伊格纳季·波列茨基和瓦尔特·克里维茨基在莫斯科为了回答老布尔维克的审讯而与苏维埃断绝了。"悲剧还在于，从其本质上讲，埃夫伦和波列茨基-赖斯原是同一个阵营里的人："为了土地，为了自由，为了更好的命运。"

　　茨维塔耶娃的女儿阿里阿德娜后来深信不疑地和郑重地写出，父亲作为自己祖国的忠诚的儿子回来了。玛丽娜·伊万诺夫娜从来也不曾怀疑他的想法的纯洁性。她的友人和出版商德米特里·沙霍夫斯基、大主教约安·圣·弗兰齐斯基①曾经说,谢尔盖·埃夫伦较之玛丽娜·伊万诺夫娜是一个更具悲剧性的人物。关于谢尔盖·埃夫伦在其青年时代初期,直到所有这些事件,茨维塔耶娃写道:"这样的人在这不祥的年代/走向断头台的时候还在吟诵诗韵。"

走上了。她有洞察力地见到了。诗歌应验了。

1938 年 11 月首先住进了博尔舍沃的是克列皮宁一家。埃米利娅·利陶埃尔来了。克列皮宁一家——尼古拉·安德烈耶维奇(大家都称呼他多多),安东尼娜(简称尼娜)·尼古拉耶夫娜·克列皮宁娜,他的妻子,她的初婚的小儿子十六岁的米佳·谢泽曼和他们的十二岁的女儿索菲娅。长子阿列克谢是 1936 年归来的,很快便与莫斯科的九年级的女学生、美人儿伊琳娜·戈罗舍夫斯卡娅结婚了。1939 年 2 月他们的儿子尼科尔卡出生了。茨维塔耶娃在《未发表的书简》中提到过他。尼科尔卡和伊琳娜也被带到博尔舍沃。保存下来了玛丽娜·茨维塔耶娃从巴黎给阿廖沙·谢泽曼寄来的明信片——祝贺儿子的诞生。后来,住在博尔舍沃时,茨维塔耶娃特别对待阿廖沙,请他一个人到自己的房间来,招待他,给他朗诵诗歌。

不是一下子,而是 1938 年 2、3 月的什么时候,谢尔盖·

---

① 死于 1989 年 5 月。

埃夫伦出现在别墅。女儿阿里阿德娜继续住在莫斯科父亲的姐姐家。玛丽娜·伊万诺夫娜带着儿子格奥尔吉-穆尔于1939年6月19日来到了博尔舍沃。两个家庭的共同生活连同共同的家务开始了。尼娜·尼古拉耶夫娜·克列皮宁娜是一位性格坚强的女性。她是一位贵族,彼得堡人,斯莫尔尼学校的毕业生,海军中将、塞瓦斯托波尔保卫战的英雄弗·阿·科尔尼洛夫的侄孙女,生物学家、科学院院士尼古拉·维克托罗维奇·纳索诺夫的女儿。她受到了完美的教育,绝对的沉静,神态端庄,无可非议,漂亮,具有不可动摇的意志。和她在一起,所有的人无论如何都能施展所长。她要求孩子们都这样,不由自主地也要求周围的人。同她在一起是绝不会松懈或者失败的。她永远是平和的、矜持的。

她被杀害了。据说她接受死亡时依然是这样的。母亲的从前的同狱者对她女儿索菲娅讲述了这一点。

上帝的道路是不可知的。为了自己的小索涅奇卡,侦查员尼娜·克列皮宁娜选择了季娜伊达·吉皮乌斯①作为教母。她于是为她的女儿索菲娅施了洗礼。

埃米利娅·利陶埃尔是克列皮宁娜的影子。她与她分享了她的信念和命运。

尼古拉·安德烈耶维奇·克列皮宁的特点是善良。他是那个神甫(关于这一点上面已经谈到)、法兰西抵抗运动的

---

① 季·吉皮乌斯(1869—1945),俄罗斯女作家。

英雄德米特里·克列皮宁神父——圣母玛丽娅的合作者的
亲兄弟。德米特里神父救助了不止上百个人，他们当中特别
多的是在被占领的巴黎时绝望的犹太人。他牺牲在希特勒
的死亡营里。

尼古拉·安德烈耶维奇·克列皮宁住在博尔舍沃的时
候，担任全苏对外文化联络协会东方部学术顾问。

在博尔舍沃住宅里，按照贵族家庭的传统，孩子们是与
成年人分居的，并且过着自己的生活。孩子们里面有：索
发①、穆尔、米佳和"小妈妈伊琳娜"。玛丽娜管她叫"小女
孩"。与孩子们和玛丽娜友好相处的是"动物"——善良的
"多多"出于怜悯而购买的并且从巴黎带回来的天生失聪的、
不会叫的、弯腿的、患白血病的哈巴狗比利卡，还有令玛丽娜
难忘的毛色棕红的小猫，正如她所写的那样，它常跳到尼科
尔卡的摇篮里。

生活方面是共同的。一张桌子上吃午饭，夏天在凉台
上，秋天在客厅里。坐在餐桌首位的总是尼娜·尼古拉耶夫
娜。食品是谁什么时候带来的：阿利娅-阿里阿德娜，"认为
是她的未婚夫或者丈夫的"萨穆伊尔·古列维奇，有时候是
谢尔盖·雅科夫列维奇·埃夫伦，有时候是尼娜·尼古拉耶
夫娜。大家轮流做饭。小女孩舒拉协助——提水和拿柴禾，
生炉子。餐具自己来洗。"内心逐渐的疼痛……"玛丽娜·

———————————

① 索发即索菲娅的昵称。

伊万诺夫娜过了一年以后，1940年，回忆起1939年时写道，"生活着，谁也不见。**他的心脏的恐惧的恐惧。汗水和眼泪往洗碗池里流。**"

玛丽娜·伊万诺夫娜阴森森的，闭塞的，沉默的，有时候令人难以忍受地狂暴的，无端的破坏，这种破坏表露出疲倦和痛苦。例如有一次，"小妈妈伊琳娜"在她门口滑了一下，把尼科尔卡的饭弄洒了。玛丽娜·伊万诺夫娜是爱伊琳娜的，但是她的喊叫声是那样突然和恐怖，以至于一辈子都忘不了。在灭亡的边缘上才这样喊叫。茨维塔耶娃处在这种边缘上并且看到了深渊。

尼娜·尼古拉耶夫娜有一道命令：一切要向玛丽娜·伊万诺夫娜退让，回避，远离。生活在留心下进行。玛丽娜·伊万诺夫娜发神经，和儿子常常过不去，折磨他，对他失去控制。她要求办不到的事，不是孩子所能做的，而他终归仅仅是一个十四岁的少年。

"在我们两家当中，仿佛并行存在着两个世界，"索菲娅·克列皮宁娜说，"成年人的世界，充满了恐惧、惊慌、紧张并且企图掩盖它。还有儿童的世界，他们对所有这些恐怖没有概念。例如他们向我、穆尔和米佳哥哥掩盖了阿利娅被捕的事实。谢尔盖·雅科夫列维奇被捕以后，才明朗了。而且应当说，这个明朗对于穆尔来说太可怕了。这种可怕一个月过后轮到了我。

"穆尔身上脆弱和力量奇怪地结合在一起。

"并且终归灾难的气氛是共有的。"

别墅里越来越可怕和阴森。夜里有时开来了汽车并且带走了所有的成年人。所有的人,除了玛丽娜·伊万诺夫娜。早晨他们回来了,苍白的和灰色的,沉默的。尼娜·尼古拉耶夫娜和谢尔盖·雅科夫列维奇总是努力地表现出勇敢。

玛丽娜·伊万诺夫娜几乎足不出户。索发不记得她不吸烟;甚至在吃午饭时,甚至站在煤油炉前,——也在吸烟。她总是穿着同一件灰色的连衣裙。傍晚双肩披上一条漂亮的披巾。

"我不想谈玛丽娜·伊万诺夫娜的缺点,"索发·克列皮宁娜说,"对她的最鲜明的记忆是:我们在客厅里,窗子朝向铁道。玛丽娜·伊万诺夫娜站在一扇窗子前,像往常那样,操着手,交叉放在胸前;右手拿着一支香烟,几乎是抱着双肩,蜷缩着。房间里一片宁静。除了我们两个,没有别人。这样的情况是常常的,因为我不记得玛丽娜走出过家门。(很长时间没有证件。——本文作者)黄昏。房间里还没有点灯。壁炉也没有烧。在玻璃的背景上我看见她侧身的影子。那真是特别孤独、寒冷、不舒适。我们之间的交往基本上是这样的问题:午餐吃什么,应当洗手吗,穆尔到哪儿去了。(……)

"我记得谢尔盖·雅科夫列维奇很好,完全是另一副样子。他有一双明亮蓝色的,放光的,真的是流露出善良和光芒的眼睛(我们记得,帕斯捷尔纳克和巴尔蒙特以及许多其他人是多么好地、怀着深厚的好感谈到他。——本文作者),

有着美好的印象。优美的高额头,大眼睛,深暗的眼睫毛,黑眼眉。大家都喜欢他。从玛丽娜·伊万诺夫娜身边走过时我总是尽力不声不响。可是在谢尔盖·雅科夫列维奇从城里回来时,我们这些孩子立刻一拥而上。他时常同我们玩耍。我不记得他有情绪不好的时候。他把它掩盖起来,把它放在心里,尽量让我们高兴。他总是微笑着。同我们开怀大笑,把头向后一仰。有时候同孩子们和青年人玩牌。想出一些生动的情景,改装的字谜,总是发明一种东西。

"关于穆尔回忆起来比较困难。他与母亲的关系太复杂了。尽管有许多很好地和长久地了解玛丽娜·伊万诺夫娜的见证人,我大胆地断定,在我的眼睛里,在博尔舍沃,她对待儿子从来都不是温柔的。恰恰相反,玛丽娜·伊万诺夫娜对他是严厉的,不公正的,因为琐事,无缘无故地突然发怒。他是很沉重的。他对此极端仇视。有一次冲突以后,穆尔差点儿没去卧轨。

"……在我们两家当中,阿利娅是第一个被捕的。灾难降临到我们这座房子是 1939 年 8 月。被遣送回国的人被捕已经是很久的事了。大家都了解,这种非理智的灾难犹如洪流可能卷跑每一个出现在它路上的人。成年人已经准备好,他们不得不与许多毫无罪过的人们分享命运,难道说只是因为极其热爱自己的祖国而有罪。等待着每个夜晚,虽然白天尽力做出样子,生活中的一切都在正常地进行……

"惊慌、紧张、恐惧的氛围——所有这一切都精心地企图以精明强干、严肃认真、勤奋努力而加以掩饰。而且只有我和穆尔仿佛退出了这种氛围并且感觉到这种氛围是对成年人的不公正的残酷性,这些成年人当我们乱跑和快乐的面孔触怒他们的时候,才不与我们往来并且从这种处境中走出来。成年人中最能自持的是谢尔盖·雅科夫列维奇。我从未听见过他高声谈话。最容易发怒的是玛丽娜·伊万诺夫娜。我知道,穆尔和她之间的对立状态恰恰是在 1939 年夏季发生的。当时我和我的父母之间也发生了这种情况。这是不太明显的,因为我比穆尔小而且一下子失去了双亲……我和穆尔不能明白,我们的父母对我们的温情和爱哪里去了。我们在我们的母亲身上更敏锐地感觉到这一点。简直是不理解,她们出了什么事……我们当时不止一次地谈到了这件事,而且有一次,我记得,我们两个在‘我们的凉台上’柜子后面的一角哭了,虽然他是一个安静的男孩,而我是一个不太爱哭的女孩。起初我们不知道阿利娅被捕。他们向我们解释说,她不在是因为出去了……父亲被捕使穆尔震惊。过了一个月,这种震惊、惊愕和对世界的仇恨的状态我也感受到了……从前我是一个随和的人和喜欢交往的孩子,可是很多年来,我却成了一个与之交往而给人们带来痛苦的人,即便是对我很有好感的人们……1939 年秋天,穆尔的粗鲁、暴躁和不愿意迎合母亲,与其说是因为少年的极端主义,毋宁说是因为心灵受到震惊的结果。穆尔是聪明的,天才的,热情的和大无畏的。当他把不是自己内心的东西、周围的东西突然推开的时候,他很像母亲。那时候他像玛丽娜·伊万诺夫娜一样是冷酷的和傲慢的。当他从自己的孤独中突然走出来的时候,以轻蔑的不理解环视周围——这是在哪儿?

　　"玛丽娜·伊万诺夫娜性格孤僻、内向。周围生活在进行,人们在活动,在聊天,可是她却不在这种生活当中。不喜欢存在。她不化妆。与大家接触仿佛是迫不得已的。然而无论是轻蔑,还是懊丧,像阿利娅那样,她都没有。冷漠的,尖刻的,但是从来都不是鲁莽的。

　　"穆尔和我哥哥米佳很要好。穆尔十四岁,而米佳十七岁。穆尔长得很结实,是一个胖胖的男孩。乱跑,胡闹。有时候突然成了少年,同米佳谈起了哲学。阿利娅来了,带来了食品,有时候住上一两天。她经常在莫斯科姑姑那里住。

　　"……傍晚大家都集中在客厅里的壁炉旁。玛丽娜·伊万诺夫娜走出来用餐,平静的,'灰色的',枯槁的,步履轻盈,目光暗淡,略微礼貌的,规避的。突然发起火来。大声喊叫。声音是刺耳的、剧烈的。玛丽娜·伊万诺夫娜总是使穆尔难过。他非常痛苦。他是被折磨的,受污辱的,而且不明白出了什么事。

　　"人们责怪穆尔,说在叶拉布加母亲逝世以后,他却精心地熨烫衣服。穆尔是一个爱干净的人,在所有条件下都是规规整整的。熨烫和清洗自己的上衣对他来说是必须的,正如刷牙和梳头一样。条件反射。如果他没有陷入深思,是和蔼可亲的,是乐于助人的。当他在博尔舍沃上学的时候,他衣着总是非常整洁的,是一个有洁癖的人。多么干净利索! 如果他被什么剐破了,就整个伤痕抹上碘酒。

　　"在塔什干以后,阿列克谢·托尔斯泰①帮助穆尔入了文学院。穆尔总是饥饿的。他常常住在阿廖沙哥哥那里,哥哥是在挫伤以后回家的。在开赴前线以前,穆尔送给他和伊琳娜带花字的银质汤匙和自己的照片……"

　　经过四十三年,索菲娅·克列皮宁娜来到了博尔舍沃那座别墅,痛哭流涕。写了一首即兴诗——《给妈妈》(献给安·尼·克列皮宁娜):

　　　你和从前一样

　　　年纪轻轻,

　　　你同我一起来到

　　　篱笆门前。

　　　你把金块般的叶子

　　　拿到眼前,

　　　有如当年。

　　　松树在屋顶上方

　　　沙沙作响。

　　　世界又重新倾听

　　　变化无常……

　　　我们的整个灵魂

　　　早已死去,

———————————

　①　阿·托尔斯泰(1882/83—1945),俄罗斯作家。

而且我已经

五十有余……

　　经过成年人的意志的努力(上边已经说过:谁到哪里),
很快穆尔和索发终于上学去了。穆尔上了著名的科斯钦公
社学校。他在那里读的是第一学季。总共才两个月。暂时
找到了他的四名同学,他们记得他而且饶有兴趣地谈到他。
他们记得他跟别的所有的男孩子不一样,仿佛是从西班牙回
来的。

　　博尔舍沃的居民尤里·亚历山德罗维奇·科舍利工程
师帮助我找到了穆尔在博尔舍沃科斯钦公社学校读七年级 A
班时的同学,我记录下来他们的回忆。简略地介绍如下。

　　柳夏·阿扎罗娃的回忆,1925 年生:

　　"我们同他比仿佛是乡村人。他送给我一本薄薄的诗
集,有他的亲笔题词。是什么诗——不记得了。没有保存下
来。他画画得非常好。高高的、有趣儿的、淡黄发的男孩子。
男孩子们都羡慕地看着他。据说他是从国外回来的。有一
两次他护送过我。给我拿着书包。他画漫画。他把画好的
画分送给女孩子们,并且有题词。他有点儿驼背。穿着浅色
的上衣,系着皮带,一双浅色的皮鞋。"

　　柳德米拉·哈里托诺娃的回忆,1926 年生:

　　"就在这儿,不是年初开始,新来一个男孩到我们七年级
A 班。高高的个儿。很漂亮。举止优雅。很轻松。很普通。
我们一起放学回家到'新生活'区。沿着小路,顺着树林,走

过小栈桥。我知道,男孩是从国外归来的。他讲述了西班牙的一些事儿。他用墨汁画的讽刺法西斯分子的画,很棒。并且立刻分送大家,还签上名——格奥尔吉·埃夫伦。我当时有许多画,遗失了。关于他我们什么也不知道。我们对他稍加照顾,因为他看到了西班牙的恐怖。"

奥丽加·瓦茨凯利(沃尔夫)的回忆,1924 年生:

"秋季的一天,我们学校来了一名我们的新的同学。他比大家高出一头。胖胖的。面部很有意思。知识分子型的。他的服装很使我吃惊。要知道,我们穿的是少先队员服装。他穿着裤子,蓬起的,扣子在膝盖以下,还有皮绑腿。皮鞋的底子很厚,上衣有许多扣子和小口袋。小口袋里有很多支笔。他受到大家的注意。他不怕见生人。课间休息时,一堆男孩子围上他。他非常自主,有信心。他的语言很好。关于这个男孩子我们什么也不知道。他走到铁道那里就往哪儿拐弯了。他的同路同学有柳夏·阿扎罗娃和奥列格·彼得罗夫。他画的漫画引起友善的笑。我记得,埃夫伦的德语得了一个'良'。这件事很难理解。他德语讲得很好。我屏着呼吸坐着。当时他很平静地站起来说:'我对德语了解得很好,我认为分数不对。'老师是一位反法西斯分子,叫捷格拉什,他回答他说:'您能阅读,能讲话,可是语法您不是强项,有错。'我们从来也不敢这样谈话。后来他消失了。我不记得这是怎么发生的。"

列昂尼德·雅科夫列维奇·沙皮罗的讲述,1927 年生,曾在邻居别墅居住(从比利时归来):

"我当时十二岁。我在寻找朋友。偶然碰到两个比我大的伙伴。他们讲法语。我用法语同他们来往……他们仿佛不把我当成朋友。他们表现出比我强。过了不久,我听说,住在邻居的人被捕了。我去看了看——凉台上所有的门都敞着。毁灭的痕迹。地板上的一切乱七八糟。法文的书籍乱哄哄的。我拿了一本《十日谈》和一本伏尔泰的书。这不,这座别墅里一切全完了。我后来常常想到他们。科斯钦民警局的首长仿佛来过这里……我们的别墅还有一个守夜人,他也是管理员,叫阿列克谢·奥布霍夫,他的妻子柳博芙·特罗菲莫夫娜。我不知道住在别墅里的邻居、那两个男孩子的姓名。关于茨维塔耶娃我一无所知。"

大概玛丽娜·茨维塔耶娃当时一下子便明白了,宁静的生活的希望是没有的。对于家庭的所有的成员以及博尔舍沃房子里的居民来讲,毫无出路的处境是显而易见的。毁灭即将来临。恋爱中的阿利娅努力做出无所谓的样子。玛丽娜·伊万诺夫娜准备好了一切,正如她讲的那样,"在寻找钩子",但是她在未成年的儿子面前还有一种责任。

在别墅里越来越紧张,越来越有爆炸危险。夜里汽车越来越常把成年人带走。

1939 年 8 月 27 日清晨,第一个被捕的是阿利娅,阿里阿德娜·埃夫伦-茨维塔耶娃。

1939 年 10 月 10 日,在博尔舍沃第二个被逮捕的是谢尔盖·雅科夫列维奇·埃夫伦。

过了一个月,11 月 6 日到 7 日深夜,在博尔舍沃逮捕了尼古拉·安德烈耶维奇·克列皮宁。

1939 年 11 月 6 日到 7 日同一天夜里,在莫斯科皮亚特尼茨基大街 12 号楼 4 号住宅,在科学院院士纳索诺夫家里,逮捕了尼娜·尼古拉耶夫娜·克列皮宁娜——她带着女儿索发到母亲家来过十一月节。

同一天夜里,在莫斯科萨多沃-特利乌姆法利大街 7 号楼 30 号住宅里,在著名的摄影记者罗德钦科[①]和马雅可夫斯基的友人伊丽莎白·亚历山德罗夫娜·伊戈纳托维奇、"小妈妈伊琳娜"的母亲家里,逮捕了尼娜·尼古拉耶夫娜的长子阿廖沙——阿列克谢·瓦西里耶维奇·谢泽曼。伊琳娜等到天明,坐第一班电力列车去博尔舍沃紧急通知所发生的事。她记得那阴森森的秋天:狂风呼啸,雨雪纷飞。仿佛送葬的响声,迎接她的是吊环互相摇晃撞击的声响。走到台阶上来的正好是精神错乱的,——"像普希金的磨房主",伊琳娜想到,——变得臃肿的、头发一绺绺灰色的玛丽娜·伊万诺夫娜,现在在这间房子里完全孤独地只剩下她一个人同穆尔了。她迅速地给伊琳娜画了十字,并且低声含糊地说:"上帝保佑你,孩子,快离开这里吧——夜里把所有的人都抓走了。"过了三天,她抛弃了一切,带着穆尔去了莫斯科,住在丈夫的姐姐伊丽莎白·雅科夫列夫娜·埃夫伦的小屋里。三月里她大着胆子去博尔舍沃,取些东西。在被破坏了的、非

---

① 亚·米·罗德钦科(1891—1956),苏联工业品艺术设计师,版画家,摄影艺术大师,戏剧和电影艺术家。

法占有的住宅里碰到了一口棺材。乐队伴奏,在为在她的房间里上吊的(!)民警局长(或者是克格勃?)卡卢金送葬。

这是非常危险的地方。

从巴黎回到俄罗斯以后,玛丽娜·伊万诺夫娜·茨维塔耶娃在博尔舍沃的最初的一百四十五天——在国家安全部的别墅里,在"松树林"中间,一下子,就这样结束了。通往各各他之路。离开博尔舍沃之后过了一年,她写信给苏联作家协会书记巴甫连科:"我想从头说起。

"1939 年 6 月 18 日,一年多以前,我带着十四岁的儿子回到了苏联,入住博尔舍沃新生活村,两年前归来的我的家人所居住的一座别墅的半边。8 月 27 日(今天是一周年)在这座别墅里我的女儿被逮捕,而 10 月 10 日我丈夫也被逮捕。剩下我和儿子孤苦伶仃的两个人,活了下来。我们用从花园里拾来的干树枝生火取暖。"

然后流落在偶然找到的房间里。

1941 年 10 月,已经是在茨维塔耶娃在叶拉布加自杀以后,根据在档案馆工作的大学生德米特里·尤拉索夫在奥尔洛夫羁押解送犯人的监狱的调查,"集体枪杀了谢尔盖·雅科夫列维奇·埃夫伦、克列皮宁夫妇和埃米利娅·利陶埃尔"[1]。尤

---

① 现在根据马埃利·费因别格和尤里·克留金的《谢尔盖·埃夫伦案件》(《首都》1992 年第 39 期,页 62)一文中所引用的资料已经明了:安·尼·克列皮宁娜、尼·亚·克列皮宁和埃·利陶埃尔审判完了以后,很快,于 1941 年 7 月在莫斯科被处决。而谢尔盖·埃夫伦则 1941 年 10 月 16 日于莫斯科被处决。

拉索夫报道以后,阿·瓦·谢泽曼向最高法院做了新的查询。唉,任什么也没弄清楚。1989年5月阿列克谢·瓦西里耶维奇决定去巴黎,在那里什么时候大家都在一起,他在那里猝然去世。

在就连外国媒体都报道的、没有互相交流便出现了的"谈话"的水平上,有一种意见说,在叶拉布加曾经向茨维塔耶娃提议与"机关"合作(根据侦查员基·亨金的回忆,根据儿子穆尔的令人费解的记载,根据音乐学家伊丽莎白·洛伊特转达的诗人尼·阿谢耶夫的话的转述,等等)。关于这一点,必须说明——也许还有什么人知道什么。

现在有根有据地检查这一点——是不可能的。但是假定这样想:茨维塔耶娃——情报员——荒谬。有谁需要她充当这个角色呢?但是可能是巧妙地企图使"犯罪的"家庭的最后一名成员"致死"。这种"拷问"和"枪杀"百发百中,而且有例在先的。① 清楚了:少年儿子和母亲之间当时在叶拉布加不间断的激烈的讨论是有很多根据的。法西斯匪帮进攻了,情况变得更加严峻。对于人民的敌人的儿子来讲,每一步都是明显地变化无常的。任何一句话,犹如星火一样,都

---

① 据一位不愿意透露姓名的俄罗斯联邦安全部的高官证实,在档案中保存一份文件,证实恰恰在玛丽娜·茨维塔耶娃自杀的前一天,一位肃反工作人员拜访了她。那位官员深信,无论是谈话事实本身,还是它的内容,都是有意识地想到的,以期伟大的女诗人采取唯一的决定——自杀。(《论据与事实》,1992年9月,第36期〈621〉)

会引起火焰和爆炸。许多家庭都记得这双重的痛苦和考验。

从博尔舍沃"逃亡"以后，茨维塔耶娃总共才活了一年又十个月。儿子已经长大了，而且已经与其说属于母亲，毋宁说属于进入极其残酷的战争的国家。她逃避了的法西斯主义追上了她。总共才两个月希特勒的军队到达了莫斯科。丈夫不在，女儿不在，妹妹不在，忠实的朋友不在身边。儿子已经贴上了"人民的敌人的儿子"和"白卫军母亲"的（作家的某些领导就曾经这样谈论她）儿子的标签。母亲成了不是支柱——而是障碍。孤儿——更可靠一些。在叶拉布加生活的十一天之中有九天，母亲和儿子之间进行着不间断的和紧张的关于他们所遭遇的一切的对话。穆尔后来有根据地说："她做得对。"①

阿纳斯塔西娅·伊万诺夫娜·茨维塔耶娃——诗人的妹妹——在劳动营和流放中度过了 **22** 年，她的儿子安德烈·鲍里索维奇——**16** 年，诗人的女儿阿里阿德娜·谢尔盖耶夫娜——**17** 年，诗人的儿子格奥尔吉——**1944** 年夏阵亡。

这一切都是为了光明的未来。

花　园

> 为了这座地狱，
>
> 为了这个梦魇，

---

① 系指母亲自缢。

我得到了一座花园，
陪伴我度过晚年。

陪伴我度过晚年，
度过不幸的晚年：
劳动岁月的晚年，
驼背岁月的晚年……

度过猪狗一般
岁月的晚年——
它是我的宝贝：
火热岁月的凉爽的花园……

为了逃亡者
我得到了一座花园：
它既没有心灵，
也没有一张脸！

既没有碎步的花园！
也没有眼睛的花园！
既没有笑声的花园！
也没有笛声的花园！

同样也没有耳朵，

我得到了一座花园：
既没有心灵！
也没有**心肝**！

告诉我：痛苦忍受够了吗——
那像我一样孤单的花园。
（但是在它周围生活，我也挺不起腰板儿！）
花园像我一样孤单。

给我这样的花园度过晚年……
——那座花园？而也许是那个世界？——
为了宽恕心灵！——
为了度过我的晚年！

玛·茨维塔耶娃

1934 年 10 月 1 日

题解：

　　H. 卡塔耶娃－雷特金娜（生卒年不详），莫斯科茨维塔耶娃纪念馆的创始人，后任该馆顾问。本文原载俄罗斯《文学评论》1990 年第 11 期。略有删节。曾据此文摄制成电视片，导演 O. 科兹洛瓦，编剧 H. 卡塔耶娃－雷特金娜。

（苏　杭）

临终之前

（俄）利季娅·丘可夫斯卡娅 著

苏 杭 译

一

在邮局里与我谈话的女人递给我一张电报单，上面大字印着：

"阿谢耶夫①和特列尼约夫②拒绝上户口。"

"不，这种电报怎么能发出去？"我说，"您亲口说，玛丽娜·茨维塔耶娃情绪很坏，再说，特列尼约夫和阿谢耶夫就是上级！再说，奇斯托波尔就是首都！这里所有的文学家都毫无例外地可以申报户口，只要不是服役人员就可以。"

---

① 尼·阿谢耶夫（1889—1963），俄罗斯诗人。
② 康·特列尼约夫（1876—1945），俄罗斯剧作家。

　　"您同特列尼约夫和阿谢耶夫认识吗？您能去说说情吗？不通过他们不成。在奇斯托波尔他们代表作家协会主席团。"

　　"我在这儿几乎谁也不认识。您知道，我是列宁格勒人，不是莫斯科人……况且我也不是作协会员，也不是疏散委员会委员。阿谢耶夫或者特列尼约夫怎么会听我的话？请您说说看，您能理解他们为什么不给茨维塔耶娃报户口吗？"

　　"怎么！"与我谈话的女人瞪大眼睛，悄声说，"难道您不知道她是什么人？"

　　"知道呀，茨维塔耶娃是诗人，一位独具特色的大诗人。她一度侨居国外，后来自愿回到祖国。她丈夫和女儿被捕了。她一个人带着儿子。这又怎么样？"

　　"嘘！"与我谈话的女人又紧张起来，"您不要这么大声说话。这里不是就我们两个人。"

　　我们的确不只两个人，邮局的屋子挤得透不过气来，满满登登。

　　事情发生的地点是奇斯托波尔。卡马河左岸的一座小城。鞑靼苏维埃社会主义自治共和国区中心之一。说是中心，其实并非中心：距喀山 142 公里，距最近的火车站 90 公里。事情发生的时间是 1941 年 8 月末。战争爆发后两个月的月末。

　　与我偶然遇到的谈话的妇女叫弗洛拉·莫伊谢耶夫娜·莱特斯，长着油黑光亮的头发，穿着一身鲜艳花哨的连衣裙。在打电报的窗口排着队，而我则排在"存局待取"的窗口前。

　　我每天都来这里,但是徒然:没有任何人寄来任何东西。我一封封写信,可收不到一个人的回复。

　　我同弗洛拉·莱特斯不太认识。莫斯科作家基金会把作协幼儿园、年老的作家、伤病的作家和作家的家属全都疏散到奇斯托波尔来。列宁格勒作家的家属应当与儿童寄宿学校一起疏散到雅罗斯拉夫尔市郊的加夫里洛夫亚姆。我来到奇斯托波尔纯属偶然。战争爆发时我不是在我的故乡列宁格勒,却正赶上在莫斯科郊外佩列杰尔基诺父亲①的别墅。我是在大手术后从莫斯科内分泌研究所被送到这里来的,战争一开始我就极力想回家,回到列宁格勒,虽然我是由于异常危险的处境被迫在战争爆发前夕从那里离开的。但是现在看来,战争把其他一切危险和困难一笔勾销,而不在列宁格勒生活我自己简直不能想象。然而在 1941 年 7 月我的伤口尚未愈合,心口经常疼痛,这样的身体爬上缓冲器,爬上车厢顶硬要回列宁格勒简直连想都不用想(况且莫斯科到列宁格勒的铁路经常遭到轰炸)。当我身体稍有好转,我们三个人——我、十岁的女儿柳莎和四岁的侄子任尼亚便在保姆伊达的照料下随同莫斯科其他作家亲属一起来到奇斯托波尔。

　　7 月的下半月,德国鬼子在向莫斯科进攻的时候,已经占

----

　　①　作者的父亲是苏联著名作家、批评家科·丘可夫斯基(1882—1969)。

领了斯摩棱斯克、叶利尼亚和罗斯拉夫利。他们也在向列宁格勒推进，8月初我们听到消息说，他们已经接近基辅。我还在莫斯科的时候，就已经遭到轰炸的伏努科夫机场（距佩列杰尔基诺数公里）也是一样。报纸和广播电台发布的"最新消息"并不总是最新消息：政府故意拖延向公民公布撤离一座又一座的城市，因此公民们犹如老早做的那样，大多靠传闻。况且广播喇叭只在某些机关、主要街道或者广场广播。再说报纸也常脱期。

我在奇斯托波尔的主要事情就是除了排队买煤油或者鲱鱼以外，还要排队领取信息——索取书信。排队的人多半是妇女，她们盼望的信息多半是来自军队。我想知道但却无法知道的是，我的两个兄弟现在在哪里！两个人都在前线，但是在哪儿呢？还活着吗？我的父母离开莫斯科了吗？到哪儿去了？他们在莫斯科的住宅或者乘坐的军用列车是不是遭到轰炸了？我的列宁格勒的朋友又在哪里？是疏散了还是留在那里？列宁格勒的情况怎样？它是不是遭到轰炸了？是不是被扫射了？

在奇斯托波尔除我们以外没有列宁格勒人，没有人可以打听。邮局陷入瘫痪。我每天都要踏着脏兮兮、黏糊糊的泥泞，甚至冒着酷暑，拖着两条腿到这里来。我克服气喘，慢吞吞地走着，数着自己的脚步，或者为了变变花样，数着小房子的窗子，是双数还是单数？有信来还是没有信来？是谁来的信？万一来自列宁格勒呢？

今天我最后的一步是双数，应当有信。

弗洛拉·莱特斯向我提出给茨维塔耶娃拍电报的事，非常不是时候：离我到邮政窗口只剩下三个人了。我回答她的时候，心里想的完全是别的事。

"您看该怎么办？"莱特斯打搅着我，"您的意思是不是把电报拍给她，该想想办法呀？"

争取争取！想想办法！叶拉布加恐怕跟奇斯托波尔一样偏僻。茨维塔耶娃住在哪里，对于作家协会来说又有什么差别？她原来在莫斯科或者莫斯科州有户口，为什么在这里不给她报户口呢？

在奇斯托波尔作家上户口并不困难，我们乘坐的轮船6月28日从莫斯科启航，在下诺夫哥罗德换乘，8月26日抵达奇斯托波尔，十天后就全都报上了户口。

我们一家开始也像所有新来的人一样被安顿在改为集体宿舍的学校里。后来我在离卡马河不远的乡村的一条街道上租了一间房。那条街起了一个与俄罗斯人、鞑靼人、楚瓦什人杂居的小城镇很不相称的响亮的名字：罗莎·卢森堡街（马克思和恩格斯在这里也没有被遗忘）。疏散委员会发给所有抵达这里的人一份证件，上面盖着作家协会的印章，由阿谢耶夫、特列尼约夫以及我记不起来的什么人签名。也给了我一份。找到住房，就可以去市苏维埃找特韦里亚科娃办手续。她在接待的时间总是在的。这是一位和善的、精明强干的女人。她询问谁有几个孩子，多大岁数，心里想哪家住在哪间农舍里更合适：哪家房东怎么样，哪家男主人酗酒，哪家女主人爱吵嘴，谁家有母牛，谁家有母山羊。疏散来的人一旦找到住房,她立即给盖章。只要有证件就可以。作家的名字,她毫无疑问从来一个也没听说过,至于茨维塔耶娃,她同任何一位别的作家一样,即使是革拉特科夫、丘可夫斯基、莱特斯或者亚历山大·特瓦尔多夫斯基,她同样从来一无所知。

从农会到邮局脚步的双数这一次又欺骗了我。信还是没有,我离开了窗口。

"您能同利亚什科①谈谈吗?"

"利亚什科?谁是利亚什科?我从来没有见过他,也没有读过他写的一行文字。"

然而利亚什科这个姓,也许尾音相像,让我想起了一个熟人,诗人列夫·克维特科②,他到奇斯托波尔来看望家属,逗留几天,并说临行前来看望我。同克维特科谈谈茨维塔耶娃的事是一个好主意。他在作协毫无疑问是一个举足轻重的人物。

"我请克维特科帮帮忙,"我说,"我特别劝您,先别拍电报。"

弗洛拉·莱特斯耸耸肩膀,把电报装进小手提包里,我们一起走上了街头,告别以后,就各奔东西了。

就这样一直没有消息,没有书信。近日来报纸和广播电台向我们发布的消息是这样的:

----

① 尼·利亚什科(1884—1953),俄罗斯作家。
② 列·克维特科(1890—1952),苏联犹太族诗人。

《真理报》,8 月 18 日,星期一。

苏联新闻局晚间公告。

8 月 17 日我军全线与敌军展开殊死战斗。经过激烈战斗后,我军撤离了尼古拉耶夫市和克里沃伊罗格市。尼古拉耶夫市造船厂被炸毁。

8 月 19 日,星期二。

经过激烈战斗后,我军撤离了金吉谢普市。

8 月 21 日。

告列宁城的全体劳动者。

列宁格勒市民同志们,亲爱的朋友们!

在我们的亲爱的城市上空笼罩着德国法西斯军队进攻的直接威胁。敌人妄图向列宁格勒深入。

……血腥的德国法西斯强盗必然灭亡! 我们必胜!

我想对下面这句话作一下阐释:

"敌人妄图向列宁格勒深入"。**向**……深入不成。深入只能**到**……里去。到列宁格勒市里去? 就是说,德国鬼子已经在列宁格勒近处,在周围,紧挨着?

8 月 26 日。晚间公告。

8 月 25 日我军与敌军全线展开激烈战斗。经过激烈战斗后,我军撤离了诺夫哥罗德。

撤离了,撤离了,撤离了……

……人民怎么办!

人民怎么办!坠上石头跳进河里!

克维特科来看我。我想向他探个究竟,除了报上登载的以外,基辅有哪些消息。他是乌克兰乌曼希纳人,因此,基辅对于他犹如列宁格勒于我一样是一块心病。比起这里的莫斯科人,我更熟悉克维特科:他是我父亲的朋友。科尔涅伊·伊万诺维奇①是第一个发现并喜爱上克维特科的儿童诗的,并且设法把犹太文诗歌译成俄文。列夫·克维特科由于诗歌在俄罗斯诗坛取得巨大的成功,战前不久便移居到莫斯科来了。他现在在奇斯托波尔逗留两三天,看望妻子和女儿。他在返程前夕来看我,详细询问我,如果遇到父亲,有什么话转告他。

有什么话转告呢?奇斯托波尔是一个货真价实的陷阱。要想找到一份工作,那是无望的。供应匮乏,市场价格猛涨,哪儿有工作?我在列宁格勒当过速记员,写过文章,当过编辑,我能做校对员。但是奇斯托波尔没有需要速记员的机

---

① 丘可夫斯基的名字和父名。

关，当然更不用说有什么出版社了。我可以在中学里教俄语
和文学，可教师的所有位置都被当地的教师占据着。我从莫
斯科带来的钱、药品和食物，估计能够全家用一个半月的，往
后呢？往后该冬天了，卡马河入冬就结冰，通航期结束，没有
铁路运输，想逃出陷阱都不可能。

　　我没有给人写信，也没人来信。我不知道，谁在什么地
方。我请克维特科千方百计找到科尔涅伊·伊万诺维奇，把
我的一切告诉他，然后给我拍份电报，告诉我父母在哪里，两
个兄弟还活着吗。

　　克维特科认真地看了看孩子们和我，还有我们的房间，
询问了一下我们的健康。我没打算提基辅，莫非要撤离？撤
离了基辅？……我非常喜欢这座城市，它在我心目中的地位
仅次于列宁格勒。况且不仅因为这座城市，也因为那里有我
已故丈夫的父母和兄弟。他们是否离开了？……我军绝不
可能放弃基辅。我同克维特科谈话时一次也没有提到基辅。
但是我谈到了茨维塔耶娃，谈到作家基金会所做的不讲道理
的事。我说她又不是流放犯，是和我们大家一样疏散到这里
来的，为什么不允许她搬到她想住的地方？她又不是非得住
在一个地方不可。克维特科黯然神伤。这位心境异常平衡
的人不能容忍不公正的事情。这种事情与他开朗和愉快的
性情、真正孩子般的性情以及他诗歌中怀着幸福感表达的东
西水火不相容。这种事违背他的信念。他总是提醒自己和
别人，一切都会好的，他相信这一点，他为了这种信念而生
活……列夫·克维特科答应今天就去找阿谢耶夫，了解一下

到底是怎么回事,然后以个人的名义径直去同特韦里亚科娃
商谈(他不仅是党员,而且还是一位荣获勋章的作家,这在当
时是罕见的)。"一切都会好的!"分手的时候他一再说,"现
在最重要的是每个人都要坚信:一切都会圆满结束的。"这句
祈求既是对我的亲人,也是对战争,既是对列宁格勒,也是对
基辅,既是对茨维塔耶娃,也是对生活本身而言的……望着
他那坚强有力的臂膀,望着他那粗线条的脸庞(或许是黝黑
的肤色,或许是慷慨的微笑,令我想起帕斯捷尔纳克),听着
他那洪亮的声音,我有点相信,真的一切都会圆满结束的。

(列夫·克维特科在 1949 年世界主义猎獭时期遭到逮
捕,受尽残酷的折磨,于 1952 年被杀害。我想,他直到与生
命诀别的一刻,才同"一切都会圆满结束的"这一信念告别。)

我送他到大门口。他说一定了解到科尔涅伊·伊万诺
维奇的所有情况,见到他或者给他写信,一定拍电报给我。
至于茨维塔耶娃的事,他从我这里径直去找阿谢耶夫。

第二天我去找药店:任尼亚体温升高,吞咽疼痛,看来是
咽炎。我去弄点罨压用纸。如果药房没有,就去作协宿舍,
那里总会有人有。那里我认识了很多新来的熟人,半熟不熟
的人,对其一知半解的人,不久前同船来的旅伴。

就在这一天,记得是 8 月 26 日,我头一次见到玛丽娜·
伊万诺夫娜·茨维塔耶娃。

二

　　在奇斯托波尔有一个地方,是新近到达的人和先前到达的人都不可避免地相遇的地方:市苏维埃前的广场。不论到哪里,都要绕过它。有时候有意绕到那里。在那里会听到许多新闻:谁从集体宿舍迁到哪里去了,什么时候才能终于卖煤油,——不然此地的房东要把木柴贮备起来过冬。自家的俄罗斯式的壁炉不想升火,而我们大家都有煤油炉;最重要的是前线有什么消息。"敌人向列宁格勒深入"是什么意思呢?德国鬼子占领了皇村?占领了箭楼?① 德国鬼子已经在涅瓦大街上横冲直撞?黑乎乎的广播喇叭在市苏维埃广场上广播:喇叭经常坏,但总会有人听到最新消息。

　　我离开送给我毡压用纸的作协宿舍,回来的时候经过这个尽人皆知的广场。广场上空寂无人,广播喇叭一声不响。突然有人叫我一声。

　　原来是弗洛拉·莱特斯。她手拉着一位穿一身灰的瘦削的妇女。灰色的贝雷帽,灰色的仿佛是用麻袋布做的大衣,手里拿着一只怪模怪样的口袋。

　　"认识一下:玛丽娜·伊万诺夫娜·茨维塔耶娃。"

---

① 皇村总体公园,属于彼得宫。

这位穿一身灰的妇女从脚下打量了我一下,脑袋微微侧向一边。脸色也同贝雷帽一样:灰色的,细长的脸,有些浮肿。面颊凹陷,眼睛黄绿色,坚定地注视着你。目光充满痛苦,流露出历尽磨难。

"您在这儿我真高兴,"她一边说一边向我伸出手来,"我丈夫的姐姐伊丽莎白·雅科夫列夫娜·埃夫伦关于您对我说了很多。等我搬到奇斯托波尔来,我们会成为好朋友的。"

然而她说出这几句亲切的话却没有流露出亲切的笑容。总之一丝微笑也没有,无论是眼神,还是嘴角。既没有上流社会的强作微笑,也没有发自内心的愉快的微笑。她是用无声的声音,没有音调的句子说出这句客气的问候的。我回答她说,我也非常、非常地高兴,握了一下她的手,匆忙向邮局走去。

一路上,我一边从摇晃的木栅栏旁边走过,一边回想这个黄绿色的目光,思考着"我们会成为好朋友的!"这句不适时的话。莫非我们是小女学生,两个人头一次见面便说好,咱们坐在同一张书桌上,会成为好朋友的?而最奇怪的是,我甚至觉得可笑的(!)是,她竟然提到伊丽莎白·雅科夫列夫娜。伊丽莎白·雅科夫列夫娜·埃夫伦会说我什么呢,而且还"说了很多"。如果说我与她只见过唯一一次面,说得委婉些,会见又是非常不成功的?我们是在莫斯科近郊科学院乌兹科耶疗养院见面的。我是傍晚到达的,与一位不熟悉的女士坐在一张小桌旁:第二天早晨她就该离去。这位丰腴的女士比我大很多,大约五十多岁,不过是一位真正的美人儿。

深陷的、黑黑的眼睛，整齐洁白的牙齿，在她那温柔的声音中，从容的举止中，倾听对方的专注的态度中蕴含着一种奇特的美。我们互相道了一声"晚上好！"并未通报姓名。晚餐时交谈起来。开始时谈话是泛泛的，不太重要的——谈本地的医生，谈天气，谈作息制度，我不记得为什么话题转到了"艺术朗诵"——大概是不久前一位朗诵家来过这里。我自幼常听诗人们朗诵，因此对演员朗诵诗说了几句令人不愉快的话。我听过安东·施瓦茨[①]、卡恰洛夫[②]、亚诺托夫[③]等人朗诵，他们所有的人我都不喜欢。"他们不信任诗，"我说，"他们以为诗歌还应当加点他们自己的东西——声音呀，音调呀，手势呀。可诗歌不需要这些。只要念出来就行了，全力以赴地使它发出声来，就像勃洛克那样朗读。他仿佛列举一个个词，只是精确地遵循诗的韵律。自然啦……况且，"我补充说，"这种'艺术朗诵'，由于献给听众的是某种偏差的诗歌而败坏了听众的胃口，而实际上对于诗人来讲，一首诗乃是高度全神贯注、谛听的成果，因此感受也应当是全神贯注的结果。"我对面的女人默默地、专注地，甚至仿佛沉思地望着我，手托着脸颊，好像隔着餐桌冲着我送过来她那迷人的聚精会神的秋波。而次日清晨她走后我打听她是什么人时别人告诉我，她是所有优秀朗诵演员的辅导教师，教他们艺

---

① 安·施瓦茨(1896—1954)，苏联演员，艺术语言大师。

② 瓦·卡恰洛夫(1875—1948)，苏联演员。

③ 弗·亚洪托夫(1899—1945)，苏联演员，艺术语言大师。

术朗诵,导演,著名教育家伊丽莎白·雅科夫列夫娜·埃夫伦。

记得我当时为我的有失身份和尖刻而曾陷入了绝望;我担心她会把我的叨唠当作有意的无礼或者企图教训她长点学问。

可这会儿听茨维塔耶娃说:"您在这儿,我真高兴,我们会成为好朋友的,伊丽莎白·雅科夫列夫娜关于您对我说了很多。"也许玛丽娜·伊万诺夫娜也不赞成"艺术朗诵",所以从伊丽莎白·雅科夫列夫娜的讲述中知道我喜欢诗?

没有信来,不过在邮局排队时闲谈中我了解到,"经过激烈战斗后我军撤离了第聂伯罗彼得罗夫斯克市"。有人从广播中听到的。

第二天早上,我端着一杯蜂蜜从市场上回家,在街头有一个慌慌张张的女孩子——非常年轻,是哪位作家的女儿(姓名我记不起来了)——跑到我面前,她的问话使我感到惊愕:

"您是疏散委员会委员吗?是作家基金会委员吗?"

"都不是!我什么也不是。连小组委员会委员都不是。我所以能到这里来,因为我是'作家丘可夫斯基的家属'。"

"上帝啊,真不走运……我以为您哪怕是作协委员呐。现在需要一个有名望的人。不过反正都一样。来吧。作家基金会委员会现在正在政治教育研究室的房间里开会。茨维塔耶娃被叫来了,那里正在表决能不能给她在奇斯托波尔落户口。她绝望了。快跑。"

应当急人之所急。我不想说明我只见过茨维塔耶娃一面,而且我也不是她的什么人。我端着杯子,慌慌张张赶往政治教育研究室。我现在回想起来并没有把握,但是我仿佛觉得,办公室设在市苏维埃那座楼里,我熟悉这里。报纸送到那里,虽然也常脱期,我们非党人士也可以来阅读。

我尽量快走。除了心脏猛烈地跳动以外,杯子也在妨碍我:一滴蜂蜜也不能洒。

一路上我想考虑出来,万一让我出席作家基金会委员会的会议,不管怎么说,我总该说些什么。除了我已经对列夫·克维特科说的"她又不是流放犯,是和我们大家一样疏散到这里来的,为什么不允许她搬到她想住的地方"以外,我的脑子里什么也没想出来,但是我私下同列夫·克维特科说的话,能当众说吗? 提到流放犯或者人权只能激怒领导。最有说服力的莫如我给他们念一首我所喜欢的茨维塔耶娃的诗(我当时知道和喜欢的诗并不多:只有《里程碑》)。难道一个亲手创作并写下了对上帝如此充满痛苦同时也令人感到痛苦的祷告、如此的责难、如此的呼吁的人,竟不能上户口:

这些灰暗的农舍为什么把你冲撞,

上帝啊——又为什么射穿那么多人的胸膛?

一列火车呼啸而过,大兵们也在号叫,

开过去的道路上浓烟滚滚,尘土飞扬……

不,死了算了!与其为思念黑眉毛的美人儿

如此凄惨地哀号,莫如压根儿不曾落地,

唉,大兵们这会儿还在唱呢!

啊,我的慈悲的上帝啊上帝![1]

　　难道一个哭诉出这样的诗歌的诗人不能千秋万代地载入[2]伟大的俄罗斯文学史册,也就是说在俄罗斯土地上任何一个地方申报上户口?这与当时阿赫马托娃虽然是悄声却以同样的力量说出的话是一样的:

我蒙上脸祈祷上帝——

在开仗之前让我死去。

　　(两位迥然不同、彼此相异的诗人,在俄罗斯大难临头的时候,赐给我们同一种祈祷。哀号:"不,死了算了!"悄声:"在开仗之前让我死去。")

　　……楼梯。陡峭的阶梯。长长的走廊铺着长长的打扫得干干净净的木制地板,横梁后面是空荡荡的衣帽间;面向走廊的一扇门上挂着"政治教育研究室"的牌子,里面传出来乱哄哄的声音。房门关着。

　　玛丽娜·茨维塔耶娃面对着门,紧贴着墙壁,两眼直盯

---

① 　引自短诗"苍白的太阳和低沉的、低沉的乌云……"(1916)。

② 　"载入"与"申报户口"俄文为同一个词。

着门,穿着一身灰色的衣服。

"是您?!"她猛然地向我扑过来,抓住我的手,但是立刻又抽了回去,一头扎到原来的位置上。"请别走开! 跟我呆一会儿!"

也许我总该敲一下政治教育研究室的门? 但是我不能丢下玛丽娜·伊万诺夫娜。

我把杯子放在地板上,钻进衣架隔板下边,从里边拉出来唯一一把椅子。玛丽娜·伊万诺夫娜坐了下来。我又端起杯子。玛丽娜·伊万诺夫娜挪了挪身子,拉着我空着的那只手,叫我坐下。我坐在了角上。

"现在正在决定我的命运,"她说道,"如果拒绝我在奇斯托波尔报户口,我就去死。我觉得一定会遭拒绝的。我要跳到卡马河里去。"

我开始劝她要有信心,不会拒绝的,如果拒绝,再找找门路。地方领导上面不是还有莫斯科领导么。("谁又知道有没有莫斯科领导,"我想,"他又在哪儿呢?")我反反复复对她说了许多空洞的宽心话。我说生活中往往有些死胡同,看似山穷水尽,可是突然又柳暗花明。她没听我说话,全身心地注视着屋门。就是她在同我说话的时候,也没有向我转过头来,眼睛死死地盯着门。

"在奇斯托波尔还有人,可是那里一个人也没有。这里市中心还有一些石头房子,可那边全是乡村。"

我提醒她,即便在奇斯托波尔她和儿子也不是住在市中心,不是石头房子,而是在农舍里。既没有自来水,也没有电灯,跟叶拉布加完全一样。

"可这里有人,"她莫名其妙地激动地重复说,"在叶拉布加我害怕。"

这时候政治教育研究室的门打开了,薇拉·瓦西里耶夫娜·斯米尔诺娃走到走廊里来:她是我的朋友万尼亚·哈尔图林的妻子。我同薇拉·瓦西里耶夫娜不太熟,但是同万尼亚早在列宁格勒上小学的时候就很要好。万尼亚迁到莫斯科,同薇拉·斯米尔诺娃结了婚。如今他在部队,而薇拉·瓦西里耶夫娜在这里,住的地方离我们不远,我有时候跑到她那里打听万尼亚有没有信来。

茨维塔耶娃急剧迅速地站起来向薇拉·尼古拉耶夫娜迎上去。她以刚才紧盯着门的那种目不转睛的劲头望着她。仿佛站在她面前的不单纯是文坛上的女士,儿童文学作家、批评家,而是本身的命运。

薇拉·瓦西里耶夫娜开始说话的时候不无一本正经的干巴巴的劲头儿,同时也不无难为情。时不时地用一小方湿手帕擦额头上的汗。争论一定很激烈,再说天也很热。

"您的事解决得很圆满,"她宣布说,"但是并不轻松,因为特列尼约夫坚决反对,阿谢耶夫没有出席,他病了,带来一封**同意**的信。("看来是他同克维特科谈了话,"我想。)最后委员会以绝对多数表决同意,作协出具的给特韦里亚科娃的公函已经写好并且签了字。公函由我们转呈市苏维埃,您现在就去找住房。找到以后就把地址通知给特韦里亚科娃,就行了。"

随后薇拉·瓦西里耶夫娜建议到布特列罗夫街去找房子,好像那里还有空房间。然后说:

"至于您提出到即将开办的作家食堂当洗碗工的申请,不过申请书很多,可位置只有一个。我们尽力争取把这份工作给您。但愿能实现。"

薇拉·瓦西里耶夫娜告别后又回到政治教育研究室开会。我们下楼。

无论是即将开办食堂一事(多么幸运啊!弄来的煤油只用于点灯!),还是茨维塔耶娃谋求洗碗工的差事,我以前一无所知。啊,当然一切劳动都是光荣的!但愿上帝保佑她!难道没有人感到羞耻:比如说我在餐桌上落座,喝着奶面羹,吃着胡萝卜饼,我走后盘子、羹匙、叉子不是由别的人,竟然是由玛丽娜·茨维塔耶娃来洗涮?如果茨维塔耶娃可以安排当洗碗工,阿赫马托娃为什么不能安排当洗地板工,而亚历山大·勃洛克若是活着,他可以安排在食堂当锅炉工嘛。这才是名副其实的作家食堂呢。

"您看怎么样,一切都很好。"当我们走到广场时我说,"您现在到布特列罗夫街去找房子,然后去找特韦里亚科娃。"

可是这会儿使我吃惊的是,玛丽娜·伊万诺夫娜对报户口的事圆满解决并不十分高兴。

"值得去找住房吗?反正我也不会找到的,莫如我立刻撤回来,回叶拉布加算了。"

"不能这么说!在这里找间房并不十分困难。"

　　"反正都一样。如果找到住房,可又找不到工作,我没有生活来源。"

　　我对她说,疏散委员会里有许多人知道她,喜欢她的诗,他们会尽力而为的,如果她能得到洗碗工的差事,那她和儿子就会有饭吃的。

　　"好吧,"玛丽娜·伊万诺夫娜同意了,"我去找找看。"

　　"祝您顺利。"我说着便把手从她的手中抽回来。

　　"不行,不行!"玛丽娜·茨维塔耶娃叫道,"我一个人不成。我完全不知道什么地方。我分不清东西南北。"

　　我向她说明,我一定得回家一趟。任尼亚病了,我应当陪着孩子。我应当把蜂蜜送回家去——蜂蜜是答应给孩子们的,他们等着呐。

　　"好吧,"玛丽娜·伊万诺夫娜突然温顺地答应了,"我同您一起去,您在家忙活您的,我等着,然后我们一起去布特列罗夫街。"

　　我一手挽着玛丽娜·伊万诺夫娜,一手端着杯子,顺着列夫·托尔斯泰街走去。

　　"我总共才认识您五分钟,"在沉默片刻以后,玛丽娜·伊万诺夫娜说道,"可是我觉得跟您在一起很随便。我离开莫斯科的时候,什么也没带。我清楚地知道,我的生命结束了,我连帕斯捷尔纳克的书信①都没有带……请您告诉我,"

---

　　①　茨维塔耶娃在国外侨居十七年中,与诗人帕斯捷尔纳克有着密切的书信往来,他们彼此十分珍视这些书信。

她一下子停止了，也让我停了下来。"请您告诉我，您为什么觉得还值得活下去？难道您对未来还没有看透？"

"值得不值得，这一点我早就不考虑了。我丈夫在1937年被逮捕，1938年被杀害。我活下去当然不值得了。在哪儿活以及怎样活都无所谓。可我有一个女儿。"

"难道您不明白，一切都完了？无论对您还是对您女儿，整个儿。"

我们拐到我住的街上。

"怎么全完了？"我问。

"整个儿全完了！"她用手里提着的古怪的口袋在空气中画了一个圈儿，"比如说俄罗斯！"

"德国鬼子？"

"是的，也有德国鬼子。"

"我不知道德国鬼子是不是能占领俄罗斯，如果能占领，是不是能长久。我连这个也想得很少。我是被动员来的。被动员来的人是不准议论的。现在有两个孩子要我照管，我要对他们负责。负责他们的生活、健康、安宁、教育和娱乐。"

我向她讲述了我们离开莫斯科时的情景。当我们的轮船刚刚驶出不远，在黑夜之中，黑乎乎的船颠簸的时候，离中央热电站不远的地方，德国鬼子的飞机飞来了，对中央热电站上空开始轰炸。它们轰炸的不是轮船，不是我们，而是中央热电站，但是炸弹很容易也会击中我们。每次轰炸轮船都会震颤，整艘由船头到船尾，整艘连我们一起。我把任尼亚抱在膝盖上，拉着柳莎的手。说真心话，我害怕得要命。血

管嘣嘣地跳。我想起了海明威在《永别了,武器!》里说的话:
"当你要被杀死的时候,你就坐下来等着……"我坐着等死。
"战壕里的战士比我们轻松得多,"我当时想,"他们手里握着
武器,而不是孩子的手。"孩子们却不害怕,因为他们养成了
信任的习惯,只要有伊达和我在身边,他们就不会有什么坏
事的,在黑暗中我给他们背诵普希金的《骠骑兵》。其实我是
给柳莎背诵的,根本不适于四岁的孩子!可是任尼亚却哈哈
大笑起来,笑得流出了眼泪,我在膝上勉强把他抱住,他哈哈
笑得那样豪放,那样纵情,以至于连那些根本不想笑的成年
人在轰炸的间歇时刻都笑了起来(不是笑《骠骑兵》,而是笑
任尼亚)。现在不论是他还是柳莎整首《骠骑兵》都会背诵
了。四岁的任尼亚长得矮小,跟一岁半的孩子差不多,可是
却能说出十岁的孩子才能说得出的很长的完整的句子。奇
斯托波尔房东的男孩儿(一个十二岁,一个十四岁)把任尼亚
看成是经过特别技能训练的立立普特人,跟在他后边亦步亦
趋,而他则给他们朗诵着:

> 闻了闻:一股酸味!什么玩意儿!
> 我把它泼到地上,嘿,真是奇妙:
> 炉又跳了起来,木盆也跳了,
> 都跳进了炉灶。我见事情不妙!

> 我看见一只猫在长凳底下打瞌睡;
> 就把小瓶朝它浇了浇——

它鼻子那么呼哧一声！我赶它：去！
于是它也随木盆跳进炉灶。

这可好，我不管遇到什么，
不管什么地方，统统把瓶水洒上；
什么坛坛罐罐，桌子板凳，
走啊！走啊！都跳进了炉膛……①

"'闻了闻：一股酸味！什么玩意儿！'这句诗现在成了柳莎和任尼亚的口头禅。"我对玛丽娜·伊万诺夫娜说。

她对我的话丝毫没有兴趣。我们终于来到了我住的农舍。我请她进屋看看孩子，但是她说："不必了，我还是坐在土台上吸支烟吧。"随后便坐在我们门口吸起烟来。

这杯蜂蜜受到热烈的欢迎。原来伊达排队买来了煤油，孩子们吃了一顿真正的午餐：白菜汤和通心粉。伊达也想让我吃一点，可是我疲倦不堪根本不想吃：这该死的巴塞杜氏病手术后也还是使我感到浑身乏力，心跳过速。若是躺一会儿多好！我探出窗外请玛丽娜·伊万诺夫娜进午餐。

"不啦，不啦，"她一边说，一边挥动着香烟的烟雾，"您照顾孩子不会要很长时间吧？"

我给任尼亚更换了罨布，量了量体温。谢天谢地，差不

① 引自普希金《骠骑兵》，这里借用的是王守仁的译文。

多正常了。我匆忙中问了问柳莎,给她在卡罗尔《镜中世界》书中留的英文单词记住了没有,这本书是离别时科尔涅伊·伊万诺维奇塞到我手提箱里的。它是《艾丽丝漫游奇境记》①的续篇。这一切我做得匆匆忙忙,慌慌张张,——茨维塔耶娃着急的心情催促着我。

在柳莎的责备的目光下我来到了街上。玛丽娜·伊万诺夫娜背靠着墙坐着,身旁摆着一团团毛线——白色的、天蓝色的、黄色的。我从来没有见过这样的毛线。仿佛这不是毛线,而是轻柔的团团的烟雾,轻飘飘的,柔软的,真想拿到手上,也想抚摩抚摩它们。就像抚摩小鸡和小猫一样。玛丽娜·伊万诺夫娜猛地站起身来,扔掉香烟,把毛线团装进口袋,又挽起我的手。

我带她去布特列罗夫街(伟大的俄国化学家诞生在奇斯托波尔)。

"孩子,孩子,为了孩子而活,"玛丽娜·伊万诺夫娜说,"若是您知道,我有一个多么好的儿子,他是多么聪明的有天赋的少年啊!可是我丝毫也帮不了他的忙。他跟我一起只能更糟。我比他还要无能为力。我手里的钱只剩两百了。若是能把这些毛线卖了……若是能任用我担当洗碗工的工作,那可太好了。洗餐具我还可以。教孩子我不行,不会,在集体农庄劳动我也不会,我什么都不会。您想象不出,我的

---

① 这里提到的是英国作家卡罗尔(1832—1898)的两部作品。

无能为力到何种程度。我从前还会写诗，现在却不会写了。"

（"不会写诗了，"我心想，"这一点大概她刚感觉到。不过反正——事情不妙。勃洛克……在逝世前就是这样的。"）

三

我们走在卡马河的滨河街上。这哪里是什么滨河街，简直就是泥泞的道路，在遇到泥淖的地方架设几块木板。我们时不时地分开手，不能并行——我在前边走，她跟在我身后。但是有一段路有两块木板，我们又差不多是齐头并进。玛丽娜·伊万诺夫娜的话使我想起了安娜·安德烈耶夫娜①的无能为力——最近几年我在列宁格勒较近地观察了她的生活。她现在在哪里，安娜·安德烈耶夫娜？她怎么样了？列宁格勒怎么样了？我真想把柳莎和任尼亚送给我父母，而我自己应当到那里去，到那里去——我的位置在那里。阿赫马托娃离开列宁格勒了吗？现在谁在她身边？我们什么时候能见面呢？

（我哪里会知道：没过两个月，安娜·阿赫马托娃就来到了奇斯托波尔，住在我这里，我也带她走过这条路，走在这些木板上，我说："您瞧，我跟玛丽娜·伊万诺夫娜在这儿走

---

① 阿赫马托娃的名字和父名。

过。"想起后来的事,我便沉默不语了。)

"有一点让我高兴,"我停下来说,"阿赫马托娃现在不在奇斯托波尔。但愿她有好运。在这里她肯定会死的。"

"为——什——么?"玛丽娜·伊万诺夫娜一字一顿、清清楚楚地说。

"因为她可能不适应这里的生活。她什么也不会,真的什么也不会干。即便在城里、在和平时期也不能。"

我发现我身后那张铁青的脸变得很难看。

"您以为**我**——行吗?"玛丽娜·伊万诺夫娜狂叫了一声,"阿赫马托娃不行,而**我**,照您看,就行吗?"

我压根儿没想她行。我不过把我常常担忧的事随口说出——真不是时候!若是没有伊达跟我一起,没有她那农民的吃苦耐劳,她那农民的干练(伊达是列宁格勒近郊的、出身一个被没收生产资料和土地的富农家庭的芬兰人),还有科尔涅伊·伊万诺维奇的钱以及他在卡马河结冰以前就会把我们从这里叫走——叫到一个我能有一份独立的工作的地方去,——我自己也是毫无办法的。

玛丽娜·伊万诺夫娜大叫以后艰难地喘着气,我们默默地站了一会儿,又继续往前走。我感到羞愧难当:她是那么需要无微不至的关怀!可是我都**不是想着她**,让她痛苦。我们从滨河街拐到一条狭窄的路上。我比别的地方更喜欢这个地方:比较清洁。

"这就是布特列罗夫街。"我说。

"多么恐怖的街道,"玛丽娜·伊万诺夫娜立刻作出反应,"我不能住在这儿。这条街太可怕了。"

"好吧,咱们再到别的地方去找。不过现在我们到我的熟人施奈德家坐一会儿,听听他们的意见。他们会让您高兴的,我敢担保。他们对周围已经熟悉了,出出主意到哪儿去找。"

我为施奈德夫妇——米哈伊尔·雅科夫列维奇和妻子塔季扬娜·阿列克谢耶夫娜·阿尔布佐娃担保,是负完全责任的,虽然我对他们了解得不多,确切说,不久。我与米哈伊尔·雅科夫列维奇是于1939年在克里木一所肺结核疗养院里认识的,我的年轻的朋友,诗人兼评论家米龙·莱温病得死去活来——而且很快就死了。当时电影剧作家米哈伊尔·雅科夫列维奇也在那里疗养。他几乎比米龙大一倍,所以他的肺结核病变发展得很慢。在那儿照顾米龙的时候,我们成了好朋友。后来我回到了列宁格勒,战争期间,1941年6月28日在轮船上我们又见面了。他把妻子塔季扬娜·阿列克谢耶夫娜(原来是阿尔布佐夫①的妻子,后来是帕乌斯托夫斯基的妻子②)介绍给我。无论是米哈伊尔·雅科夫列维奇,还是塔季扬娜·阿列克谢耶夫娜,在我们的艰辛的路上以他们的热忱,而塔季扬娜·阿列克谢耶夫娜同时以精力充沛、稳健沉着和体力过人使我们感动。说真的,若是没有她,我们一路的行程未必能够圆满结束。在下诺夫哥罗德换船

---

① 阿·阿尔布佐夫(1908—1987),苏联剧作家。
② 康·帕乌斯托夫斯基(1892—1968),苏联作家。

的时候,即使有伊达的帮助——她背着、提着我们所有的东西,连柳莎都提着一只箱子——看来无论是我,还是孩子们都没有力量同人群一起穿过上船的人群从轮船上挤到岸上来。两股人流——下船的和巨浪一般迎面涌上船的——把我们挤得团团转,左拥右挤,抛来抛去。我两腿打软,东倒西歪,无能为力,一只手紧搂着任尼亚,另一只手拉着柳莎。(后来我在塔什干看见了多少孩子在换乘的时候迷失了!甚至不是在轰炸下,不过是在路上!货运站,空运站和码头……多少孩子同母亲离散多年,甚至是终生。)就在这时候,高大有力善良的塔季扬娜·阿列克谢耶夫娜解救了我。虽然她没有让有病的丈夫拿任何东西,自己背着沉重的包袱,——她却从我手里把任尼亚抢过去,上了岸,把他交给了伊达,随后又返回船上,帮我和柳莎穿过人群上了岸。那时轮船和军用列车一样行驶是没有时刻表的。多停一分钟都可能与丈夫永远别离。

就是到了奇斯托波尔,在照顾病中咯血的丈夫的同时,还抽出时间和精力跑来看我们。一会儿送来一块肥皂,一会儿送来一盒火柴,一会儿给孩子们送来些水果糖。施奈德夫妇过得很清苦和艰难,盼望早些找到一份工作,但是什么工作也找不到,然而我却一次也没听到他们一句怨言。

因此我深信,带玛丽娜·伊万诺夫娜去见的是热心肠的和朝气蓬勃的人,但是就连我也没想到他们会给予她如此盛情的接待。塔季扬娜·阿列克谢耶夫娜立刻不无激动地感谢我给他们带来如此尊贵的客人。"我一生都想能与玛丽

娜·茨维塔耶娃认识，"她说，好像对口令一般她念了一句
诗："在我的莫斯科——圆顶在闪烁……①"塔季扬娜·阿列
克谢耶夫娜给茨维塔耶娃脱掉大衣，接过口袋，让她坐在桌
前，问道：

　　"玛丽娜·伊万诺夫娜，请说说看，您在1916年是怎样
预见到勃洛克死期临近的？

　　　　大家都认为他是个奇人！
　　　　然而却逼迫他致死，
　　　　如今他死了。永世死了。
　　　　——哭泣吧，为死去的天使！②

您那里来的这样的预感？"

　　"当然从他的诗里，"玛丽娜·伊万诺夫娜回答说，"全都
写在诗里呢。"

　　十分钟后桌上铺上洁白耀眼的台布(房间里一切显得明
亮，像优雅的病房：塔季扬娜·阿列克谢耶夫娜弄到了抗菌
剂，每天都拖地板擦窗子)，桌上摆上沸腾的茶炊，切得整齐
的黑面包片，用水果糖代替砂糖。玛丽娜·伊万诺夫娜大口
喝茶，放下了香烟，而米哈伊尔·雅科夫列维奇则用病态的
炯炯有神的目光，以恳求的态度望着她，请她尽管吸烟，不必

---

　　①　引自茨维塔耶娃的组诗《献给勃洛克的诗》。
　　②　引自茨维塔耶娃的组诗《献给勃洛克的诗》。

为他不停地咳嗽而不好意思。略微发胖的、金发的塔季扬娜·阿列克谢耶夫娜安详、愉快、从容不迫地在房间里走来走去，支起折叠床，铺上了床单。"我们再也不放您到什么集体宿舍去了，"她说，"那里又脏又挤，您就在我们这里朗诵诗，然后用午餐，然后睡觉。明天一早我陪您去找房间——离我们近些——有几处我已经有谱了。我把所有的房东都考虑了一遍……您给我们朗诵献给勃洛克的诗，这是我喜爱的，然后您随便朗诵什么……等我们找好房间，您去报户口，再去叶拉布加接儿子。"

玛丽娜·伊万诺夫娜眼看着变了样。铁青的面颊泛出了红晕。眼睛从黄色变成了绿色。喝完茶以后，她移坐到瘸腿的沙发上吸起烟来。她坐得挺拔，兴致勃勃地注视着新的面孔。我也望着她，尽力判断她有多大岁数。随着每一分钟她越变越年轻。

"你们这样殷勤好客地招待我，"玛丽娜·伊万诺夫娜冲着东道主说，"我觉得我有必要对你们谈谈我的经历。"

（"这样开场就欠妥，"我想，"他们像我一样，非常清楚茨维塔耶娃是一个患上鼠疫的人。① 并非不了解真情才这样殷勤好客地招待她。"）

她的经历中有些对我来说还是新鲜的：她说话斩钉截铁，与她那挺拔的身躯，不屈不挠和骤然的动作，还有那思维

---

① 这里指的是在政治上受歧视的人。

敏捷是相称的。根据她的讲述，她确实思想上明确地知道：渴望返回祖国的丈夫和孩子们是大错而特错了。她在**那边**就已经理解到了**这边**是怎么回事。

"谢尔盖·雅科夫列维奇①有一天拿回家来一份报纸，当然是亲苏的报纸，上面刊载外省一家工厂工人食堂的照片。餐桌上铺着浆洗过的仔密的台布；餐具明亮；每台桌面上摆着一瓶鲜花。我对他说：可盘子里有什么呢？头脑里有什么呢？"

她已经不是在问谢尔盖·雅科夫列维奇，而多半是问我们了，而这种穷追不舍的"有什么呢"不顾语言的分寸，就像瓶塞从瓶口迸发出来一样，使人惊愕地、突然地从她嘴里迸发出来。——将来又有什么呢？

她把自己的经历讲到女儿以及后来丈夫被逮捕那天，也就是到1939年秋天为止。飞快地说完最后一句话，她便沉默不语了。当她沉默不语的时候，我们没有一个人想让她讲下去。让她讲完，那未免太残酷了。

"请您朗诵几首献给勃洛克的诗吧。"塔季扬娜·阿列克谢耶夫娜恳求道。

"那些太旧了，我不想朗诵。我想给你们念念'乡愁啊，这早就已经……'这一首。"

我没有看她，而是望着窗子。不看她，听得更清楚。

---

① 茨维塔耶娃的丈夫埃夫伦的名字和父名。

乡愁啊！这早就已经
被戳穿的纠缠不清的事情！
对我来说全然一样——
在哪儿都是孤苦伶仃，

提着粗糙的篮子回家，
在什么样的石头路上踽踽而行，
而且那家已经无法说明是我的，
它已经成了军医院或者兵营。

对我来说全然一样——
在什么人中间像被捕获的狮子一样警醒，
从什么样的人群里
必然地被排挤出来复返到自身之中，

复返到自己的个人的感情之中。
像一只离开冰天雪地的堪察加熊，
在哪儿都住不下去(我也不想挣扎!)
在哪儿低三下四——对我全然相同。

就连祖国的语言,还有它那
乳白色的召唤都没能使我陶醉,
究竟因操何种语言而不为路人
理解——对我全然无所谓!

念到这儿,她沉默了。"究竟因操何种语言……对我全然无所谓"这句诗念的时候流露出一种极端的蔑视。挑衅地,怀着一种强烈的傲慢的神情。就像扔掉一支没有吸完的香烟一样,这首诗她突然中断了。

"我不想念了,请原谅我。等晚上我给你们念些别的,比如《空气之诗》。你们大概完全不知道我的长诗吧?"

不知道,我们不知道。什么长诗!那时茨维塔耶娃作品的十之八九我们都不知道。不知道《书桌》,不知道《灌木丛》,不知道《忌妒的尝试》。不知道,完全不知道!她那才华横溢的散文。这一切都从我们这里被偷走了,藏在遥远的地方,在数十年的过程中,只有极少的选诗传到了我们这里,而在地下的出版社和出版物中在 50 年代后期才开始偷偷地间或出版一些。

只是在 50 年代我才听到"乡愁啊,这早就已经……"这首诗的结尾,并且明白了为什么在绝望中,在奇斯托波尔,她不想把下面的四行诗给我们念完。因为在诗中,在所有的疯狂的摈弃以后,在所有的**不**以后,在这最后的四行诗里却仿佛是某种"**是**",是肯定,是爱的表白。

> 一切家园我都感到陌生,一切神殿对我都无足
> 　轻重,
> 一切我都无所谓,一切我都不在乎。
> 然而在路上如果出现树丛,
> 特别是那——花楸果树……

——如果路上出现花楸果树丛,那么就会置上面的大喊大叫出来的一切于不顾,随着树丛一起也就会出现乡愁,——也就是那种被她刚才如此强烈地和蔑视地宣称为"已经被戳穿的纠缠不清的事情"。

在茨维塔耶娃朗诵的时候,我竭力想弄明白,从她的音调里我好像想起了谁的朗诵。挑战,威严——以及某种好战的孤独。她朗诵的时候,像一头被捕获的狮子一样,怒发冲冠,蔑视兽笼和观众的威严。

> 就连祖国的语言,还有它那
>
> 乳白色的召唤都没能使我陶醉,
>
> 究竟因操何种语言而不为路人
>
> 理解——对我全然无所谓!

我想起来了!是马雅可夫斯基。从前在我小时候,在库奥克卡拉①我听过马雅可夫斯基朗诵。他给我父亲朗诵过《穿裤子的云》。也像一头被捕获的野兽——一头凶猛的、不驯服的野兽,在被驯顺的野兽中间,怒发冲冠。

她答应还要念些——不是现在而是迟些时候。我们说定:我现在去电报局往叶拉布加给她儿子拍电报。她口授给我地址和电文"在找房,即归"。然后在集体宿舍找一个叫瓦

---

① 位于苏联列宁格勒州,现名列皮诺村。

列里娅·弗拉季米罗夫娜的(玛丽娜·茨维塔耶娃同她住在一个房间),通知她茨维塔耶娃今晚不回来住。趁着玛丽娜·伊万诺夫娜在施奈德的折叠床上休息的时候,塔季扬娜·阿列克谢耶夫娜到不远一家熟悉的房主那里了解一下租房的事。晚上八点钟我再来——那时玛丽娜·伊万诺夫娜再给我们念《空气之诗》。我再念几首我所知道的帕斯捷尔纳克的新作。(在佩列杰尔基诺的时候,鲍里斯·帕斯捷尔纳克赠送给科尔涅伊·伊万诺维奇《霜》、《松树》、《春天又来了》。我当时把它们抄入了笔记本,走的时候随身带来了。)

我在邮局很快发完了电报,又在"留局待取"窗口排了很长时间。我看到只有极少数的幸运儿收到三角形信或正方形信,而大多数人像我一样没收到任何东西。这种没有消息,这种沉默,比任何战报更有说服力。不可能所有的人一下子都死了或者一下子把我全忘了!沉默表明:我国土地上到处不停地轰鸣。炸弹、子弹、手榴弹、大炮和坦克。

四

我从邮局出来,心灰意懒。我当时多希望得到消息,可是却没有。我当时还不懂没有消息是天大的喜事。当我最终离开奇斯托波尔,消息像冰雹一样向我袭来的时候,它们竟然是这样的：我弟弟，任尼亚的父亲，战死在莫斯科城下。我的第一个丈夫，柳莎的父亲，在列宁格勒牺牲了。我基辅的亲人从德国鬼子手中得救，随着最后一辆军用列车离开基辅——否则就会死在娘子谷①！——但是他们却因伤寒死在路上：两位老人死在铁路小站的候车室地上。我的列宁格勒遭到扫射和轰炸，人们冻死了，城市空无人烟，变成了一座停尸间。

……离开邮局以后，我好不容易想起了该去哪里。是的，玛丽娜·伊万诺夫娜请我到集体宿舍通知一下，她要在施奈德家过夜。但是我没有必要去宿舍了，因为在邮局门前我遇到了瓦列里娅·弗拉季米罗夫娜，把茨维塔耶娃的委托转告了她。她回报我一个好消息：季娜伊达·尼古拉耶夫娜·帕斯捷尔纳克②打算花两百卢布买下玛丽娜·伊万诺夫娜的毛线团。

我步履艰难地往家走。我承认我实在不想去那里了。奇斯托波尔的泥泞让我疲惫不堪。我们的房间还能稍加清理，可是院子、厨房、房东那一半茅舍就没办法了！木板栅栏由于炎热而裂开了，总是落满大绿豆苍蝇，懒洋洋地飞来飞去。它们就像脓疮一样布满栅栏。院子里泥泞齐膝：只好用小块木板搭救。牛棚摇摇晃晃：因为可怜的肮脏的奶牛用背

---

① 基辅郊外一个峡谷，希特勒分子在这里屠杀了数万苏联人。

② 即诗人鲍·帕斯捷尔纳克的妻子，诗人当时在莫斯科，1941 年 10 月下半月才来到奇斯托波尔。

往墙上蹭痒痒,仿佛不是奶牛而是一头母猪。女主人往脏桶里挤奶。厨房里挂着毛巾,不是随便什么样的,而是绣花的,房东的儿子们不仅用它们擦手,而且有时候从院子里跑进来还用它们擦脚。抱怨是有罪的:房东一家人同伊达相处得很好,对孩子们和蔼可亲,两个男孩子不是拿来从菜园子里直接挖出来的胡萝卜就是芜菁给任尼亚和柳莎吃,然而泥泞,泥泞使人感到厌烦和沮丧。

真是羞惭!这又不是鲜血!不过是泥泞罢了。是脏兮兮、黏糊糊的泥泞,不是流入泥土里或者水洼一样在柏油路的石头上凝固的鲜血。

在我回家的时候,我在滨河街上看见一位老妇人,站着画十字。我望了望周围,哪儿也没有教堂,原来老妇人冲着邮箱祈祷。她跪在邮箱前边(邮箱钉在一根腐烂的柱子上)。为儿子?四个儿子还是唯一一个儿子不知在哪里冒着枪林弹雨?她双手抱着柱子企图站起来。我帮她站了起来。她那双眼睛深陷,黑眼圈儿——一双盼望得发疯的眼睛。跟那些监狱里排队的一双双眼睛一样。

在家真是幸福。我吃了几口凉通心粉。

伊达在同女房东玩牌,任尼亚穿着一双毛线袜子,脖子上贴着罨布,围在旁边转来转去。柳莎在补袜子,袜子套在一个大木勺上,木勺是房东送的礼物。我们并排坐在长凳上。但是我们没呆多久,柳莎远远地看见彼得·安德烈耶维奇·谢梅宁向我们走来。

"他长两个脑袋!妈妈,快看!他有两个脑袋!"

　　沿着我们这条街,向我们走来的是我的朋友,诗人彼得·安德烈耶维奇·谢梅宁,由于眼疾他没能应召入伍,也不是民兵。他把小儿子驮在肩上。他把萨沙放在地上,坐在我旁边。有人告诉他,我曾带茨维塔耶娃去找房,因此他来问问找到没有。我把情况告诉了他。

　　"您知道您像谁吗?"我说,"没有刮脸,晒得黝黑,穿着黑衬衫,卷起袖子,您驮着您那金色鬈发的美男子,简直就像把东家的少爷拐走的吉卜赛偷儿。多漂亮的男孩儿,简直就像小方特罗伊勋爵①——没错。只不过缺少镶花边的领子,还有天鹅绒上衣。"

　　萨沙默不作声地向柳莎要木勺,默不作声地拿它在长凳上敲。我没有见过更漂亮的小男孩儿。金色的卷发,白皙的脸,金色鬈发下面的黑眼睛,两道黑眉毛以及占半个脸的黑睫毛。

　　彼得·安德烈耶维奇没有报以微笑。

　　"怎么,情况不妙吗?"我问。

　　他点点头。

　　"同昨天一样吗?"

　　"更糟糕。"

　　然后他对我讲了讲疏散委员会会议的情况——他大概是委员会委员,出席了。开始叫来玛丽娜·伊万诺夫娜——她

―――――――――

　　① 英国女作家弗朗西丝·霍奇逊·伯内特(1849—1929)同名小说的主人公。

早已应邀而来——请她解释一下，为什么要从叶拉布加迁居到奇斯托波尔来。谢梅宁认为这一提问是可耻的，是嘲弄人。"我们又不是侦查机关，不是警察局，这哪里是提问，简直就是提审了！"他向我反复说，"她想住在哪儿以及为什么——关别人什么事？玛丽娜·伊万诺夫娜机械地重复着早已背熟的话：'叶拉布加只有一家酒精厂。可我想让儿子上学。在奇斯托波尔我要让他进技工学校。我请求把洗碗工的工作给我……'她出去了，我们开始讨论。宣读了阿谢耶夫的信：赞同茨维塔耶娃的请求。然后特列尼约夫以一副十分令人厌恶的样子发言。他说，早在莫斯科茨维塔耶娃就有'依赖心理'……可是您知道，她在不倦地从事翻译呀！后来他认为有必要提醒同志们，现在是战争时期，大家知道，她丈夫和女儿都被捕了；又是战争时间，应当加倍警惕，他们不久前都是流亡者，她丈夫过去是白军军官。如果政府认为有必要让她住到叶拉布加去，那就让她住在那里好了。我们不应当干扰政府的安置……一套令人极端厌恶的蛊惑煽动。直到现在我还感到恶心。这与政府有什么相干？与战争时期有什么相干？这不过是作家基金会的决定，奇斯托波尔已经人满了，把作家安排到另一座城镇去……鲍里斯·阿布拉莫维奇·德尔曼、薇拉·斯米尔诺娃都非常详尽地驳斥了特列尼约夫，我也说了几句……然后表决。特列尼约夫成了微弱的少数，几乎一致投了**赞成**票。"

彼得·安德烈耶维奇站起身来，又把萨沙驮在肩膀上。小方特罗伊勋爵说什么也不肯把木勺还给柳莎——默不作声,但却毫不动摇。

最后还是还了。

我跟柳莎把他们父子送到拐角。

"幸亏您出席了会议,"分手时我对彼得·安德烈耶维奇说,"帮助战胜了特列尼约夫。"

"不管怎么说,还是让人感到恶心。"谢梅宁回答说。

我跟柳莎又坐了一会儿,带上帕斯捷尔纳克的诗前往施奈德家。除了诗歌以外,我还给玛丽娜·伊万诺夫娜带来了一个好消息:为她的毛线团找到了一位买主。我八点准时到达施奈德家,但是使我吃惊的是,我却碰到了一件令人不快的出乎意外的事:玛丽娜·伊万诺夫娜不在那里。我白天走后,她在那里躺下休息了一会儿,用了午餐,然后突然声称,她应当马上到饭店与一个人会面。塔季扬娜·阿列克谢耶夫娜送她去的。玛丽娜·伊万诺夫娜答应八点钟以前返回来过夜。"她不会在回头路上找不到了?"我问。"不会的,她说有人送她。"

我们等到十点半。米哈伊尔·雅科夫列维奇穿着睡衣在单人床上躺着。体温 38 度以上。塔季扬娜·阿列克谢耶夫娜出去两三次探望。我发现米哈伊尔·雅科夫列维奇实在难以忍受:疲惫不堪的脸上烧得一块块红斑。我该走了。在奇斯托波尔,十点以后就算深夜了。我们说好,我现在回家,明天一早我跑到集体宿舍去了解一下,一切是不是顺利,玛丽娜·伊万诺夫娜是不是回到那里过夜了,我再通知施奈德夫妇。

第二天一早我就出发了。在宿舍门口我又遇到了瓦列里娅·弗拉季米罗夫娜。她劈头就说：

"我正要去找您。"

玛丽娜·伊万诺夫娜在集体宿舍过的夜。早晨匆匆回叶拉布加去了。她打算把儿子带到奇斯托波尔来，一起去找房子，找到以后就去找特韦里亚科娃把事办完。

"也好，这样很明智，"我写了一封信，打发柳莎给塔季扬娜·阿列克谢耶夫娜送去，"儿子比我们更清楚知道，什么房子对他们合适。"

……据我推断，茨维塔耶娃是 8 月 28 日从奇斯托波尔返回叶拉布加的。过了几天，还是在那个邮局的那个小窗口排队时，我听到了一个可怕的消息：玛丽娜·伊万诺夫娜的儿子从叶拉布加来了，他给阿谢耶夫带来一封信，并且说：

"妈妈自缢了。"

五

众所周知，玛丽娜·茨维塔耶娃是于 1941 年 8 月 31 日自杀身亡的。

我记载与她相遇的笔记已经是在得知她逝世的消息以后，也就是 9 月 4 日的事了。我的那个笔记四十年没有看过一眼。因此，如果有人当着我的面谈起茨维塔耶娃，我所说的都是我所记得的。我记得非常深的是她手上的口袋。我后来才知道，那是安娜·卡列尼娜的口袋。出自《安娜·卡列尼娜》。当车厢从安娜·阿尔卡季耶夫娜身边开过的时候，她从胳膊上拿下来的红色小口袋。茨维塔耶娃的口袋不是红色的，不鲜艳，破旧的，但是与安娜·卡列尼娜的口袋很相像。有什么地方相像，我不清楚，有点儿相像。在我的奇斯托波尔的笔记中，在得知她自杀的消息以后，记载着这样一句话："我看见了一位手中提着安娜·卡列尼娜式的口袋的妇人。"

有两份文献促使我重读一遍笔记，并且循序从头到尾回忆了一遍。一份已经发表，另一份尚未发表。

现在从已经发表的谈起。

我收到了一本由格·斯特卢韦和尼·斯特卢威编辑的《玛·茨维塔耶娃：未发表的书简》，巴黎 YMCA - Press 出版社出版。姑且从玛丽娜·伊万诺夫娜的"笔记本"第 629 到 631 页中援引一段：

"我在 1940 年 9 月 5 日在莫斯科恢复记这本笔记本的……

"谈谈自己，大家都认为我勇敢。我不知道有谁比我更胆小。我什么都怕。怕眼睛，怕黑暗，怕脚步声，而最怕的是自己，自己的头脑，如果说这颗脑袋在笔记本①中是那样忠诚

---

① 茨维塔耶娃一向用笔记本进行创作，甚至书信也都写在其中。

为我服务,那么它在生活中又是那样把我杀死的。没有人看得见——没有人知道——,已经有一年了(大约)我的目光在寻找——钩子……"

我们在这里暂停一下。我们重复一遍:"……已经有一年了(大约)我的目光在寻找——钩子……"

笔记是 1940 年 9 月 5 日记下的。一年以前——是什么意思呢? 前一年 8 月 27 日,茨维塔耶娃的女儿阿里阿德娜——阿利娅,被逮捕,而 10 月 10 日丈夫谢尔盖·雅科夫列维奇·埃夫伦也被逮捕。瞧吧,她的目光从什么时候开始寻找钩子的,从这两次离别时间开始的。女儿被投进监狱,送进劳改营,被流放。丈夫被抓走——被处决。

我们接着往下读:

"……我有一年了在掂量着死。一切都是那么丑陋,那么可怕。忍气吞声——太卑鄙,跳河——又怀有敌意,历来难闻的臭水味。我不想吓人(死后),我觉得我只是害怕——怕死后的自己。我不想死。我想不存在。废话,我还有用……但是,上帝啊,我是多么渺小,我真是毫无办法! 活到头——才能嚼完那苦涩的艾蒿。"

读完"我真是毫无办法"这句话以后,我合上书,在倾听。从遥远的地方,我的耳朵里传来了久远的四十年前在卡马河沿岸发出的叫喊声:

"您以为**我**就行吗?"

她是多么地勇敢,是多么地能干——用不着证明:在我们面前摆着她那威力无穷的诗篇,她那散文,她那充满极大痛苦而又勇敢的一生。

　　但是即便具有壮士般的力量也会耗尽的。侨居国外时，她虽然贫困和孤独，但是她的作品还能发表。可是在家乡，除了译诗以外，在她归国以后几乎什么也不曾发表。而末日——精疲力竭，我认为是在 1939 年秋季来临的，因此我这篇微薄的回忆录最好不叫《临终之前》，而叫《精疲力竭之后》。

　　在阿利娅被捕以后，在丈夫死了以后①，她已经精疲力竭了，而在精疲力竭之后——又是战争，疏散，无望的贫困，新的屈辱，叶拉布加，奇斯托波尔……

　　"您为什么认为还值得活下去？难道您对未来还没有看透？"

　　没有未来。没有俄罗斯。

　　"我以前还会写诗，可是现在却不会写了……""多么可怕的街道……""我什么也不会……""洗餐具我还可以。"

　　……第二份文献还没有发表。由于一连串的死亡和意想不到的继承，有一张小纸片落到了我的手上。很轻的一小张纸——甚至不是一张，而是半小张纸，从学生作业本上撕下来的。纸上的笔触急剧、清晰、均匀、苍劲，仿佛在蹂躏这张可怜的小纸条一样，纸上写着：

---

　　①　茨维塔耶娃自缢之前并不知道其丈夫的命运如何。

　　致作家基金会委员会：

　　兹申请担任即将开设的作家基金会食堂洗碗工工作，敬请接纳为荷。

玛·茨维塔耶娃

1941 年 8 月 26 日

　　食堂于 11 月开张。此时我已不在奇斯托波尔。谁得到茨维塔耶娃曾经企求的洗碗工的工作，我不得而知。

1981 年 10—12 月

佩列杰尔基诺

题解：

　　利季娅·丘可夫斯卡娅（1909—1996），俄罗斯女作家、文学评论家。父亲科尔涅伊·丘可夫斯基是苏联著名作家，兄弟、女儿也是作家。丈夫在"大清洗"时期遇害。主要作品反映"大清洗"时期的恐怖。1974 年被苏联作家协会开除，1985 年作协恢复其会员身份。主要作品有《索菲娅·彼得罗夫娜》、《被作协开除记》、《关于安娜·阿赫马托娃的札记》、《利季娅·丘科夫斯卡娅日记回忆录》等。其中文版作品选《捍卫记忆》出版后在中国影响颇大，"捍卫记忆"成为 2011 年频繁出现的关键词。这篇回忆文章提供了茨维塔耶娃临终之前最为可靠、震撼人心的生活片段。8 月 26 日那一天，利季娅很长时间都陪着茨维塔耶娃，几天之后她把自己的经历写成了笔记。她的笔下出现了一个具有莎士比亚悲剧性格的人物：遭遇劫难的诗人。这个女人身材不高,形容消瘦,面色发灰,内心却蕴藏着诗人的伟大精神,此刻戴着一顶贝雷帽,怀里抱着装着毛线的布袋子,徘徊街头,举目无亲,可怜无助,又一次体验到了二十年前她自己诗句中描写过的"无上幸福的孤独时刻"。她心慌意乱,用目光追逐着行人,似乎在恳求他们千万别抛弃她;她的心情时时在发生变化——从希望转变为绝望;从短暂的平静转变为突发的恐惧。利季娅不仅如实记录了临近最后时刻的茨维塔耶娃,而且准确捕捉到了茨维塔耶娃的内心活动,读者无不为之动容。这篇文章是利季娅回忆录的一个代表作。

（米　卡）

关于玛丽娜的最后的话

(俄)阿纳斯塔西娅·茨维塔耶娃 著

陈耀球 译

　　着手叙述我姐姐玛丽娜之死,我意识到我的全部责任,回忆,收集,著录,一切必须极其准确。关于她的死讯,人们向我保密了两年。我要准确地叙述,在获得她的死讯之前,关于她的真实情况怎样小心翼翼地、一部分一部分地到达我的手里,我怎样——我什么时候得到机会——去到她那不幸的城市,我在那里了解了一些什么,怎样从当我不在的时候与玛丽娜结识的人们那里,一点一滴收集关于玛丽娜的故事。

　　我访问了我所能找到的所有的人,并且仔细地作了记录。

　　1943 年夏天,战争在激烈地进行着,我当时在远东。我打算在伊兹维斯特科瓦亚车站乘火车。但是没有乘上,又返回来了。人们交给我一封信。我已经很久没有信了。这封信是我的姐姐廖拉写来的，是一封很短的信，寄自塔鲁萨。我多么高兴啊！信里，首先说到这个，说到那个……后面写道："穆夏，《魔灯》的作者，已经不在人间了。她的儿子在高加索一个什么地方，和作家协会一起。"

我读了一遍，又读一遍——满心愤慨："胡说！谣言……玛丽娜不可能死！"

我不相信！ 我身上的一切——一切的活力，都和肌肉一样紧张起来，对抗着这个荒唐的消息！这是**不可能**的！现在，她在这里，在祖国，我们终将生活在一起，——可现在她突然——死了？不过是廖拉离她远，战争时期，大家分离着，杜撰的事情是不少的！

我把信收好。但是，内心的不安时刻折磨着我。我开始给所有的人写信探问消息。在大家——直到每一个人——还保持缄默的时候，我（命运本来就是仁慈的！）有二十天时间越来越处于思想催眠状态，总是向命运卜问一件事：玛丽娜在人间——还是……我瞧着青草，向青草卜问。她活着——还是……可是，我说不清楚。我等待着毁灭或拯救——整整二十天。

那二十天，疑惑的毒液逐渐渗入我的心里，我那时候要是能够观察、能够思索的话，也许我会让自己相信玛丽娜已经死了的消息，就像两年以前在哈巴罗夫斯克做的那个梦一样：1941 年 9 月初，我做了一个梦，醒来很不平静。在这个梦里我得到一个噩耗——我没有说出名字来，没有力量承认梦见了这样的事,白天,我把它甩开,克制它在梦中所加给我的烦恼。但是,我虽然没有说出来,像是一个"最亲密的女人"拿不着边际的解释来保障自己的安全,也还是不能够把这个名字解释成为别的什么。可我拒绝梦中的经历,利用现实来摆脱它——不,不是现实,不是现实中所发生的,在当天,是一种现实的**心情**——像抖落**不可忍受的事物**一样抖落她。把它称为不可信、不可能的事,抛在脑后,以便继续生活下去。这是在得到噩耗之前两年发生的事。

我整个儿不理睬这个梦,很不愿意记着它,的确把它忘了两年,直到1941年廖拉的信中钻出这个噩耗。我任何时候都没有得到确实消息,然而,那个奇怪的梦也许和玛丽娜大行的日子是相符的。梦,是那样突然,没有伴随任何与她有关的事情。由于利利娅·埃夫伦谨慎的好意,我只在两年过后才得到玛丽娜的死讯。

对荒诞的消息生完气,我就变得麻木了,开始怀疑自己的信念:旅程往返,使等待加了一个倍,我等待着回信(凡是回信的人,关于玛丽娜都保持缄默),现实突然变成了我的命运。这里,似乎不是叙说的地方。一天,消息来了。电报。

我打开电报。电报纸是粉红色的。上面两行字:"两年前玛丽娜死于8月31日。我们吻您的心。利利娅·季娜。"(利利娅是玛丽娜丈夫的姐姐伊丽莎白·雅科夫列夫娜·埃夫伦,季娜是玛丽娜的女友季娜伊达·米特罗法诺夫娜·希尔克维奇。如今,两人都不在了。)

我在极度伤心的时刻也不会忘记这两行电文。我站着,把电报拿在手里。我吞咽着每一个字,可又吞不下去。它像石头一样顽固。也许,我本来就要这样长久地站下去,珍惜变得迟缓了的、读电文的时刻,站着比拿着电报走要好一点。但是,旁边人们来来往往,我不能够站着让人家问我,看见我流着无益的眼泪。我冲出门来,离开房子,走上旁边一座荒凉的山丘。我被电报的内容打昏了头脑,还是什么也不知道,绕着山丘来来回回地走着。

现在,只能和一个人——和青草融合在一起了;这青草——我现在已经知道——长在……上面,比玛丽娜还高。玛丽娜永远地和土壤融成一体,已经**两年**了……二十天,我问着青草。青草缄默不语,既怜惜我,又保守着秘密。命运想叫它现在向我公开。

玛丽娜不在了。在人间,我**再也**看不到她。

许多年以前,我曾经在我的著作《烟,烟,还是烟》中,描写过这种可怕的分离。当时,玛丽娜二十三岁,我二十一岁,而且,她比我健康得多。可是,我不能够预见我竟不能在玛丽娜弥留人世的时候和她告别。只是过了十九年以后,我才能够亲自走上埋葬她的坟场。

“玛丽娜的死,将是我一生中最深刻、最剧烈的——当然是这样——痛苦。”我当时写道。

“比我所热爱的一切人的死还要痛苦,——只稍稍轻于**我自己的死**。

“她的眼睛,她的手,她的头发,我从小就熟悉的她的身体,一切都将埋在地里,我不知道我怎么能够忍受得了。这将是疯狂的绝望。谁能够拯救我摆脱绝望！倒不如让她看到我死——也许，她的克制能力要强一点。

"**我一生的唯一支柱**将在这个时刻全部倒塌，把整个的我、我的全部特性以及'啊，我究竟是个什么样的人呀！''我多么古怪呀！'这样一些东西，全部砸得粉碎。**事实将彻底压倒我身上的一切特性！**

"我将失掉理智，冲进房间，不顾任何人，在地板上滚碰着，又是吻她，又是唤醒她，不让人们把她的灵柩埋进地里。

"我的声音（我们两人的声音是一样的，我们常常一起朗读诗，音调没有丝毫差别，好像一个人朗读似的）将变得极其可怕，就好像一架被劈开的钢琴只剩下一半了。

"我将凄惨地问自己：我怎么活下去呀？我们是连皮带肉长在一起的，突然把她切走了，我怎么办呀！

"我将不会是一个怪人。此刻，我就会和大家一样。

"我将带着自己的全部感情去会见其他已经死去的人们，尽管我们在生活道路上彼此远远地分离着。**可是，我不能让玛丽娜的面孔和身体埋进土里。**"

"她死了！"汽车肇祸？——因为她很害怕汽车……两年！而我活下来了。两年——真没有想到。利利娅那几张为数很少的明信片，胡诌一些读不懂的话，谈到玛丽娜，谈到穆尔，结尾都是半吞半吐，好像下页还要谈似的……但是，当时我不知道情况，怎么能够怀疑，即使现在知道了，也还是不相信。我永远看不到玛丽娜了？我要在没有她的情况下生活？

　　但这一切都是以后的事情。此刻,我一个劲地绕着圈子——感谢上帝:只有我一个人。每迈一步就是一阵刺痛。这一点我记得很清楚。很多想法是很久以后才有的。

　　……我重读了利利娅的许多信件。亲爱的、好心的利利娅!她给了我两年生命——向我隐瞒着。天啦,玛丽娜怎么死的?现在,我不再等待大家(朋友、亲戚、作家)的回信,只向利利娅·埃夫伦一人写信,求她告诉我真情。我等待她回答我玛丽娜是怎么死的。等了十四天。回答终于来了。是一份电报。电报上只有三个词。送电报的邮差一定认为是儿女对母亲的怀念——电报上没有打问号。"和我们的妈妈一样"。我读了,一身变得冰凉。这就是说:"她自缢了……"("我的妈妈"——埃夫伦姐弟利利娅、薇拉、谢廖扎的母亲伊丽莎白·彼得罗夫娜·杜尔诺夫-埃夫伦——1910年在巴黎,正当她五十四岁的时候,在她十四岁的小儿子科季克自缢的同一个钩子上自缢了。)

　　我现在全都知道了。就是说,命运没有给我一个晴天霹雳,而是在三十四天的时间里,逐渐回答了廖扎的信在我心里所引起的惊慌:二十天的疑惑和恐惧,给了我精神上的准备:霹雳。我记得,我身上发出的战栗在粉红色的电报纸上反映出来,周围的一切好像一堵高墙突然倒塌了。

　　还有十四天是不知道:她死了!是汽车肇祸?是轰炸?**不知道为什么**,玛丽娜十七岁时的一次未遂的自杀,经过三十四年之后,我竟没有想起来(她就是这样死的)。第二声霹雳比较地轻微。但是它击毁了我的主心骨。现在,我可以等待"详细的"消息。消息没有耽搁。还是来自利利娅——我多么感谢命运,从 1939 年到 1941 年,我从利利娅手里一次又一次获以关于玛丽娜以及她的亲人的消息。得到廖扎写来的"已经不在人间了"的消息之后,我首先要求知道真相,利利娅给我的回答——那些延宕的、内容没有写完的明信片,我现在明白了,是还在想着向我隐瞒……

啊,这不是脆弱!不是她的脆弱——也说不上是忧虑我的脆弱!更不是谎言。如果我在莫斯科,去看她的话,她会一分钟也耐不住的!她会抱住我,贴紧我的胸脯(人间的任何交流也不会更加亲切!),马上把真相全盘托给我。可是——遥远……

明信片的结尾是:玛丽娜……宠穆尔,动词的尾部看不清楚,好像是在路上磨掉了,——我一双近视眼,贴得很近,也还是分辨不出是过去时还是现在时,眼睛张得好像拉紧的弓。可是,竟没有寄来第二张或者第三张明信片。我已经知道,穆尔和所有的孩子一样,对待母亲很不礼貌,但她总是原谅他。从 1939 年 6 月至 8 月,两个月时间,他们一家四人住在一起,8 月,阿利娅走后,便是三个一起住在别墅;10 月,谢廖扎又走了。玛丽娜带着穆尔迁往莫斯科,从事翻译工作,以后便没有消息了……

这是一个月以前的事了。现在我已经了解到一些情况,而且还在继续了解,但是,对于最近的情况仍然茫无所知。因为谁也不知道!上班,下班,给几个成年人教点英语语法和词汇,每天,像是投给我一个救生圈,在紧张的教学活动中

（在活下来的我，是心中的自在之物，起着催眠作用；我现在还教着一个十岁的女孩，她越来越紧地缠着我，在她父母和睦的家里），自从得到最初的消息之后，几个月过去了，但是每天醒来都是那么一惊：几乎半个世纪了，我了解玛丽娜的生活，就像了解自己的生活一样，可是，她不在了！

关于那些年代，我记得什么呢？我几乎什么都不记得。电影院里有一个女人。（玛丽娜死后我第一次看电影。）她坐在我前面，年轻，苗条，身材很像玛丽娜。这个女人活着，可是玛丽娜不在了，一去不复返了！银幕上，人们在舞蹈。可是玛丽娜永远看不到舞蹈了。不仅看不到这一次的舞蹈，而且永远看不到别的舞蹈。

我的生命停滞了。岁月在这种停滞状态中流逝。流逝了四年。

我还必须谈谈战争时期，谈谈一封信。

内心的狂乱时刻缠着我，我每天都在克制它；这狂乱，有一点是完全不可理解的：玛丽娜经历了一切灾难，打算去，而且去了，怎么没有给我留下一行字——这是一个疑问。最近几年，她迫于环境没有给我写信，难道是以自己的远行来解释缄默的原因！为什么不给我写一个字？她不可能不知道，她的消失对于我来说意味着什么！应该给我一封信啊！这将是我们之间的一座桥梁，架在死亡之上的桥梁。我会带着它，带着它活着，等待着有朝一日我也去到她那里。在时刻伴着我的无可慰藉之中，——这将是何等的慰藉！她的死就不会是完全的死，它的一隅还会富有生命，哪怕一行字，也会燃烧,也会使我感到温暖。她把我抛在冰天雪地。这不是对她的责难。这是一个疑问,它的残忍夺走了我的生命。难道要在这种不能活的情况下要命地活下去? 一双眼睛总没有干过眼泪。一连串的梦,梦见玛丽娜,梦见她的死。我把这些梦记下来,寄给了阿利娅,——现在我们在通信了。对她,也和对我一样,人们长久地隐瞒着噩耗。她从她那遥远的地方,从北方,给我写来回信,充满埃夫伦氏的善良,富有茨维塔耶夫氏的才调;玛丽娜死后,从她的文字中可以看出她仍然是朝气蓬勃的。

没有得到解答的疑问一天也不放过我,时刻搅扰我:玛丽娜怎么能够不叫我一声就去了? 我现在知道,她是留下了信的:给穆尔,给谢廖扎和阿利娅,给诗人阿谢耶夫一家(把穆尔托付给他们)。

事情的发生,也就是我现在想要讲述的,我认为是一个奇迹,它满足了我无法满足的、想要知道她为什么缄默的那种渴望。(这里,又和那二十天＋十四天一样,在慢慢地适应着无与伦比的痛苦——无论同母亲的死比,同父亲的死比,还是同我的第二个丈夫的死比,同第一个丈夫的死比。命运终于给了**回答**。)不可能的事情发生了:玛丽娜的信来了。是一封告别的信。在准备自杀的时候……三十四年以前,她十七岁的时候,写给五十岁的我。这封信,她一生都保存在一个什么地方,没有毁掉,后来落到玛丽亚·伊万诺夫娜第二个丈夫的手里,玛丽亚·伊万诺夫娜·格里尼奥娃转寄(副本,怕损坏原件)给我,正是我呼喊着求命运给我一行字、一封信的时候……于是，一封信来了。

有一件事我没有说到，从得悉玛丽娜的噩耗开始，我就用铅笔放大我所得到的几张照片：一张二十五岁，戴着紫水晶项链，背景是半圆形嵌花板（有人说是圈椅，有人说是柜子），一张三十五岁，4月3日照的，穿着粗方格外衣，别着椭圆形的黑色胸针；最后一张四十六至四十七岁，头发已经斑白了，露着颈子，戴着磨制的串珠。

我画像是利用夜晚时间，打了格子，画得很准确。那天收到信后，我没有机会带着信离开办公室——上哪儿去读呢？我得在家里读。我做了我能够做的唯一的一件事。我跪在我的单人床上，背朝房间，脸朝我用铅笔放大的玛丽娜的巨幅画像（这是她二十五岁时的像，脸几乎和真人一般大），在四十九的年纪，流着泪，模糊地读着玛丽娜少女时代写给我的信。关于这封信（写于1910年）我**从未**听说过，不知道是封怎样的信，读到这封信后，经过三十九年，许多事情发生了，新的风暴中，命运把这封信的副本以及经过四年而得到的原件一齐从我手里夺走了。我只能根据记忆简要地援引这封信了。这封信的开头，我说不很准，但我好像记得不是"亲爱的阿霞"，而是"心爱的阿霞"！

玛丽娜写的，是说不能够继续生活下去，问题已经决定好了，向我告别，并且要求我分赠给她心爱的书籍和版画——附有一个清单和名单。名单上的人有德拉扎拉（利季娅·亚历山大罗夫娜·塔布列尔）、瓦利娅·格涅罗佐娃（随丈夫姓扎蓬博）和我们的大姊（玛丽娜和她争吵已经一年了。

记得,赠给她的是从巴黎捎来的几幅版画),大概还有一些
人,但我一时记不起来。我也记不得有没有我自己,最后指
定赠给我什么。(也许,玛丽娜认为,除了指定的,一切东西
当然都是赠给我的?)但是,我记得专门对我说的一段话:"任
何时候,任何事情,都不要怜惜,不要计较,不要害怕,否则,
你日后也会和我一样遭到折磨。"(我援引这段话也不是逐字
逐句的,但其中确有不要怜惜、不要计较、不要害怕这三个动
词。)接着,要求怀念她,在春日的傍晚唱我们喜爱的那些歌
曲。在《冬天的童话》、我们对尼伦德尔产生初恋的那些日
子,我们当时唱过一支纯朴的德国爱情小曲(《无论什么火,
无论什么炭》)以及德国和法国的其他一些歌曲。"任何时候
也不要害怕我,我任何时候也不会走近你。""但愿绳子别断
了! 不然,吊不死,那就讨厌了,是不是?"这两段话,我是逐
字逐句记着的。后文,第四页窄长的纸上(玛丽亚·伊万诺
夫娜是一页对一页誊抄的,和原件一样)最后的几行中,有一
段话,当我读着的时候,字迹变得越来越庞大了。我沉浸在
这段话里,沉浸在逆涌的泪水里,沉浸在这段话的超人的慰
藉里。幸福和悲伤在心中交织着,我再也看不见了,不知道
有什么感情比这个更加强烈:"记着,只要和你在一起,我是
时刻理解你的。"签字。这段话是玛丽娜给我的永久赠言,四
十年了,我生活着,记着这些话。

　　我还要说说几张画像。其中以及所有画像中——我待在
远东的那些岁月,根据一般的以及放大的照片,画了将近两
百幅(有铅笔画和色粉画,都是放大的)——画得最费力的是

玛丽娜头发斑白的一幅铅笔画像,尺寸为真人的三分之二。
我用一个通宵把它画好,然后再三地进行加工,直到脸上的
每一条细小的皱纹都富有表情,使眼角和嘴唇露出微笑:亲
切的、痛苦的微笑,羞涩的、陶醉的微笑——也许,根本没有
微笑?我画得眼睛都发蒙了。我总是不能够结束这幅画。
脸部越来越生动了,越来越生动了,老是吸引着我的目光。
我只好强迫自己走开,因为……是不是有点近乎魔力了?

　　我垂下双手站着,心里,无眠的夜给我一种明净的感触,
也许,这是临近了的衰老发出的声音。从我的心底,从她的
心底,响起了玛丽娜的声音:

> 经过无眠的夜双手正在变得酸软,
> 无论对手还是朋友都那样地冷淡,
> 蓦地,整部歌剧每一个偶然的音响,
> 在严寒中透露着佛罗伦萨的灵感……

　　夜尽的时候我险些和玛丽娜一起去了。

　　那些日子过后,我收到了第一封信——一封很短的信,
不熟悉的笔迹,笔画端直,有点潦草、古怪,但又像是……信
的开头是:

　　"亲爱的阿霞!

　　这是穆尔在给您写信。我记得您……"(我想起了1927
年从意大利,从高尔基那里去梅东的情景。他当时将近三
岁……)

这是一声呼叫。我愉快地、热情地给穆尔写了回信。于是又来了第二封信。（他已经服兵役了？1944年2月1日他满了十九岁。）第一封信寄自莫斯科（第二封信寄自军队）。他当时已经进了文学学院，住在姑妈利利娅家，为了挣点钱，又在一家工厂做装潢美术员（这些，我是从利利娅那里知道的）。这封信比较长，写得很亲切，信纸幅面很大，大概有三页或者四页。但是，信中不可理解地、古怪地用本名和父名的第一个字母"M.U."称呼他已经死去的母亲。这样重复了两次或者三次，既惹人注意又惹人不注意。没有一个字提到他所遭受的悲痛。对我亲切，对母亲不亲切，这种对照使我感到震惊。装出的姿态？为什么，对谁？这是在回答我怀念玛丽娜的、滴着血的信呀！

记不得是回答我哪一封信（我的记性不好了），穆尔写道："阿霞，谢谢您的信。这是我所收到的信中唯一用真正的墨水写的。其他的信，都是用兑淡了的水写的。"他的下一封信是从军队寄来的，讲修理澡堂的事，对于这种非军事的事务颇有一些讽刺的幽默语言。记得这也许是第四封信，是我所收到的最后一封信，结尾是："我厌倦了团部文书这种乏味的工作，我最近就要当一名机枪手或者自动步枪手，和补充连队一起出发。我的星辰高照，我相信我的命运。"

这些话，他也写给了他的姐姐阿利娅。以后就永远缄默了。

剩下来的最后的话。我要讲讲"叶拉布加"这个词。很久以前，当时我还没有（从廖扎的信中）得到关于玛丽娜和穆

尔的最初消息，有一天，当食堂人很少的时候，我在那里听到
（两个男人在交谈着什么）两个词儿："叶拉布加城"。我注
意到这个词的发音，觉得很有趣味，好像有一种古朴、轻柔、
舒适的感觉。后来——忘记了……

这个词还有一次印入我的脑海。我得到一本关于少女
骑手杜罗娃的精装书，里面叙述了她的一生，末尾说：到了老
年，她住在叶拉布加城，在卡马河岸上，而且死在那里，葬在
叶拉布加坟场。"也许和玛丽娜在一个坟场？"我当时想。

1947年我和侄女阿利娅见面的时候，我曾建议她去叶拉
布加寻找玛丽娜的坟墓。

"首先，我要一个人待在妈妈的坟上，"阿利娅回答，"单
个儿和她在一起。但是只要找到了，我答应带您去妈妈坟
上。现在，你我都没有钱，我得找到工作。"

我只得同意。

生活又使这次旅行变得不可能了，——从1949年到
1958年。这年我们又见面了。我已经六十四岁。阿利娅住
在莫斯科，有工作，她和一个女友在塔鲁萨有一栋别墅。对
于我反复提到的寻找玛丽娜坟墓的愿望，阿利娅给我的回
答，还是和十一年来所说的话一字不差。我尊重她的心愿，
再次顺从她。

又过了两年半。由于父亲创建的造型艺术博物馆的斡
旋，我获准退休，并且一次领了两个月的退休金。

秋天，卡马河到了最后的通航季节。我决定不再等待
了。阿利娅这时候在塔鲁萨病着。我已经六十七岁。

1960 年 10 月,我终于实现了去叶拉布加的宿愿。

我的老友(从 1922 年起)索菲娅·伊萨科夫娜·卡甘同志和我一起去。

叶拉布加位于卡马河岸上。我们打听了路线,乘火车到了萨拉普尔,然后换乘轮船。

黄昏时候我到了叶拉布加。我们在船上遇到了一位警察勤务学员,他名叫伊万·X.,得知我们旅行的目的,便把我们领到一家旅社,并且安排住在为出差人员准备的两间房间里。

夜。隔壁过道间住着一个女人,第二天早晨才知道她是女画家塔季扬娜·拉季莫娃。她得知我们为什么来的,很是激动。关于玛丽娜,她也曾经听说过。后来,在莫斯科,她给我们看一幅草图,画的是 1941 年玛丽娜住过的那条街道。铅灰色的天空,矮小的房屋,秋天的景色。

第二天早晨,旅社的人告诉我们:

"一个民警找你们。"

我们昨天的同船人伊万·X. 穿着阅兵服,微笑着走进我们的房间。

他帮助我们寻找,想了很多办法,凡是能够进行回忆的人,他都去问过。

然而没有结果。

于是他又建议在报纸上登广告——看居民中有没有人记得玛丽娜的安埋情形,能否指示坟茔。

我们没有作家协会的授权,谢绝了这个建议,决定尽自己的力量来找。

我们出发前在莫斯科从诗人瓦季姆·西科尔斯基那里（通过电话）所了解的情况，原来并不准确。我们按照他的提示走过叶拉布加的各条街道，也没有找到任何与他的说明相像的地方。这是很自然的，因为已经过了十九年……后来得知，街道都改了名称。

凄凉的秋天。灰色的天空和灰色的卡马河统治着灰色的城市。我们绝望地想要找到玛丽娜住过的房子，到处瞎碰，遇到过路人，就问他们是否很久以前就住在这座城市，1941年，战争初期，是否住在这里，记不记得那里死了一个和作家基金会一起疏散来的女作家，知不知道她当时住在哪里。

回答都是否定的。但是命运帮了忙——我们所询问的女人中，有一个上了年纪的，她想了想，一边回忆，一边领着我们走。

我们来到一条老街20号（它现在叫沃罗希洛夫街；1941年是日丹诺夫街10号）。一栋小平房，一套住宅，和当时一样，住着布罗杰尔希科夫夫妇——又高又瘦、头发苍白的米哈伊尔·伊万诺维奇和他身材矮小、上了年纪的妻子阿纳斯塔西娅·伊万诺夫娜（和我同名）。从她那里我们得知，玛丽娜问过她的本名和父名，说："阿纳斯塔西娅·伊万诺夫娜？我妹妹也叫阿纳斯塔西娅·伊万诺夫娜……"就是说，玛丽娜在临死前十天，最后一次叫了我。

玛丽娜以前的房东告诉我们：玛丽娜什么时候来到叶拉

布加,他们不知道准确的日期。她来到他们家,大约是在临死前十到二十天。是她和另外几位作家一起走进来,还在门口,她隔着窗帘看见一间有两个窗户的单间,就说:"这间我要!"(就是说,她还有着生活的意志……)

她把床给了儿子,自己睡在沙发上。她寻找工作。想卖掉银餐具。乘轮船到过奇斯托波尔。从奇斯托波尔回来,心情不好。临死前两天,她和儿子有过一次激烈的争吵。说些什么——房东不明白,他们说的不是俄语。

那天,人们宣布为义务星期六。他(格奥尔吉还未成年,十六岁)代替四十八岁的母亲走了。女房东也走了。她丈夫准备去打渔。问玛丽娜:

"玛丽娜·伊万诺夫娜,您看家?"

她答应了。

女房东第一个回家,过道间的门虽然没有上好门闩,都是锁着的。她到底还是把门打开了——门里边左一道右一道缠着细绳子。她走进去,看见了玛丽娜。她用一根结实的细绳吊在从侧面钉进横梁的钉子上,离地板不高。

院子里站满了人。一个过路人把她从绳套里取下来,放好,走了。

儿子回来,人们不让他进去。他问为什么?得知母亲自杀,他不想进屋——走开了。

房东没有参加送葬。儿子送葬了没有——他们不知道。人们给玛丽娜盖了一床被单,运到了陈尸所。在叶拉布加,陈尸所称为茔地。她在那里躺着,直到埋葬。

我了解到:儿子还在叶拉布加待了大约五天。他清理了什物,把粮食给了房东。拿了一袋糖。许多穿旧的和贴身的衣服——捆成一包,留下来让房东自己拿。

"我们很高兴——那时很困难,在打仗,什么也弄不到,而且还有一个婴儿,"女房东说,"可是我没有拿走包袱,还放在原来的地方,后来,来了格奥尔吉的两个什么熟人(儿子就是因为他们而和母亲吵架的),翻箱倒柜,当着我的面拿走了包袱。我没有勇气说这些东西是给我的。上帝保佑他们……她的死,我们很伤心……多少人和警察来来往往,——把我们弄得很疲劳……"

房东米哈伊尔·伊万诺维奇,高高个儿,容貌端庄,喜欢读书,向我们询问了玛丽娜,询问了她的家庭和她的诗。

玛丽娜死时,厨房,锅里有一条煎鱼:该是给穆尔煎的。

我没有收藏玛丽娜给穆尔信的副本,不准备不确实地加以援引,而只写出我所记得的。这封信的开头好像是:"亲爱的穆尔!原谅我(下面的话我不记得),我疯狂地爱着你,可是我是一个有着重病的人。往后会更糟。"

信不长。结尾的话是:"要是什么时候见到了谢廖扎和阿利娅,告诉他们说我爱他们直到最后一分钟。"

第二封是封长信,开头是:"亲爱的谢廖扎和阿利娅,原谅我给你们造成的痛苦……"

穆尔经过莫斯科到了塔什干,在塔什干将母亲的手札交给了他的姑妈利利娅·埃夫伦。

儿子! 在穆尔出生之前,他很早就是她心中骄傲的幻想。比这还要早啊！我们的母亲用祖父、她所尊崇的父亲的名字亚历山大给儿子命名。可是，生下来的是玛丽娜。跟在玛丽娜后面的是我。疫病使她没有机会依靠儿子。我们的母亲死于三十七岁。经过一代人，玛丽娜重复了母亲的道路：女儿阿里阿德娜，接着又是女儿——伊琳娜。

曾经有过八年时间，其中四年玛丽娜不知道她丈夫是否活着。

1921 年，听说他活着，玛丽娜收拾着上他那儿去，曾经对玛丽亚·伊万诺夫娜·库兹涅佐娃-格里尼奥娃说：

"玛鲁先卡，我去，就会有个儿子格奥尔吉！"

"儿子？也许——女儿？"

"不——儿子。你瞧吧！……"

1925 年 2 月 1 日，玛丽娜生了儿子格奥尔吉（"穆尔"是"穆尔雷卡"的略语，一直用到他死。他十九岁给我写信寄到远东，就是这样署名的。他长大了，没有像那些怀着虚伪的羞涩心理的少年那样抛弃亲切的小名，表示对我的尊敬，这一点使我很感动）。

我收到穆尔的第一张照片，是玛丽娜从法国寄来的他的周岁照片：很结实，肤色像个黑人，光着身子坐在大洋岸的沙滩上，睁着一双明亮的眼睛，令人吃惊地闪着一点也不幼稚的目光，而且早早地显露出一副美丽、端庄的面容。"你得看重那一双黑人式的白色'掌子'，"玛丽娜信中写道，显然是指那一双伸开的、耀眼的脚掌。

后来，幼稚的脸框上了浓密的、金色的卷发："你的拿破仑分子",帕捷捷尔纳克在给玛丽娜的信中描写穆尔。

我看过他——而且,1927 年在巴黎,看到他的时间有三个星期,和她母亲一起照料他(他害了猩红热),当时他两岁零八个月。这些,我已经说过了。他很像玛丽娜,和茨维塔耶夫家的人一模一样,从埃夫伦家继承的,是一点也不幼稚的那种温柔的魅力,玛丽娜小时候是缺乏这种温柔的。那身材(玛丽娜给他购买巴黎六岁孩子的衣服)——"我还给放大呢!"

他对母亲十分温存,猫咪似的哼着,爬上沙发去贴近她!……这一切是什么时候消失的,消失到哪里去了?是不是一下子,而且伴着某种痛苦——母亲察觉这一点了吗?对待他,玛丽娜压根儿变成了另一个母亲!对待阿利娅的那种严格要求,连影子也没有……我从未见过她那种母亲的温柔,在她那融化于喜悦之中的、深受感动的、沉着的目光中辉耀着。

玛丽娜是幸福的。

……这里,我不逐字逐句,而是凭着记忆,援引玛丽娜信中说到穆尔的一些话。

"他令人吃惊地和大人一样说话",过了几年,她在给我的信中写道,"奇迹般掌握着语言。很勇敢。喜欢说得不和孩子一样。完全不像阿利娅。总想爬到什么东西上去,站得高些,'让大家都来呀'……"

当他八岁的时候,玛丽娜写道:"很成熟。很有洞察力。"

"'玛丽娜,'巴尔蒙特①对我说,'这正在成长的,是你未来的检察长!'"

这是生了两个女儿之后所得到的儿子。是完成了的理想! 是母亲的骄傲。他不像"小鹰",不像他父亲谢廖扎的儿子,而像法国的偶像,——关于这偶像,海涅的诗中写道:"俄国俘虏中的两个掷弹兵/曳着脚步来到了法国……"他聪明,很有才华,生来具有玛丽娜的气质。是个美男子! 和她一样意志坚强……十三岁开始编辑法国现代诗选……

是的……但在他十四岁的时候,母亲在给我……的信中说他(在夸奖了他的聪明和知识之后):"**精神上没有得到发展……**"

他来到俄罗斯是十四岁,是 1939 年。接下去的两年,我很少知道他的情况。他在战前读了七年级和八年级。九年级要在疏散的地方读。现在他已经十六岁了。8 月底。学习才开始不几天。在这里,在楚赫洛马这个地方,能够学习吗?这种思想使他越来越不安分。这是造反。

我断言玛丽娜的死不是由于受不了周围环境中各种变得严重了的事态,人们听了,可能会认为我对她的环境没有确切的了解。

这是不对的。我什么都很明白,什么都考虑过,什么都想得很清楚:和丈夫及女儿的被迫的分离(分离已经两年)。

---

① 巴尔蒙特(1867—1942),俄国象征派主义诗人。

战争。疏散。

　　在她的祖国的土地上,她本来可以指望躲避在西方所经受的灾难,可是却突然爆发了战争。我十分知道,她对于宣战的感受比别人要严重得多。她本来以为这里不会有战争。她以为毁灭了她心爱的捷克的战争不会打到她的俄罗斯来。

　　使人狼狈的恐慌把玛丽娜整个儿攫住了。我清楚地记得,还在正式宣布疏散之前,她常常走到谈论着疏散的陌生人那里,央求他们带她和儿子一起走:"我不会成为累赘,我有粮食,有外国货……我甚至可以做一名家庭女工……"

　　她冲出莫斯科,是要拯救穆尔免遭燃烧弹的危险。——他常去扑灭燃烧弹。

　　她曾经颤抖着对 H. T. 雅科夫列娃说:"要是我知道他被打死了,——我就一分钟也不迟疑从窗口里跳下去(他们住在波克罗夫斯基大街 $1\frac{4}{5}$ 号七层楼上)。"但是,在格奥尔吉的心里,已经积蓄了一种最能燃烧的力量,渴望着摆脱母亲的管教,随心所欲地生活。

　　康斯坦丁·费定①曾经告诉我的朋友、编辑马埃利娅·伊萨耶夫娜·法因贝格:玛丽娜·茨维塔耶娃跑到他那里,求他不要让人家把她和儿子分开,——当时人们打发这样年龄的孩子离开父母单独疏散。于是他们就在一起了。人们没有夺走她的儿子。可是,生活发生了怎样的麻烦呢? 他造

────────────

　　① 康·费定(1892—1978),苏联作家、社会活动家。

反了。他不愿意住在叶拉布加。她违反他的意愿把他带出莫斯科。那里，他有自己的小圈子，有自己的一批男朋友和女朋友。他总是说些无礼的话。玛丽娜那颗母亲的心变得呆滞了，对于他的无礼一再忍耐着。她觉得，他在战争时期没有她的关心是十分可怕的！他还没有一时一刻离开过她的照顾。他不了解人们。他在叶拉布加交结了两个显然不相宜的年轻男子，也不知道是从哪里来的，而且比他大得多。他不愿意听话。他不愿意治疗脚上的慢性丹毒炎。一举一动都和母亲争吵。最后两年父亲不在，她已经习惯了——忍受了——他的腔调。凡是见过他们的人，都说她对儿子有非凡的耐性，都说"她像奴隶一样盲目地爱着他"。这些话，我是从各方面的人那里听来的。

在他面前，她的高傲变成了顺从。无论如何也要把自己压成一团，把他抚养大。她记起自己在他这样的年龄——难道不也是这个样子吗？许多熟人惊讶地批评她作为母亲怎能忍受对待自己的这种态度，可是她说："他年轻，这一切都会过去的。"他们**俩人**的周围，与人相处——一切都是那样轻松。

我知道，玛丽娜来到奇斯托波尔很凄凉（巴尔欣娜和 K. M. 阿谢耶娃都是目击者）。玛丽娜很想留在奇斯托波尔。所有的作家都在那里，阿谢耶夫也在那里。她和阿谢耶夫在莫斯科见过一面，来到奇斯托波尔之后，马上就去过他那儿。（H. 阿谢耶夫的遗孀克谢尼娅·米哈伊洛夫娜说，她丈夫当时有病，不可能参加让玛丽娜疏散到叶拉布加的那次会议。

她还说她丈夫曾捎来一张便条,支持玛丽娜关于留在奇斯托波尔的请求。)

后来我了解到,在那次作家会议上,**曾经决定**让她留在奇斯托波尔。

在物质生活条件方面,战争把玛丽娜和许多人拉平了。战前,她处境艰难,而现在,那些曾经住在自己的别墅、生活舒适的人,在疏散中和她条件相同,和她一样挤在别人家的小房间里。如果说他们对这些小房间感到不习惯,那么玛丽娜已经住过许多年了,在布拉格城郊的乡村是这样,好几个夏天在大洋岸(她从巴黎去的)也是这样,——那里只有一间房间,一个煤油炉子,连一张可以写字的桌子也没有。

在叶拉布加,她给自己选定的那间房间连门都没有,只有一副乡村门帘。但是有床,有沙发,有桌子——在当时是足够她和儿子用的。和儿子在一起!全部生活所留给她的,使她称心如意了。儿子,她疯狂地爱着儿子。他和她在一起!

在戈利齐诺,他还曾经和她一起住在利西齐娜家的一间小房间里,两人共着一张疗养证。疏散,他和她在一起——她坚持不让他和作家们的半大孩子一起单独出发。**他和她在一起。**

与此俱来的表面安排上的各种问题都是次要的。

许多不熟悉玛丽娜的人断言,在奇斯托波尔,玛丽娜被拒绝担任作家食堂洗碗工,因而导致她的死亡。**这样的事情是不存在的!** 现在我们已经了解到,连这样的食堂也不存在,情况完全是另一个样子:玛丽娜当时和薇拉·瓦西里耶夫娜·斯米尔诺娃一起,在一个什么人的房子里,就是她对马·伊·法因贝格说起的那栋房子;她们谈到应当组织一个股份食堂。每个女人都说她很会做事。玛丽娜说:

"那我以后去洗碗碟。"并且抓起一张纸,马上写道:"请让我当洗碗工。——玛丽娜·茨维塔耶娃"——写好交给了薇拉·瓦西里耶夫娜。所以这张便条便保存在薇·瓦·斯米尔诺娃的手札卷宗里。(同是这位薇·瓦·斯米尔诺娃通知玛丽娜:已经给她登记好了。)

当时还不存在任何食堂。

玛丽娜没有灰心。"如果在奇斯托波尔找不到工作,"玛丽娜从奇斯托波尔回来,对女房东阿纳斯塔西娅·伊万诺夫娜·布罗杰尔希科娃说,"我就去国营农场,在那里设法找工作!"

她说这些话,几乎是在直接临近死期的时候。

发生什么事了? 最后的、决定性的原因,是绝望地向她叫吼的穆尔所发生的威胁:

"瞧着吧,我们之间说不定哪一个,会被人们双脚朝前从这里抬出去!"

就在此刻,生命停止了。

"抬我!"她心里哎了一声。

他死! 那她就是唯一的对手,她所害怕的就是这个唯一的对手,就像昨天为了养活儿子而想出城一样,今天又响起了他的吼声:"远些走! 到那边去! 永远不要回来!"给他自由——他想要的唯一东西！

在儿子绝望的吼叫中,向母亲露出了他的真情:他们"在一起"——已经结束! 他已经不需要她了! 她**妨碍他**……

生命的一切联系都已断绝。她已经不写诗了——而且,和为穆尔而担惊受怕相比,诗是一文不值的。还有一件事也使她担惊受怕:要是战争不很快结束,那么穆尔也要投入战争的。

是的,她早就有了自杀的念头,而且她也写到过这一点。但是念头与行为之间存在着很大的距离。

1940 年她写道:"我掂量着死亡已经一年了。**但现在还需要我。**"由于这种需要,她坚持下来了。**从玛丽娜自己的意愿说,她无论怎样困难也不愿意离开穆尔。**

玛丽娜多年盯着天花板上的钩子,时候一到,需要的不是考虑,而是行动——一枚钉子就够了。

我看到,在那个时刻,一切都变得简单了:快些——去……死在他的前面! 只有这个办法,这是唯一的办法。

生活的一切纠缠已经结束。战争也好,诗也好,被歧视也好,孤独也好。一切都解决了。只有**这一个**步骤是不可避免的。他本来是唯一的朋友! 情况突然明朗了,一切事务、一切操心都摆脱了。而儿子,没有她会更好些! 孤儿——人们不会抛弃……

　　手里的笔并不颤抖。玛丽娜给阿谢耶夫①写信。阿谢耶夫有妻子,有妻妹。"请您收留他,和自己的儿子一样抚育他。他是值得收留和抚育的。"

　　母亲签署托孤信。这是自己最后的心爱之物。可是他们并不需要他。和人们在一起自有天地。她给儿子写告别信。"原谅我,我疯狂地爱着你,可是往后会更糟。"写到丈夫和女儿:"要是你什么时候见到了他们,告诉他们说我爱他们直到最后一分钟。"

　　第三封信:"亲爱的谢廖扎和阿利娅,原谅我给你们造成的痛苦,但是……"

　　"往后,谁也没有读到这封信。"伊丽莎白·雅科夫列夫娜·埃夫伦告诉我。"穆尔随身带走了,以便交给他们。"

　　从1911年起,谢廖扎向她说了弟弟和母亲死去的情况以后,她就一直把这两个人记在心里;这两个人,对于他,对于她,都是最亲的人!谢廖扎的弟弟自缢的时候,不是十七岁,而只有十四岁。当天夜里,母亲重复了儿子的行为。穆尔发出了自己的威胁——玛丽娜本来也可以这样做。但是,比起那位母亲来,玛丽娜要幸福得多,整整地拯救了一个生命!她和那位母亲一样地去了,但她去得根本不同:保存了儿子的生命!……

　　人们会说:"对小孩子在激烈争吵的时候说出来的话认

————————
① 阿谢耶夫(1889—1963),苏联诗人。

起真来,不是很奇怪吗!"

局外人理智的谈论——在**那个时候**对玛丽娜来说,有什么意义? 她会像一个离魂的梦游者,从他们的言论中钻出来,沉浸在自己痛苦之中……科季克,一个愉快的小伙子,圆圆的脸庞,一双蓝色的眼睛,完全是个小孩,走向了死亡而且带走了母亲。对于这两位母亲来说有什么意义呢:是对世人的规劝? 在一天也不能够忍受的时候,需要的只是——赶快!

……玛丽娜的死,我极少加罪于穆尔:如果真是这样,那我就不会和他通信的(在我的地位,这是我当时能够做到的一切)——不会那样热情地等待和他见面:把他们两人捆在一起的那个炽热的结合,我了解得太清楚了。难道可以为了行为和语言所表示的那种盲目的热情,而责怪一个十六岁的人吗?!

他童年时候本能地接受的、来自母亲的一切——现在,当他觉得自己比别的孩子都大了,便再也不能够忍受。他疏远了,直到不叫她母亲,而称玛·伊。甚至在玛丽娜**死后**那可怕的岁月,当他已经满了十八岁、十六岁时没有彻底治好的脚还在发痛的时候,当他十九岁在塔什干挨饿的时候,他从军队给我写信,谈到母亲竟放胆说:"玛·伊总是为自己保留这种行为的权利。"他称我为"亲爱的阿霞"。(这个名字他是从哪里得来的? 是从他两岁零九个月在巴黎患猩红热的时候那模糊的记忆中得来的?)

我给他回信,极其坦率,充满着茨维塔耶夫家族的热情,叫他遵守规矩，不准他抵赖，要求他对这样称呼母亲的非法行为作出回答，举出他当时寄给我的一些话进行帮助，要求他认识已经发生的事件——我极其伤心地——长久地——等待着回信。我没有等到信：他的部队调到了一个人所不知的地方，我读着、反复读着他信中最后的一段话："我厌倦了团部文书这种乏味的工作，我最近就要和补充连队一起出发……我的星辰高照，我相信我的命运。"

叶拉布加城郊，平缓地隆起的山上，有一带郁郁苍苍的坟场。从远处看去，它甚至是长条形的，可是走到跟前，它就变得阔大了，几乎成了一座森林，使我想起玛丽娜和我童年时在图画上看到的圣林。比奥克林①的《亡灵之岛》。一条大路通向这座岛。我们——索尼娅·卡甘和我，沿着这条大路走去，它蜿蜒着，越来越窄，一直通到山顶，慢慢变成一条光亮的线。

周围——一栋栋小小的房舍，脚下——扬起的飞尘。偶尔有汽车从我们身边飞驰而过。我们走完了这条长路。前面是带图案的黑色铁槛，右边有一栋砖房，半圆形的——看来是座小教堂。我们走进大门。

我们左边是一片古树，风撕扯着它们的叶子。树叶纷纷坠落。

到了坟场的尽头，就是说这里只有几座坟排成一列。这

① 比奥克林(1829—1901)，瑞士画家。

里有一栋守墓员的小屋。我们向小屋走去。走出来一个中年女人。她姓克罗波特金娜。她解释说,丈夫死后是她担任守墓员,至于我们询问的那个年代,是她丈夫担任守墓员,她不知道我们所寻找的坟在什么地方。但她补充说:可以把1941年的坟指给我们看。于是,她和我们一同走去。

叶拉布加的整个坟场是从入口向**左边**延伸。因此,1941年住在叶拉布加的人都极其明确地指出的坟场的**右部**,应当理解为:从入口向**转**,前面便是整个坟场,从坟场的右侧沿着低矮的石墙向前走。坟场左部是阔叶林,右部是阔叶林。我们走在松树下。

"瞧,"克罗波特金娜说,"就在那个角落,沿坟场后墙,是三六年、三七年的坟。稍稍靠这边一点,是三八年、三九年、四〇年。这里就是四一年了——你们在这里找吧。"她走了。

也许是由于所得到的证实叫人纳闷,由于没有找到玛丽娜的坟,我觉得,我们似乎已经到了坟场的尽头,于是又按照埋葬的年份——三六年到四一年——慢慢地往回走。离右边围墙不远,挨着附近的几座坟堆,有几株小白杨树,几乎形成一座小丛林。树叶在抖动着。我们从一座坟走到另一座坟,弯着腰,怀着感情,用心猜测着,但它们几乎同样低矮、缄默,而且没有姓名。记得,有一座坟上有一块石头,看来是从墙上取下来的(墙外边,叶拉布加城笼罩在雾里);石头上用黑色涂料写着的,是姓名还是姓名的省写?——我忘记了。在埋葬玛丽娜的时候,要是穆尔(格奥尔吉)也这样做了——只要有一个"М. Ц"①，甚至一个"Ц"，那么我们就已经达到了目的。许多坟长着草莓，现在几乎都枯了，我极力怀着感情：到底是**哪一座呀——哪一座呀**？……但我没有忙着作出决定：是这座？是那座？也许——是这座？任何标志也没有。只有玛丽娜诗《过路人》中所描写的草莓叶子：

> 请你为自己折一茎野草，
> 再摘一颗草莓。
> 没有哪里的野果
> 比墓地的草莓更大更甜美……

诗人并没白说。

但是，好几座坟上都长满了草莓。现在我记起来，也许，我们没有马上去找克罗波特金娜，先是自己沿着坟场走，指望着——突然——不定在哪座坟上，会读到哪怕一个字的标志……我们分开来，走过去又走过来。我看到我的女伴，穿着深色的长大衣，深深地戴着一顶无缘帽——一时俯在那个十字架上，一时俯在这块木牌上。我们互相招呼着。风在撕扯着树枝。我们在松林里。

又是玛丽娜的预言：

---

① 玛丽娜·茨维塔耶娃（名和姓）的第一个字母。

心啊,乐吧,唱吧,吃吧,

等到那个时刻到来——

请你把我埋葬

在四条道路的中间……

那里,在荒凉的原野

是成群的乌鸦和豺狼——

让岔路口的路标

成为一个十字架竖在我的头上……

夜里,我不逃开

这万恶的地方。

让无名的十字架

在我头上高高矗起……

　　但是,连十字架也没有。我们又来到坟场右部,到了矮墙边;玛丽娜当时十六岁的儿子穆尔忘记了我们是要来的,没有从墙上取下一块石头。其实,人们说,他根本没有到过这里。

　　我们从缓坡的山上下来,往回走要轻松一些。偏远城市的寂寞郊区,一栋栋矮小的房屋。街道,有的是宽而空荡的,有的是狭窄的,向一旁伸去。

　　我瞪着一双空虚的、悲伤的眼睛,瞧着街上房屋的窗户。这一栋房子,也是玛丽娜曾经路过的。在她那十天之后,过了十九个年头,我们在寻找她,她,当时也和我们一样忧愁。她曾经找房子,然后又找工作。她在认定生命已经结束的时候,最后一次走过了这条街道。

　　要是她知道我们会来,会寻找她生活和死亡的遗迹,——我们还有多少人啊……她会改变自己的决定吗? 等到我们不在了……还有街道——还有她。我们每天都待在坟场。多少名字,多少十字架、纪念碑和墓碑! 可是没有我们这样伤心地寻找着的名字。没有玛丽娜。她消逝了。

　　　　也许,最大的乐趣
　　　　是不用巴赫①的手指
　　　　去触动风琴的回声,
　　　　……悄悄地走,不给骨灰罐
　　　　留下骨灰……

她自己把一切都说了!

　　我们的寻找是白费吗? 我们不知道。我们**还要**找下去。有一次,大概是最后一次,我们乘汽车登上了坟场。汽车在石子上蹦跳着,摇晃着。第一次(最后一次)我们登得这么快,这么轻松,走的还是那条路——沿着它,我们曾经多少次久久地、疲劳地步行上去,寻找消逝在山上的玛丽娜。

　　我们和一个生人走在差不多已经十分熟悉的、可亲的坟场,谈论着发掘坟墓、进行辨认的可能性。这个人告诉我们,

----

　　① 巴赫(1685—1750),德国作曲家,风琴演奏家。

六年前,有人为了寻找亲人,以便并排地葬在一起,曾经发掘过几座坟。

他说:

"掘出三个——一个男人和两个孩子。他们怎么入殓的,就怎么躺着:衣衫,躯体,一切。沙地,多风。地势高……"

(如果发掘坟墓,我有把握辨认……头发是斑白的,短的。可是我们的朋友、莫斯科的教授吉列尔施泰因说,怕也未必……他曾经和一个人给一位母亲运去她儿子的骨骸,她并没有把握肯定运的就是**她的儿子**。)这话不可信。从五座坟,即使靠近右边围墙那两排的十座坟,难道认不出自己的亲人,一生都了解的、毫无疑义的亲人?难道我的嗅觉赶不上狗的嗅觉灵敏?但是我没有把这个意思对索尼娅·卡甘说,而是说了另外的意思:我觉得没有权利掘开封闭了的墓地,没有权利挪动极其安宁地葬在里面的人。可索尼娅说:

"要掘!……"

> ……也许,战胜时间和引力
> 那最大的胜利
> 是悄悄地走过去,不留下痕迹,
> 悄悄地走过去,不把影子
> 留给墙壁……
>
> 　　　　也许可以
> 拒绝攫取?从镜里一笔勾去?
> 就像莱蒙托夫溜进高加索,

不惊动一块岩石……

我从莫斯科随身带来了我那只普普通通的盒式照相机，我们所到之处，我都拍了照片。我把胶卷交给住在桥边的一位摄影师，他姓加菲索夫，是个上了年纪的、身材矮小的鞑靼人。他得知我来叶拉布加的原因，对我极其客气，满怀善意。他在桥边工作，也许就住在桥边；那座桥，玛丽娜在叶拉布加生活的那十天，回自己的住宅，曾经走过不止一次。我感谢我的命运，在这些日子里，它竟给我派了一个这样的助手，既很热心，又很尊重我那些伤心的照片胶卷。这样，我就不能把我的胶卷交给别人了……第二天我去找他，他已经给我带来了显影的胶卷和映好的照片，从来没有骗过我，没有叫我等过，我谢谢他。

没有找到玛丽娜的坟，我写信告诉阿利娅。我收到了出乎意外的回信："您到底去了叶拉布加！告诉您：我永远不会到叶拉布加去。对于我来说，那里没有妈妈。对于我来说，妈妈在她的作品中，在她的书里。"

我给阿利娅回信："为什么不告诉我你对叶拉布加的态度变了，让我不再等你？这是你的义务。真遗憾，你母亲竟生了这样不平凡的子女：儿子不送葬，女儿永远不上坟。她还不如生下平凡的子女，将野花给她送到坟场……"

现在，索菲娅·伊莎科夫娜·卡甘和我在忙着同莫斯科通电话。我们很想获得哪怕随便一点补充信息，有助于寻找玛丽娜的坟。我们常跑邮电局。这是一个小小的地方邮电局,而这一点又似乎使通话变得不那么困难。首都邮电大厅金碧辉煌,人群熙来攘往,我们怎么能够通话啊!这里,几乎没有一个人。

我们给索菲娅·伊萨科夫娜的女儿尤达挂了电话,托她问问这个那个。第二天,她向我们传达了所问到的人们的回答。人数是不多的:当时在叶拉布加住过的人几乎一个也不存在了。一个十分熟悉玛丽娜的女人回答说:"我很奇怪,谁需要翻腾这些旧事,过去这么多年了……"作家瓦季姆·西科尔斯基只记得在靠近坟场右边墙的地方。最热心的是瓦季姆·西科尔斯基的父亲,他对尤达说:"在那次疏散中,当时我们都是这种处境……没有给坟作任何标志——我们之中,甚至没有一个人带一束花去,——这真可怕……"我不知道怎样才能把这些话和阿利娅写给我的那几行文字协调起来,她说,他们一家人,除瓦季姆之外,当时谁也不在叶拉布加。只有一个推测:西科尔斯基家的老一辈来到了叶拉布加,并且到了坟上?或者是安埋**之后**就**没有去过**坟上了?说到玛丽娜,瓦季姆是很热情的。

瓦季姆曾经在电话里以激动的声调详细地叙述过(对我,在莫斯科)。我记得,他说过:在周围所有人中,玛丽娜特别注意他。

"我当时十九岁,还不懂得什么事情;不知道玛丽娜·茨维塔耶娃是个什么人,为什么特别注意我,给我付出时间……也许,她预感到,预料到,我以后会写诗吧?我们常常走在一起,她和我说过很多话……当这一切已经发生(我在

电影院），门开了，有人喊：'谁是西科尔斯基？请到这里来！'
人们告诉我玛丽娜·茨维塔耶娃的死讯。傍晚的时候，穆尔
对我说，他要来我这里过夜。我对他说：'你在这个事件中，
扮演了一个卑鄙的角色，本不应该让你来……但是，来吧，我
等着。'因为他对玛丽娜·茨维塔耶娃极其粗暴……但是在
这第一个夜晚，他老是在梦中怪叫，辗转不安……"

　　我又到了坟场，并且带来了在铁铺定做的一块小金属
板。金属板上，一位青年工人利用下班时间，在空荡的铁铺
里用白色的油画颜料涂好底子，然后用黑色油漆写着：

　　"在坟场的这块地方安葬着玛丽娜·伊万诺夫娜·茨维
塔耶娃，她于旧历①1892 年 9 月 26 日生于莫斯科，✚1941 年
8 月 31 日于叶拉布加。"

　　我们到了坟场，便开始寻找十字架。真是运气：教堂墙
边唯一的一个十字架，正好是玛丽娜所喜爱的颜色——是个
旧的，浅绿的绿松石颜色。金属制成——虽然不大，却很沉
重。我们抬不起，搬不动。克罗波特金娜叫了一个小伙子，
他搬了去，并且按照我们的意见把它竖在 1941 年的四座无
名坟墓之间。这四座坟墓之间的地方很窄，不能再埋坟了，
不会插进别人来。

　　我不记得是这一天我们带了花去，还是下一次才带去
的。但照片上，十字架台座旁是有花的。还有和我们一起跟

_____

　　① 旧俄所用历，即儒略历(恺撒历)。

在十字架后面跑来的孩子们（女守墓员克罗波特金娜的孙子们）的照片。他们站在十字架旁，我给他们摄影留念——后来，我从莫斯科给克罗波特金娜寄去了照片。

小伙子用铁丝把金属板固定在十字架上。十字架高出地面不很多，为了牢固起见，栽得很深。十字架横梁的外形使我想起了旧教徒、分裂派教徒以及贵夫人莫罗佐娃①。关于莫罗佐娃，玛丽娜曾经写过诗，她们在气质上极其接近。

在埋葬着拿破仑战争参加者少女杜罗娃的叶拉布加坟场，我们既没有时间，也没有力量找下去了。

我在坟场门口照了一张相，一边是站着的索菲娅·卡甘，一边是一只离群的狗，——它侧着身子在那儿待了一会儿。玛丽娜那么喜欢狗，狗便来了。

后来，索菲娅·伊萨科夫娜病了。她从年轻的时候起就有很强的感受性，禁受不住这些日子的艰难和紧张。而且还患了感冒。她留在旅社，我一个人继续寻找。

我追踪了玛丽娜的所有足迹，继续拍照，继续把胶卷交给加菲索夫。我很担心他在我离开之前冲洗不出来。我拍下了那条街，拍下了布罗捷尔希科夫家的房子全景以及教堂的侧影。在从坟场回城的时候，还用特写镜头拍下了城里的另一处教堂。（教堂锁着，当年，玛丽娜路过时，是看见过

---

① 莫罗佐娃（？—1675），贵夫人，分裂派教徒，不顾威胁和刑讯，坚持分裂运动，1671 年被捕，1675 年死于监狱。画家苏理科夫为她作画《贵妇人莫罗佐娃》(1887)。

的。)我怀着希望跑医院找医生,也许他们有人记得玛丽娜之死,有人临场写过死亡证明。医院很远,要走过一段荒地。唉,那里也没有弄明白任何事情。我沿着车辙,越过一排排古树,来到了公墓。条条街道几乎都是空荡荡的。

我站在院子里张望着。一些人运来一副灵柩。我记不起我当时在院子里是否和什么人谈话来着。院子四周的房屋,都是矮小的平房。

马车停住了。肃静。白昼。也许,运来玛丽娜的时候也是这样的情景。

我又到登记葬坟的机关寻找埋葬的痕迹。8 月 31 日有关于葬坟的记载,是穆尔去办的。栏目里有他的笔迹——写得很别致:笔画劲直,字体相当窄,不很整齐。这是一个写过很多字的人的笔迹,而他当时只有十六岁。这个笔迹,我是在警察局公民登记处找到的。在这里,穆尔曾经亲手为他和玛丽娜进行了登记。这是玛丽娜把一切都考虑好了、写好了告别信、截断自己生命之前十天。

我们准备走了。轮船可能很快就要停止通航,必须赶紧走。我很担心,怎么也不愿意有什么事情影响加菲索夫在我们离开之前印出最后的照片,可是我去找他,却看见门上一把锁。我怎么办?

但是加菲索夫并没有离开,他交给我一卷还是湿漉漉的胶卷。他来不来得及给我在明天早晨印出来?还是我到莫斯科去印呢?我还要讲讲照片。除了过道间内景一张之外,全都照得成功。这一张根本没有照好,全是黑的。这是她最后的住宅。她从房间里出来,到这个过道间,是为了既不损害儿子,也不损害房东,——她把过道间干干净净地带走了,没有给我们留下。我们这张照片,做得对吗?我想,是对的。想做——是我的权利。

我们告别了布罗捷尔希科夫夫妇:瘦高的、头发斑白的米哈伊尔·伊万诺维奇和他那身材矮小的、善良的妻子;在那些日子,他们见过玛丽娜。

我一点也记不起怎样买票,怎样收拾行装,怎样旅行。我们的回程是乘坐 1960 年秋天最后一班轮船"弗拉基米尔·科罗连科"号。

我带回了坟场的土和叶拉布加码头的沙子,以便保存和分送给朋友。但是谁会要呢——又怎么让人家接受这样悲伤的纪念品呢?如果缝在——护身香囊里?我和索尼娅分了一撮坟场的枯叶,其中——草莓叶……

灰色的、秋天的卡马河,在甲板上翱翔着的海鸥,从轮船跑开去的斜淌的水流以及它那低语的泡沫,一处忧伤的、秋天的码头。陡峭的、红褐色的河岸,那铁青的卡马河水不断地把它冲洗。十九年以前,玛丽娜曾经带着穆尔乘船走过这里,还期望着生活。她没有回来。索尼娅和我回来了,没有找到她。

我们乘船走了多少个小时,我一点也记不起。寒冷,穿着大衣,戴着帽子,甲板上,舱口,小梯子。记忆把来回两次所乘的客舱混在一起了。不,有一次螺旋桨响得厉害,振动着夜,搅动着梦。另一次(第一次?)螺旋桨响得轻些,梦也深些。还有(不知为什么)空荡的餐厅,我们在里面吃了点什么,觉得很高兴,因为几乎只有我们两人。心里压着叶拉布加那些日子的悲哀的重荷。一大包照片,是它们重复了玛丽娜的路程。

在莫斯科,我们通过瓦季姆·西科尔斯基请了童话作家A. A.索科洛夫斯基来到莫洛奇内伊巷索尼娅和尤达母女家里。1941 年,索科洛夫斯基还是一个半大孩子,曾经和她母亲、童话作家 И.萨孔斯卡娅一起,在叶拉布加住过。我们曾经听说他母亲开始和玛丽娜交上了朋友,玛丽娜的死使她的儿子极其伤心。他那一年是十三至十四岁。他母亲已经去世。

他谈到了玛丽娜和他母亲的亲密交往,也谈到了玛丽娜**死后**就没有见过的穆尔。现在,这位早已长成大人的半大孩子就坐在我的跟前。他的态度真诚,友好。

穆尔曾经把自己在气头上对玛丽娜说的话告诉他:"**瞧着吧,我们之间说不定哪一个,会被人们双脚朝前从这里抬出去!……**"

十六岁的穆尔这些无情的蠢话,在玛丽娜母性的心里,成了死——自己死——的一声命令。十九年之后,我所听到的这些话向**我揭示了**玛丽娜之死的真正原因:她的自杀——在于他们两人疯狂地结成的死扣,在于被抛到陌生的地方,夹在被战争和孤独挤在一起的陌生人中间,——是一个牺牲。

她死可保住他不死。无畏的、行动的时刻到了。除了她，谁能够拯救他免于自戕！一天也不能耽误了。

她去了，为的是不让他去！

她住进了自己找到的房间，寻找工作，打算卖掉银餐具。死神向她走过来——她陷入无法排解的严峻之中。撇开死神，绕过死神——就是使自己最亲的亲人——儿子遭受死的危险。她不能这样做。

我一直认为对于生活是应当忍受到底的，但在我了解了**玛丽娜的遭遇以后**，我得到了极大的启示。她以一个可怕的步骤回答了儿子的蠢话——为了不让他采取这个步骤。

对儿子的爱帮助她顽强地寻找工作。她一直相信，和儿子的童年时候一样，他们是一个整体。但是，儿子在为他们在叶拉布加的生活而争吵，他可能去死，傲慢地发出了威胁，在这个宿命的时刻，她瞪着一双眼睛看着儿子：他和她已经不是一个整体了！既然引起了母亲的反感，他可能迈向死亡，同**这个**对手没有什么好争论的。他长大了！绝望还选择着**另外的**伴侣！没有什么好争论的。她，只好保护他而献出自己。远远地避开他的道路。给他充分的自由。怎样才能更充分？没有他而活下去？这她做不到。没有时间考虑了。办法已经找到！啊，要赶紧办了！

1941年，作家基金会疏散前夕，玛丽娜和儿子一起收拾行装，准备出发。人们向我报告了玛丽娜的女儿阿利娅的女友——尼娜（我忘了她姓什么）所说过的一些情况。她碰上玛丽娜在慌乱地把需要的东西和不需要的东西一起装进箱子，情绪很沮丧，因为穆尔不愿意走，和她争吵。她在拯救他免于死亡。他还是个孩子啊！她在拯救。

　　玛丽娜执拗地要求不穿巴黎式的服装，要留到中学毕业，因为这种服装在当时是"无法弄到"的，这就激怒了穆尔。穆尔早就长大了（和父亲一般高），而且很可能不再长了，所以应当把衣物收藏好。可是，他不愿意。过渡的年龄耐不住从莫斯科疏散出来引起的艰苦和不便。他同周围所有从莫斯科疏散出来的人们背道而驰，很想从疏散中回到莫斯科去。

　　她什么都原谅他。她是在向前看，看**未来的**他。对于自己来说，她知道一切都已成为过去，她的生命在于幻想他的未来。儿子指责她没有力量获得任何东西，不可能找到工作，她怀着傲慢的痛苦，凭着瞬间爆发的傲气，向儿子摔过去这样的话："这么说，照你看，我除了自杀，没有别的路了？"这是在挑战，而穆尔回答说："是的，照我看，您没有别的路了！"

　　这些话是穆尔在玛丽娜死后，告诉他当时在叶拉布加的那些朋友的。

　　但是，这些话没有在母亲心里引起反应：她知道，这些话是在激烈的争吵中说出来的。在内心深处，他是爱她的——这她知道。但是"我们之间说不定哪一个"——这就完全是另一回事了！不是说她，而是说他……这不单单是小孩子的鲁莽……

　　……他已经不需要母亲了……当然！这个时刻，无尽的疲劳向玛丽娜袭来。他震惊于她的死，不会重复她的路……让他活着吧，青春的嫩枝啊！**一切**道路都向他敞开，而她……

结束了,他们的共同生活,他们的一致,它是那样地短暂,仅仅存在于他的**孩提时期**! 从小就具有丈夫气概的他,早就在冲破她的控制。普遍的——首先是她的——赞扬所培育起来的极端自我中心主义,天才的激情(从事写作和绘画的),冷峭的头脑,冷峭的自我意识,自我陶醉,自命不凡——使他不知道什么叫作"家庭"。除非他自己,任谁的意识也不能够驾御他了。

如果和他在一起的是个男人——他的父亲,——也许能有所裨益? 但是作为女人的母亲,已经被他摒弃在一边了。她没有控制他。但是她就在这里,就在他身旁呼吸,在他身旁唠叨着对他的许多行为的不同看法,在他身旁表现着每天的愿望。她把对他的**关心**视为生命,他却把它看成**压迫**。他感到闷气。

"玛丽娜疯狂地爱着穆尔!"我不止一次听到1939—1941年在莫斯科见过她的人这么说。她记得十七岁的自己,记得自己自杀的意图。他是她的复制品。他们的相同之处在他身上活跃着,他却不能够理解这一点,而且在这些日子他又疏远了她——这就突然而又简单地把一切都决定好了。还**来得及**拯救他,使这棵生机勃勃的幼苗,免于闪电般的死亡。我看到,在作出决定的那一刹那,她周围的一切都变得明朗了。不,不是作出决定。在作出决定的当儿常常会有犹豫——对还是不对。而这里,对于她来说,是不可避免的结果。

我弄明白了，**当时**，她注定要走这一步，即使现在，我也觉得这就是问题的全部本质，就是我们的一般理智。这里有自我牺牲精神。我知道，**那时刻**，还有一线光明使她的心灵受到激动：她死后，他的生活会马上安排得熨帖，人们不会抛弃突然变成孤儿的他，大家会帮助他。母亲对儿子就是这样想的。但是现实并不完全如此：儿子读完中学的最后两年是常常饿着肚子的。两个冬天（1941—1943）他给姐姐写信，常常谈到着梦想吃餐饱饭。

人们总想向我断言：玛丽娜去了——而且抛下了儿子！——是因为忍受不了生活的艰难。

但是，茨维塔耶夫家族的人是不会死于贫困的。

是的，她对儿子的爱是那样博大，假设人们给她戴上镣铐，而儿子对她说："我需要你"，——那她就会茹苦如饴，感受不到镣铐的重量。

玛丽娜去了，为的是不让穆尔去。

对于这一点，只有完全属于另一个水平，不能够理解玛丽娜的性情，不能够理解她的激烈性和绝对性而以自己的尺度进行衡量的人物，才会产生怀疑！

她越来越疲劳了。还在法国的时候，她就感到疲劳，当时，在她公开向马雅可夫斯基致意之后，人们都和她断绝了来往，——她曾经在信中向我说过。人们很少发表她的作品。还在 1934 年，她就想要离开人世，但是儿子把她留住了。

"这些日子我总想写出自己的遗嘱，"1934 年 11 月 21 日她从瓦纳夫给 A. 捷斯科娃写信,"我根本不想活着。不论是和穆尔一起还是我一个人到学校去或者去取牛奶,——遗嘱的词句总是自己从心里冒出来。不是关心物质方面的——我一无所有——我需要的是让人们理解我:向人们**作出解释**。"

从 1939 年到 1941 年,她一个人和格奥尔吉待在一起,度过了光辉的诗歌翻译时期。这个时期随着战争的爆发而结束了,就像孩子手中的气球突然爆炸了似的。

和不熟悉的人们一起去到毫无所知的环境,没有一个可以依靠的人,全是萍水相逢的陌生人。叶拉布加,一座僻远的小城。

帕斯捷尔纳克感到有些对不起玛丽娜:

> 我能够做点什么使你欢喜——
> 请你随便给我一点信息,
> 没有说出来的指责
> 就在你那默默的离去里。

即使不仅仅是帕斯捷尔纳克,而是世界上所有的作家都想阻止她走这一步——她也会把他们推开的。在**这个**时刻,她会像穿过影子似的穿过他们。……哪怕是我,也拦她不住。她会在自己的行进中握着我的手,默不作声。她知道我要冲过去和她说的全部话语。而她,满怀着自己的热望,在这个时刻不会听我……

　　1960 年,也许是更迟一些的时候,我遇到了尼娜·格拉西莫夫娜·雅科夫列娃。据知道她和玛丽娜的友谊的人们说,玛丽娜很喜欢她,而且尊重她! 她们是在巴黎结识的。尼娜·格拉西莫夫娜是一位翻译家。记得她翻译了巴尔扎克。

　　玛丽娜和尼娜·格拉西莫夫娜·雅科夫列娃是不是那几年在巴黎相遇并且交上朋友的? 我不知道。但是,她说起玛丽娜来,总是滔滔不绝,没完没了。我去过她家,如果我没有弄错的话,是邮电总局附近电报巷 9 号,而且,我们还在一起度过了几个昼夜。关于她和玛丽娜的友谊,她说了很多,很多! 在这里,在莫斯科,——她说到玛丽娜生命的最后几个月。尼娜·格拉西莫夫娜帮助她在国家文艺出版社找到了翻译工作。玛丽娜与丈夫、女儿分手(1939 年秋)之后,就在莫斯科从事翻译。她一个人,带着十四岁的儿子,靠自己做翻译的收入维持生活。她逐句逐行地翻译着格鲁吉亚作家(瓦扎·普沙韦拉①和其他格鲁吉亚诗人)的著作。印象特别深的是长诗《埃捷里》——叙述一个王子同一个平民姑娘的爱情以及他们的死——类似罗密欧和朱丽叶。翻译技巧极其高超——这不是夸张。

　　玛丽娜带着穆尔在戈利齐诺住了几个月之后,便到莫斯科(共产大道,利西钦娜的房子)和伊丽莎白·雅科夫列夫

―――――――

　　①　瓦扎·普沙韦拉(1861—1915),格鲁吉亚诗人。

娜·埃夫伦住在一起，住的是一间很小的过道间；旁边，也是同样的小房间，住着伊丽莎白·雅科夫列夫娜本人和她的女友季娜伊达·米特罗法诺夫娜·希尔克维奇。后来，玛丽娜在波克罗夫斯基大街 14/5.60 号住宅租了房间。

"玛丽娜住的地方离我很近，"尼娜·格拉西莫夫娜向我叙说，"她离开的时候，多么难分难舍！我去送她。然后她送我，我又送她……她对我十分信任。总是对我讲她自己的事情。儿子对她很不礼貌，但她什么都原谅他。她**十分爱他**！他长得很漂亮。个子高高的，体格匀称。他还只有十六岁，可看上去像个大人，而且举止适当。他很有独立自主精神。可是她总是为他担心得要命，他对此很生气。他一只脚慢性发炎，是丹毒，她坚持要进行治疗，而且亲自给他治，可是他不愿意。自然，他是一个自我至上主义者，但是在他那个年龄，又有谁不是自我至上主义者？

"是的，玛丽娜很痛苦。但是她什么都原谅他！她记起了年轻时候的自己，而他又是这样有才气，有学识。他知道瓦莱里这样一些诗人，对卡夫卡、德·萨特这样一些作家很有研究，读过他们的著作。玛丽娜是**幸福的**，因为她有这样的儿子，她以他而**骄傲**！他的文学知识好极了，读了这么多……但是很难说，他心里对母亲是怎样的态度，他是否知道她是个**什么人**。他给人的印象很**冷酷**。她很想叫我和她一起疏散，老是劝我。但是，阿纳斯塔西娅·茨维塔耶娃，我不能够，我要去西伯利亚，我**女儿**疏散到那里去了，我也最后和她一起走了。那时候，我们被弄得茫然失措，而我又极其害怕和女儿分离……但是，和玛丽娜分离也是极其可怕的。
我后来才明白，这一决定既使我失去了女儿，又失去了玛丽
娜。女儿很快就患伤寒病死了，而玛丽娜也已经不在人
间……如果她**在我身边**，我不以为她会这样做，——我会不
让她这样做，我们彼此十分了解……”

　　我叫着她，瞧着她，心里产生一个信念：不是玛丽娜，又
是谁能这样尊重、热爱这位勇敢而又富有才气、聪明而又慈
良的女性？她身材匀称，有着玛丽娜十分尊重的东西。而
且，我还感到她有一种无畏的精神。她那双偌大的、蓝色的
眼睛里，她那张稍稍带点傲气的脸孔上，有一种勇敢和尊严
的特殊气质。她已经患了心脏病，但她对自己的病也是很勇
敢的。毫无疑问，这是一种**品格**，女性中少有的品格，这一点
也使玛丽娜感到欣喜……

　　……我感到无穷的遗憾，尼娜·格拉西莫夫娜的死中断
了我们的友谊。不然，从她那饱含爱的回忆中，我还能够了
解许多关于玛丽娜的情况。

　　1961 年，玛丽娜那本蓝色皮面的诗集问世之前，一个基
辅人、崇拜玛丽娜作品的大学生来到了塔鲁萨我姐姐廖扎家
（廖扎已经八十岁）。他读了玛丽娜收入《塔鲁萨篇》集中的
一个故事《基里洛文一家》，故事的结尾是（我凭记忆援引）：
“如果我注定要死在别的地方，我希望在我们童年到基里洛
文家去所走过的某一座塔鲁萨的山冈上，给我竖一块塔鲁萨
采石场的石碑，刻着：‘玛丽娜·茨维塔耶娃希望在这里安
眠。’”他决定实现她的宿望。他在基辅凑了一笔钱，来到塔

鲁萨,向当局和采石场场长说明了来意,场长赠给他一块3/4吨重的棕色石头。据他说,石工正在刻制铭文,现在只要张罗运输了。

廖拉和我都劝大学生不要把石碑竖在显眼的地方,不要像他设想的那样竖在埋着画家鲍里索夫-穆萨托夫以及武尔夫家族坟墓的小坟场上,而竖在靠近廖扎家、阿利娅家的地方,最像一个家族似的。我建议把石碑竖在廖扎家的地段上(阿利娅当时在拉脱维亚,她不在场就不能够竖在她家的地段上,等她回来——只要挪动围墙的一角,廖拉也同意了——石碑就可以变成在阿利娅家的花园里)。

但是大学生——他只有二十四岁——执拗地要把石碑竖在鲍里索夫-穆萨托夫的坟边,虽然我向他解释过:坟场上是不能够竖这种纪念碑的。我们的朋友 3. M. 茨维特科娃教授也持同样的看法。我们担心石碑旁边人来人往,太吵闹,但他——一个热心人——不听,并且运来了石碑(花了很大的劲:部分路程用马匹,部分路程用汽车)。但是,石工刚要刻好铭文,便围拢了一群塔鲁萨人,指责着石工们的工作以及大学生的主意,并提出他们自己的"建议"。"工人们不想干了,我好不容易说服了他们。"大学生又惊慌,又伤心,跑来告诉我们。我们早就预料到这一点,惋惜他没有听我们……

这时候,一封封电报飞向拉脱维亚阿利娅那里,她的熟人们告诉她:没有她在场,一些不相识的人在给玛丽娜竖"纪念碑"。

这就有造成误解的危险。

　　我和基辅人以及我十四岁的孙女儿丽塔都有在下雨的时候去看玛丽娜的宿望。石碑————一块赤褐色的花岗岩（长约 0.75 米，宽约 0.5 米，高约 0.25 米）————歪着放在小坟场围墙入口附近不平整的地上。如果我没有记错的话，铭文是打着引号的（好像引文一样），其上是"玛·伊·茨维塔耶娃"。雨中的白桦愁眉不展，一棵棵好像站着的哨兵，下边，奥卡河还和我们童年时候一样流着。

　　"我有这样一个感觉，如果什么人跑来向石碑下面塞进一根撬杠，把它翻成铭文朝下————那它就是一块普通的石头了！"我对大学生说。

　　我看他经过这么多的努力，遇到这么多的困难，落得心绪不佳，便想安慰他：

　　"不要伤心，您已经做了力所能及的事情！玛丽娜的宿望————您已经实现！正如他所希望的，塔鲁萨采石场的石碑已经在奥卡河边的山冈上了，它在这儿已经有多久了？三天？还会存在下去……重要的是让它**竖起来**。人们都知道这件事情，还能够存在多久————如果人们不来搅扰，————已经不那么重要了！"

　　"我拍了照，"大学生说，"哪怕只留个纪念……"

　　第二天，由于玛丽娜的女儿阿里阿德娜·谢尔盖耶娜·埃夫伦的请求，茨维塔耶夫委员会（爱伦堡、帕乌斯托夫斯基都是该会的委员）向区苏维埃当局发来了对于立碑的抗议。

　　石碑后来的命运是：开来了一辆汽车，人们费力地把它装上去,沿着山路运走了,换了运输工具(详情我不知道,因为我已经带着丽塔走了),又运,最后抛在一个坑里——不知是公共汽车站还是汽车库的附近。大概,直到现在还在那里。

……这个立碑的故事以后,过了十二年,又有一个热心人从沃罗涅日来到莫斯科找我,对我说了他的愿望:他读了玛丽娜收入《塔鲁萨篇》的故事《基里洛文一家》,决心实现她的宿望——在塔鲁萨的山冈上竖一块石碑,刻上:"玛丽娜·茨维塔耶娃希望在这里安眠。"

"由于命运的安排,玛丽娜·茨维塔耶娃的坟离她童年少年生活的地方这么遥远,那就按照她的意愿,在塔鲁萨竖一块这样的纪念碑……"

"这个问题要和玛丽娜的女儿商量决定。"我回答(我记起了阿利娅不在场,我们竖第一个幻想家那块石碑的情形)。我不想叫来人失望:那时候没有成功,现在也许能够成功?如果一定要进行这件事,还有时间提醒他不重犯大学生的错误。姐姐廖拉已经不在人间了,只有我一个人还记着那次的失败,——让他就像俄罗斯童话中所讲述的棒小伙子一样,去碰碰运气吧……这位崇拜玛丽娜作品的沃罗涅日人与阿利娅见面之后给我写信,说她指出了他将遇到的许多困难,向他提出了一连串的建议,他打算着手实现自己的意图。但是,看来困难是很大的——没有听说竖了碑。

一位在叶拉布加师范学院工作的、曾经多次给我写信的教师从叶拉布加来到莫斯科,他告诉我:布罗杰尔希科夫老两口哈伊尔·伊万诺维奇和阿纳斯塔西娅·伊万诺夫娜正在出卖房子，而且新的主人将加以改建。

"这么多年了"，他们说，"人们来来往往，许多人远道而来，怎能不让进屋……他们问这问那——可我们知道什么呢？她带着儿子，只在我家住了十天，当时日子很艰难，每个人都有自己操心的事情……人们走进过道间，要求进里屋，要把发生不幸事情的那枚钉子指给他们看，——这么着，请你们把它从我们家拿走吧，我们这么一说，真的拿走了……"

"于是我就拿了这枚钉子，并且把它带来了。"来人说，"您看我把钉子交给谁好？"

"我想，给女儿好。让这件伤心的纪念物留在她所保存的手札卷宗里。"①

他便这样做了！

1966年春天，我住在戈利齐诺创作之家（是我自己请求作家基金会安排的，玛丽娜曾经带着穆尔在这里住过，而且我也在这里走动许多年了，我走过他们曾经漫步的花园，踏着他们的小梯子爬上山去，瞧着玛丽娜曾经坐过的岩石。对于我来说，这是一栋亲切的住宅），决定会见谢拉菲玛·伊万诺夫娜·冯斯卡娅，在玛丽娜的那些日子，是她管理着这栋

---

① 1981年9月5日，埃利斯塔市大学的一位教研室主任维亚切斯拉夫·米哈伊洛维奇·戈洛夫科给我写信，说布罗杰尔希科夫夫妇把房子卖了，并且说他已经及时地将房屋登记簿转交阿里阿德娜·谢尔盖耶夫娜·埃夫伦保存。登记簿里准确地记载着玛·伊·茨维塔耶娃和格·埃夫伦在叶布拉加逗留的日期（是格·谢·埃夫伦登记的）。

房子。

人们把我送到她的别墅。我走进便门。一位高高的白发女人走出来迎接我。她在等待我。

"好像啊!"她叫起来,"也是那么轻快的步伐!"

下面就是她告诉我的(这是1966年夏天和1967年夏天的笔记):

"只要送来牛奶,她就往牛奶里放糖,到厨房去熬牛奶软糖。穆尔喜欢甜食。熬好了,满满一烫盘,就端过来。穆尔**一下子**吃得精光!年轻人!穆尔对待母亲很苛刻。只知道提要求!从来不帮助母亲做一点事。的确,是个宠坏了的孩子!长得很俊!穿着蓝色的服装。脸颊玫瑰色的,不很光亮……真棒!可是——不理解母亲,没有礼貌。玛丽娜·伊万诺夫娜有时候为他哭泣——悄悄地走开……说:'他是个年轻人,这一切,在我早已过去,可他还是……'她什么都原谅他!和母亲比起来,**穆尔压根儿**是另一种人,对她很疏远。**只知道**提出要求。而她又十分脆弱。她对他毫无异议,**盲目地**爱着他……在他面前,她是矮小的,显得灰色。胸部已经塌陷,但她还是那么轻快,像只鸟似的!阿纳斯塔西娅·伊万诺夫娜,她比你**稍稍**高一点……不,不,不是高个子!"

"玛丽娜也有时候快乐过吗?"我问谢拉菲玛·伊万诺夫娜。

"快乐过,在穆尔高兴的时候。这里,有个克雷莫夫在掌握着他。他一来,把穆尔一搂,就一起走了。而她,望着他们的背影又笑又乐:克雷莫夫是个怎样的人啊,和穆尔玩在一起。

"……她和穆尔有过一回可怕的争吵,他走了——要去莫斯科。她跟在他后边叫喊:'穆尔!我受不了!你回来!'但他走了。她像笼子里的鸟似的辗转不安。他不怜惜母亲,在这样的年龄是不知道怜惜的,他总是很晚回家。

"Г·丘尔科夫的妹妹安娜·伊万诺夫娜·霍达谢维奇很喜欢玛丽娜·伊万诺夫娜。玛丽娜的死,她很伤心。

"克雷莫夫说她:'这架高贵的钢琴受尽了生活的折磨……'(我还没有来得及记下来:克雷莫夫在井边做着什么,请求说:'玛丽娜·伊万诺夫娜,给提桶水吧……'——她俯向井台,无力地……而他:'不必啦,我自己来……')"

过了一年,我就没再遇到谢拉菲玛·伊万诺夫娜了,又好像是一连两年。她死于心脏病。

1967 年,诺伊·格里戈里耶维奇·卢里耶的遗孀让我抄下她丈夫关于玛丽娜的回忆。我把它写在这里:

"1939—1970 年冬天,我住在戈利齐诺,每天都碰到玛丽娜·伊万诺夫娜,和我一样,她也在那里住了一个时期①,后来在创作之家搭餐。玛丽娜·伊万诺夫娜喜欢说话,说得很风趣,有时还极其挖苦。我还记得她为安德烈·别雷②以及

①　许多人回忆在戈利齐诺与茨维塔耶娃相逢的情形,都不准确。她没有在创作之家住过,但她常常待在那里,所以许多人便认为她就住在那里。

②　安·别雷(鲍里斯·尼古拉耶维奇·布加耶夫的笔名,1880—1934),俄罗斯作家,象征派主要活动家之一。

列米佐夫两人而作的即兴画像,画得好极了,但又丝毫不留情面。她语言辛辣犀利,而且嗓门高,声音尖厉。但是,在她那准确的音调和推断后边,有一种茫然若失的怅惘和可怕的孤独感。丈夫和女儿没有和她在一起,身边只有儿子,但据我的观察,他们并不存在共同语言。这位头发斑白、容貌超群的女性,有时眼里会突然出现绝望和痛苦的表情,比任何语言都强烈地说明她的心情。

午饭后,晚饭后,我总是在她身旁坐一会。她讲述着在国外的俄国作家的生活,讲述着她自己和马雅可夫斯基的各次会见。她认为马雅可夫斯基是一个'天生革命的'大诗人,但不知道为什么他并不是很幸福的,虽然他有着幸福所需要的一切:与时代的协调,天才,勇气。

看样子,伊万诺夫娜很看重我们的这种谈话,有时候我没有陪她度过闲暇,下象棋去了什么的,她就发起愁来。

有一次会见印象特别深。那一天,我从凌晨三点开始工作,早饭后我向玛丽娜·伊万诺夫娜提议出去散步。

天气好极了,阳光明丽,没有风,只有一点轻寒。开始,我们在假山上溜达了很久,然后就走进了铺满雪的树林里,只是偶尔才交谈几句。我知道这样的溜达会给心灵带来多么有益的安宁,便尽量不用谈话来打扰我的同伴。但是,使这位卓具才华的女性惶惶不安的那种内心混乱,看来实在太大了,这样的方法很难使她获得安宁。

'诺伊·格里戈里耶维奇,我觉得很不好。'她突然说起来,话里带有她所固有的那种坦率和鲜明。'我回来了。侨居生活那种令人窒闷的、有毒的气氛，我早就厌倦了。我曾经尽量多和法国人来往。他们可爱，容易打交道，但对于我来说，这是不够的。有股力量拉我回来。可是，您瞧，落得了什么结果。难道我在这里和在那里一样，也是一个陌生人？'

我想安慰她：随着时间的推移，一切困难应当是会过去的。可是，她是安慰不了的。

'我担心我对付不了这个……'

我们回来的时候，已经到了镇上，遇到一位老人，显然是当地的居民，矮壮身材，强健有力，一副聪明的面孔很富于表情。玛丽娜·伊万诺夫娜突然深深地吸了一口气，热情地，几乎沉入了狂想，轻轻说：'怎样一个目光炯炯的人啊！我爱他就像爱我的祖国……'"

作家尼古拉·雅科夫列维奇·莫斯克温的遗孀塔季扬娜·尼古拉耶夫娜·克瓦尼娜回忆说：

"我和尼古拉·雅科夫列维奇·莫斯克温于1939年9月底或者10月（准确的日期记不起了）来到戈利齐诺。

到达的那天，我们吃早饭迟了些，当时就餐的只有两三人，而到午饭的时候（大家总是共用一张大饭桌），住在创作之家的人们几乎都来了。大家已经坐下来，开始你一句我一句地交谈。这时候，走进来一位比中等身材稍稍高一点的纤瘦的女性，一副严肃的面孔，几乎是愁眉不展的，但又极其富于表情。

她手腕上一双宽大的银镯很不一般。这位陌生的女人简直是在引人注目，她的一切举止令人感到一种倨傲的尊严。她后面跟着一个身材高大的漂亮的男孩,大约十四五岁。

这就是玛丽娜·伊万诺夫娜·茨维塔耶娃和她的儿子穆尔。

玛丽娜·伊万诺夫娜在饭桌旁的显著位置上坐下来,马上成了大家注意和关心的中心。她自己虽然很少谈话,但饭桌上所说的一切,都是因她而发的,都是说给她听的。

我还不知道坐在我前面的这个人是谁,但已经感到我所看到的这个人用'超群的'一词来称呼是不够的,于是心里产生一个想法:这是一个特殊的人,身份极高的人。我的一生中,无论在此以前还是以后,都没有在任何一次会见中产生过这样的感觉。

吃过午饭,大家都去散步。话题的中心仍然是茨维塔耶娃。大家都走在长满青草的路上,经过稀疏地长着几株树的小块空地。在一个转弯的地方,我看见一棵长得又直又匀称的小树。在旁边走过的时候,我抚摸了这棵树(我常常觉得树木具有人性)。谁知我抚摸小树被玛·伊注意到了,而且这一点(对于玛·伊来说是一个标志)竟成了我们建立友谊的基础,——如果可以称为友谊的话:从我来说那是一种怀着腼腆心情的崇拜,从玛·茨维塔耶娃来说是一种友好的心绪,她对于在某一点上引起自己好感的人们,具有一种加以渲染和美化的才能。

1940年11月17日玛丽娜·伊万诺夫娜给我的第一封信写道:

　　'……这封信是从很远的地方谈起的。它写了整整一年——从那次散步起——它伴随着一棵什么特殊的树（圆圆的松树?）——从这棵树，您认识了 den Weg zuruck。"这样特别的树……"塔尼娅，如果您的慧眼能看出它的特征，那么，大概也能看出我了。说到树，我极其严肃地对您说吧，每一次，当我看到有人为了正直而赞美某一株橡树，或者为了华丽而赞美某一株枫树，或者为了垂丝而赞美某一株柳树，我就感到荣幸，好像是自己受到了爱，受到了夸奖，于是我青春的柔情油然而生，而且马上得出结论：这个人不可能不爱我。'①

　　第一次散步后的第二天或者是第三天，玛·伊请尼古拉·雅科夫列维奇和我上她家做客。她住在一个什么人家的房子里，而早、中、晚都在创作之家就餐。

　　使我们惊讶的是，她的住室杂乱无章：所有的物件都混乱地敞开堆着。然而在戈利齐诺，尤其是在莫斯科，人们很快就明白了：这种没有条理之中有着自身的条理和思想。什么东西在什么地方，玛·伊记得十分清楚，不浪费一秒钟就能拿到所需要的东西。所有物件都敞开摆着，按照我的理解，是玛·伊不愿意浪费时间去开箱开柜、关箱关柜，去记忆什么东西在什么地方，而让所有的东西尽收眼底。在这种'没有条理'之中，并不存在不整洁的地方。

---

　　①　这段文字和以下的文字都只是摘引，删节的地方用省略号表示。信件原文藏于苏联中央国家文艺档案馆。

一般说来,**无论什么事情**,都不能够用习以为常的普通标准去衡量玛·茨维塔耶娃的行为,——她是站在日常生活之上的。譬如,当你送给她东西,即使是她极其需要的,她几乎没有什么表示,但是她送给你东西,即使是很贵重的,也是做得这么随便,好像没有任何意义似的。

我们第一次到她家(以后各次也是这样),玛丽娜·茨维塔耶娃给我们朗诵了她的诗。尼·莫斯克温也朗诵了她的诗——她的诗,他记得很多。这次朗诵的是她最喜欢的诗篇之一:'你好啊! 我不是箭,我不是石头! ——我是最活泼的女人……'

稍后,1940 年 3 月 22 日,在给尼·莫斯克温的信中,玛·伊又'拿出'这首诗中的两行。她写道:

'唉,可惜您不在这里,因为——

　　　　我今天穿了一件崭新的皮袄:
　　　　染成金色的——第七件皮袄。

'这是一件真正的皮袄。是绵羊皮的,不过染的不是金色,而是银色,灰色,我喜欢这种毛色,好像融化的雪花,是在一个农村商店用 70 卢布买的,领子很大,很切实用……我很喜欢自己这件普通的绵羊皮袄,即使拿海狸皮袄来,我也不愿意换的。'

'这件皮袄送给您作为纪念。'

'我不知道何时能够再见,但是我会**永远怀着极其愉快**

的心情。'

在这封信的上边,玛丽娜·茨维塔耶娃给尼古拉·雅科夫列维奇写道:'我打心里想念您,我很依恋您。'这些话不是普通的客套话。当我们已经回到莫斯科,而茨维塔耶娃还留在戈利齐诺的时候,她曾委托尼·雅办些事情,进行电话询问;当她由于在创作之家搭餐,同作家基金会结账发生不愉快的事情时(这件事我已经叙述过了),她当天(1940 年 3 月 28 日)写了一封长信,正是写给尼·雅的,信中详细地写了所发生的一切,写了她的一切怀疑,写了工资问题,等等。玛丽娜·伊万诺夫娜毫无所求,我们感到她只是想把自己的事情告诉别人,而莫斯克温便是她想到的第一批人中的一个。我们的结识本来不很深厚……这一切说明她的孤独,说明她在寻找朋友,可是我们当时不明白这一点。

我知道,尼·雅奔忙着,不是找各方面的人,就是打电话,想在一天之内就把疗养问题定下来,正式办好手续。("这样,玛·伊在心理上就会轻松些。"——尼·雅说)可惜,没有得到任何结果——不知被什么会计制度卡住了。

玛·茨维塔耶娃(在 1940 年 3 月 28 日给尼·雅的同一封信的结尾)考虑到她还得离开戈利齐诺,写道(总的来说,还是讲她的孤独):

'我的整个戈利齐诺生活时期就要这样结束了:全部是集体生活。穆尔感到遗憾,我倒不很觉得,后一段时期过得很枯燥——不能跟我们在一起的时候相比,我简直没有一个可以喜欢的人,缺少了这样一个人,即使是全体的四十个人

我也不需要。'

尼古拉·雅科夫列维奇对玛丽娜·伊万诺夫娜是很殷勤、很尊敬的,有种上流社会的意味。她和我的关系更多的是家务上的,可不是,有时候(次数不多)她请我买点什么,拿点什么(见玛·伊给我的信),而且,我到玛·伊那儿去经常是一个人,和莫斯克温一起是比较少的。(总的来说,次数并不很多。)

通常,在我们见面的时候(当我一个人,尼·雅不在的时候)主要是玛·伊说话,我总是听着。我看出来,玛丽娜·伊万诺夫娜需要把话说出来(我明白,正是出于这个原因,她常给我们写信,尤其是那些亲手交给我的信)。话题是各种各样的。为了不说得没有根据,我从 1940 年 12 月 7 日我自己写给莫斯克温的信中摘引一段,作为一个例证。

'……她讲到了丈夫、女儿、穆尔、巴黎、帕斯捷尔纳克。讲什么都是漫无边际,浮光掠影。她读了写马雅可夫斯基的诗……她讲到了她自己译自波兰文的译文。讲到在逐句逐行的译文中发现了错误,因为不懂语言……所有的谈话都是没有联系的,饱含着辛酸(从她的处境是可以理解的)。突然问起我来:我还有哪些亲人?我为什么老是干活?谁住在喀山?我从事什么工作?……"唉,这一切,乐趣在哪里?生活中,您最大的希望是什么?您希望生活在什么样的时代?……"'

应当说,关于我和莫斯克温,玛丽娜·伊万诺夫娜通常是什么都不问的。即使问到,听起来也漫不经心。她要么三言两语地谈当天当地的一些操心的事儿，要么谈上面说到的那一类事情，要么谈一些抽象的话题（人是什么？一切为了什么？一切事情意义何在？）。这些谈话给我的印象，是在心绪不安地重新评价她在年轻时那些悠长的夜晚就已经和索涅奇卡（索菲娅·叶夫根耶夫娜·戈利代）一起解决了的问题。玛·伊给我的某些信件，无论是向我还是向索涅奇卡谈的那些话，或者仅仅是她提到的索涅奇卡的名字，在某种程度上，我觉得就是我们各次谈话的回音：40 年代的夜晚使她想起了 20 年代的夜晚（'……本来就是一个故人在给您写信：年轻的我，二十年以前的我——好像这二十年并不存在！索涅奇卡——我！'〔1940 年 11 月 17 日信〕）。1941 年 5 月 25 日写道：'亲爱的塔尼娅，您完全消失了——我的索涅奇卡也消失了——我多么希望你们两人都找到自己。'

有时候我们只是沉默着，如果穆尔在家就出去散步，不妨碍孩子的学习。但是，我们即使沉默着，玛·伊也不放我走。看来，她的心灵已经十分忧伤和孤独了。

关于穆尔，我在 1940 年 12 月 7 日给莫斯克温的同一封信中写道：'他长得很高了，单瘦，清秀而又漂亮。是个大人了，甚至用"您"来称呼也不大适合了。我曾向他开玩笑：干脆发明一个新的代词吧……'

我很喜欢穆尔的谦恭；当我去到他们家，他哪一次也没有坐着，总不在我就座之前就座。如果我在和他谈话的时候站起来走到她跟前，他也一定站起来。

对于他来说，这段时间当然是极其艰难的。国度、生活方式、学校、同学，一切都是新的。一切都要重新认识，顺从新的适应环境。而且当时处于过渡的年龄：极其易怒，耐不得劝告（更耐不得命令！），病态地坚持自己的独立性，等等，一句话，就是正在成长的人们在这样的年龄通常出现的一切。

一般来说，我很少看到穆尔：他要么不在家，要么准备出门。但是，从各种小事不难看出：这个孩子自己不高兴自己的易怒和尖刻，感到惭愧，而且怜惜玛·伊，可就是不能够控制自己。

有一次，玛·伊想给正要出门的穆尔理一理围巾（外边很冷），穆尔发火了，气愤地一扭，猛然推开她的手，并且尖刻地说：'别碰我！'但他马上就看看母亲，接着又看看我，脸色很悲伤，很凄惨，直使我想要扑过去安慰，不是安慰玛·伊，而是安慰他——穆尔。有一次，我还听到穆尔在走廊里回答母亲的话（大概是求他早点回来）：'瞧着吧，我一去就不回来！'结果，当然回来了。

对于穆尔身上所发生的一切以及他的性格，玛丽娜·伊万诺夫娜是十分清楚的……

我现在明白了（真是极大的遗憾，直到现在！），当时，玛·伊怀着不可遏止的热望，希望周围的人们尊重她，以善相待，朴素地对她表示人的感情，作为回答，她会马上燃起相怜相爱的谢意，有时还会奉献自己的整个心灵，毫无例外地美化一切。可是，她的孤独却难以排遣。下面是她给我的信中的几段：

'塔尼娅！请您不要害怕我。不要以为我是个聪明人，我还什么都不知道，等等，等等，等等（请您抑制自己的一切恐惧）。您能够给予我很多，无尽的多，因为只有我的心脏为之跳动的那个人才能够**给予**我。就连我这颗跳动着的心，也是那个人给予的。我，当我不爱什么的时候，——就不是我。我老早——不是我。

'和您在一起，我——是我。……塔尼娅，我所求于人的，——是爱。如果真有这么一个奇人，我的爱就是**他**的爱，那他——作为一个奇人，就必须是个奇而又奇的**奇人**。塔尼娅，我所求于别人的，就是他所求于我的，我的需要（如果可以这样说的话，就是必不可少的）就是他的需要，请您彻底理解整个的我吧——我能够感受到**我的**限度，也就是**没有限度**。

'我需要您就像需要面包——从人的角度我想不出更好的字眼。不，我想出来了：**——就像需要空气**……塔尼娅，和您在一起所得到的快乐，——是绝世的瑰宝……您，您的声音，对于我——就是快乐。关于这些，我觉得，我在这里是没有什么人可以谈的……和大家在一起，我几乎感到要命地无聊……多么孤独啊，当我在这种集体活动之后突然来到街上，耳边只有自己的话语（和笑声），除了自己的那些话语，不会听进任何一句。

'再说，人们找我干些什么呢？邀我去朗诵诗。他们不知道，我的每一行诗都是爱，要是我一辈子就这么站着朗诵诗，那就任何诗也不会有了。"多么好的诗！"唉，不是诗好。

'是的,不久前,有这么一个爱好诗的女人,一双又大又深的眼睛照着我的脸,对我说:"唉您为什么是这个样子……这样冷漠,这样理智……您怎么能够写出这样的诗——又成为这个样子……"

'"我只对您是这个样子,"我脑子里回答,"因为我不爱您。"(这是很有道理的——明白地说。)'

在给我的同一封信里(1918年,巴尔蒙特介绍玛·伊认识一位女诗人。后来,她们二十二年没有见面,直到1940年才再度相逢),玛·伊写道:

'我全然不知道要看到的是个什么人,可又强烈地希望——爱她!我和她一起坐了三个小时,谈了以前的朋友和时代,我们仿佛是同一个世界的人,她聪明,写诗,对我很忠诚,可是——塔尼娅!我**什么**也没有感觉到,既没有感到一丁点激动,也没有感到一点吸引力,我的话是冰冷的,明智的,甚至是通情达理的(塔尼娅,这当儿,您该替她伤心。不,是**替我**伤心吧,因为她毕竟是幸福的,因为她在爱我,问题在于,**全部**的问题在于:**我们**应该是爱着的,**我们**的心应该是跳动着的,撞击着——哪怕撞得粉碎!我历来就是撞得粉碎,我所有的诗篇——都是心灵的碎银)。

'塔尼娅,我和昨天的那位女客有着根本的共同之处,我们是同龄人,而且她也写诗,可是——塔尼娅,我从她身上没有感觉到任何东西,而从您身上——从第一次起——感觉到了一切。'

我自己心安理得地援引这些对我的溢美之词,是因为对于我来说这些话都是间接的：众所周知，玛·伊具有对人们进行想象的惊人才能。我觉得，这些话相当清晰地揭示着玛·伊的性格，既有对于人的热情的倾慕，又有她的孤独，还有与众不同的特性。我再说一遍：我深信不能够用通常的尺度来衡量茨维塔耶娃的精神世界。

1939 年，我们和玛·伊很少见面。1940 年（尤其是下半年）见面相对频繁，1941 年，战争即将爆发以及战争时期，根本没有见面。我收到玛·伊的最后一封信是 1941 年 5 月 25 日写的。10 月，我们疏散到喀山。

我们的会面这样动荡不定而且不很经常，是可以理解的。全是时局艰难所致。亲戚家、朋友家、我家和莫斯克温家都有各种各样的不幸和一大堆难办的事情。再说，这个时期我也很忙（我是教员，在一家军事学院工作）。结果，全部时间都随着极度的紧张飞逝了，一大堆的忧虑以及没有完成的工作妨碍我们静下来，从容地仔细考虑各种问题。因此，很难充分地弄清并理解我们新近的熟人玛·伊生活的方方面面。总的来说，我们对她的了解是很不够的。

玛·伊在谈话中提到的许多著名作家也都消极无为。好像既有牢固的友谊，又有确实的靠山。实际上什么也没有。玛丽娜·伊万诺夫娜处于令人吃惊的孤独之中，我们明白这一点真是太迟了。我们大家都有亲戚，都有在各种生活困难中经过考验的、情投意合的朋友。

玛·伊什么人也没有。一到进退维谷、精疲力竭的时候，没有人去助一臂之力。

　　况且，她所遭到的孤独是难以忍受的。我们大家，或多或少与茨维塔耶娃的命运有关的人，都缺乏真正的善良、人道、关心、同情，如果可以这样说的话——还缺乏头脑：宁肯丧失，而不保护**这样**一个人？！当时，我们大家在哪里？！

　　最后，我要从我 1979 年 7 月 30 日写给对茨维塔耶娃感兴趣的一位同志的信中援引几句：'对于一个人来说，祖国就是**家**。对于玛丽娜·伊万诺夫娜来说，无论如何，俄罗斯就是家。她不顾**一切回家了**，对于周围的环境，对于所遇到的人们，都感到很陌生，虽然还不能够理解许多本来很明白的事物，但无论如何她感到自己是**在家里**。'

　　还有。有一次散步，我和玛·伊在一条小条凳上坐下来（真是一条值得纪念的小条凳）。那天玛·伊心情不好，怀着沉重的忧虑，可能是穆尔说了什么尖刻的话。为了把她从这一切引开去，我开始给她讲我与夜校的小伙子、小姑娘发生冲突的那些令人为难而又使人感动的有趣的故事，我在夜校已经工作一年了，这是我在获得基本工作之后不久就开始的兼职工作。那些孩子（大约与穆尔同龄），有的丧失了父亲，有的丧失了母亲，有的丧失了这个和那个，边做事边学习，看管弟弟妹妹，可是拼命地胡闹，有时还要无赖，但总的来说都是好样的。我对玛·伊讲这些，已经不是第一次了（故事无穷无尽），她和往常一样，极其用心地听着这些故事。然后，我们久久地沉默，然后，玛·伊低声说：

　　'多好啊，我在这里！'

　　'在哪里？'我问（心想，不是在戈利齐诺，而是在莫斯科，因为我注意到她当天的忧虑)。

　　'在俄罗斯!'玛丽娜·伊万诺夫娜说。"

　　也许,有人会以为我这篇回忆录的结尾是特意安排的。这倒也是。事实就是这样。而且这些话——不仅仅是一时的情绪。关于这一点的谈话还见于另一次。

　　1940 年夏天,著名的钢琴家玛丽娅·文亚米诺夫娜·尤金娜在研究舒伯特①歌曲集。她需要谱了曲的诗歌的译文。玛丽娅·文亚米诺夫娜从 Γ·Γ·奈豪兹那里打听到了茨维塔耶娃,便决定去找她。下面是她关于这次会见的简短的叙述。

　　"……昏暗的顶楼,粗糙不稳的楼梯,马上袭来令人愁苦的气氛,是凄凉,是混乱,是发生事故的可能。彼此冷漠的问候;我看到一个上了年纪的、心绪不佳的、衰弱的女人,我努力表现出自己是来央求的,是亲切的、有礼貌的;我坐在凳子的边角上,给她看舒伯特的乐曲。'既然要译——那就只译歌德。'茨维塔耶娃说。'哦,那当然,这是最好的歌词。'我回答,并且建议从《迷娘舞曲》和《竖琴曲》译起。她心不在焉地同意了,我匆忙地走开……(我真想扑到她的脚下,吻她的双手,用滚烫的眼泪洒满她的双手,向她提出来,让我承担她各种各样的困难。)我自己很难弄清楚,当时我为什么那样不开窍,甚至冷漠。用不着辩解,这是一种罪过,是缺乏爱,而

----

　　① 舒伯特(1797—1828),奥地利作曲家,曾大量为席勒、歌德、海涅的诗谱曲。

且缺乏文化素养……”

1940—1941 年，玛丽娜最牢固、最亲密的友谊，应当是她与艺术理论家叶连娜·叶菲莫夫娜·塔格尔及其丈夫文学理论家叶夫根尼·鲍里索维奇·塔格尔的友谊。玛丽娜常去他们家，他们亲切地关心她和穆尔的生活。他们对于人的理解，总是那样深刻、细腻而又发自内心，二十年以后，我也曾经体验过他们的这一特点。他们这种理解，曾经点缀着玛丽娜当时那种混乱、惊慌的生活。这里，我想援引一段简短的叙述：

有一天，在谈到玛丽娜·伊万诺夫娜怎样进行诗歌翻译的时候，我问：“这么说，您赞成自由翻译①?”——“自由翻译?”茨维塔耶娃马上反驳，“就是说，还有不自由的翻译？如果真是这样，那我当然赞成自由翻译。”又有一次，她打发一个姑娘给我们送来一张便条，附白中写道：“抚爱小姑娘吧，她是一个心肝儿，甚至可以给她取名‘心肝儿’——普绪刻②。”

我援引这段话不是因为它具有文雅的双关意义，而是因为它闪电似的——好像一小块镜片——反映出茨维塔耶娃——作为一种品格，作为一个诗人的整个内心体系。

“心肝儿”是一个日常用语。但对于茨维塔耶娃来说这是不够的：她把这个词的意义推衍开来——出现一个大写的

---

① 自由翻译，即意译。
② 普绪刻，希腊神话中人物，是人类灵魂的化身，以少女形象出现。

"心肝儿"（巴格达诺维奇的长诗）：心灵就是普绪刻。词义在扩大，在爬高，在耸立，或者，也许还能够从相反的方面来说：词义在展开纵深，在露出隐秘的底蕴，而且，茨维塔耶娃的全部作品都充满着这种不可遏止的渴望：揭示事物的根本，探寻现象的真髓和终极的本质。《死亡之歌》中写道：

……最后一个钉子已经拧入。

是一颗螺钉，因为棺材是铅的。

对于"死亡"——不可思议的决裂这样一个悲惨的主题，通常的棺盖是不相称的。必须要有一个大的、不可克服的东西——"**铅棺材**"！

茨维塔耶娃的全部作品都在锐意地深入事物，探求事物暗藏的本质。有一次，在谈到她的《费德》的时候，我问她的剧本与拉辛①或者埃弗里尼德的《费德》是接近了还是离远了？出乎意外，我听到的回答是："我根本不关心这些。对于我来说只存在两本书：阿法纳西耶夫的《俄罗斯童话》②和……——她说了一本德文的总集（我忘记了作者是谁），——希腊罗马神话大全。很久以后，我在她的《老皮缅的家》中读到了一段意味深长的自白："……毕竟神话……不

---

①　拉辛（1639—1699），法国悲剧诗人。

②　阿法纳西耶夫（1826—1871），俄国历史学家、文学家、民俗学家、民俗学中的"神话学派"代表，曾将俄罗斯民间童话收集成书。

是不存在神话,而是神话之外不存在……神话预先料定而且一劳永逸地铸就一切。"

这里,不必从字面进行理解——问题不在于神话学和民俗学的蛊惑(当然,兴趣也不在于摹仿),而在于追溯渊源,追溯最初的基石,追溯不能为通常的目光所发现、埋藏于各种深厚的岩层之下的那些原理。这不仅是茨维塔耶娃艺术方法的特点,而且是她的世界观的本质。语言的符号,语言的外壳,甚至掩盖着茨维塔耶娃所极力追求的第一性的、"生动的"因素。

茨维塔耶娃的诗有时是很费解的,要求读者深思熟虑地找出她思维的头绪。但是,她最厌恶的,莫过于华丽的词藻游戏,含糊的诗以及任何形式混乱。在格律上也是这样。茨维塔耶娃格律的力量以及它的变化多样,是无与伦比的。但是,她的格律又远远不是那种使人着迷的音乐符箓。她那重读音节的叠置,她那破折号,她那无限的 enjambement——跨行——好像是在往词里打入桩子,把读者钉在意义上,钉在内容上。

一方面是难以置信的、狂暴的、爆炸式的感受,另一方面是同样难以置信地强烈的、渗透一切的、尖利的思想。这好像是两个互相对立、互相排斥的原则,然而,在茨维塔耶娃的诗里,两者却交织成为不可分割的整体。这不仅是她的创作特点,而且是她整个精神秩序甚至外表的特点。

我同玛丽娜·伊万诺夫娜认识,是在 1939 年 12 月。我钻进戈利齐诺创作之家,表面上是为了著书,实际上为了会

见茨维塔耶娃。第一天，我在挨进食堂的过道间看到她："我
多么高兴向您问候，玛丽娜·伊万诺夫娜，"我说。"我多么
高兴听到叫我玛丽娜·伊万诺夫娜，"她回答。

以前，我从来没有见过茨维塔耶娃本人，也没有见过她
的画像和照片。在我的想象中——我现在知道是很天真
的——，也许因为联想到阿尔特曼①给阿赫马托娃所作的画
像，出现了一个文静高雅的形象。实际上——没有一点相似
之处。没有一点巴黎打扮——一件粗糙的套领毛线衫，一条
束着宽带的灰色长呢裙。没有优雅的脆弱，只有严肃、轮廓
分明和力量。身躯惊人地挺直，略向前倾，里面好像藏着她
那果断的天性。

我应当说，从那些年代的无论哪一张照片上，我都没有
认出茨维塔耶娃。这不是她。照片上缺少最主要的东
西——那种表现着她各个方面的**精心琢磨**的魅力：首先是她
的谈话，那一口令人吃惊地刻画入微、富于表现力的俄语，时
而夹着规劝的箴言，时而以出乎意料的奇谈怪论使人折服，
而且包含着不可改变的逻辑；最后是她的面容，精致绝妙地
画成，好像是"雕出来的"。

没有必要去回顾茨维塔耶娃回到祖国以后所遭到的痛
心的悲剧。对这个悲剧作出过高的评价是不可能的。然而，
茨维塔耶娃以一种离奇的方式，也许是第一次，一下子处于

———————

①　阿尔特曼(1889—1970)，苏联画家，1914年为女诗人阿赫马托娃所
作的画像，是其著名作品之一。

另一种环境之中,周围是她一生都未见到的狂热的一代。在戈利齐诺,每天晚上,在兴高采烈的文学界同行之中,她总是高居君临一切的地位,在莫斯科,她吸引着许多人,凡是真正看重诗歌的人都争取和她结交。

我的妻子,一年前去世的叶连娜·叶菲莫夫娜·塔格尔,来到戈利齐诺,在铺满雪的白桦林里和她认识以后,她说过一句话,刻入了我的脑海:"您的柳夏——极好的:本身就是力量——本身就是风暴,本身就是真纯!"

记得有一天,利利娅·尤里耶夫娜·布里克给叶连娜·叶菲莫夫娜打电话,说基尔萨诺夫很想见到茨维塔耶娃,因此,她请叶连娜·叶菲莫夫娜既邀请茨维塔耶娃又邀请基尔萨诺夫来到自己家里做客。叶连娜·叶菲莫夫娜这样做了。基尔萨诺夫带着妻子来了,一双眼睛盯着茨维塔耶娃。可惜的是谁也没有记下茨维塔耶娃本人的谈话。我只好抱怨:"天才少,而埃克尔曼①更少。"

有一天,茨维塔耶娃本人在给我的一封信中写道:

"亲爱的!

人们夸奖我,颂扬我,但是,**任何事物**都不会满足我的自尊心,所有的**一切**只能满足我的心(因为后者是我所有的,而前者是我所无的)。给我打电话吧,邀请我吧,上我这儿来吧。"

---

① 埃克尔曼(1792—1854),歌德的私人秘书,著有《和歌德的谈话……》。

　　是的，对外界认可极感兴趣的平庸之辈的那种自尊心，在永远珍视自己天才的茨维塔耶娃是不存在的。但是她的心，对于向她泻来的赞美的流、感戴的流、爱的流，不可能没有回响。对于我们来说，茨维塔耶娃在晚年的某个时候感到自己生活在这种感戴的爱的"生动的河床"之中，可以看作一种实在是微不足道的慰藉。

　　但是——唉！这种崇敬的光荣实在太空洞了，根本无助于改善物质状况。记得有一个讽刺，是玛丽娜·伊万诺夫娜对我说的，讲的是一个著名诗人。人们请他在作家协会替她说说情。"我到作家协会替她说情？"诗人怀着"高贵的"自暴自弃，情绪激昂地高声嚷起来，"倒是**玛丽娜·茨维塔耶娃**可以向文艺界替我说情！"

　　其实，茨维塔耶娃的境况越来越糟。开始让她翻译瓦扎·普沙韦拉，后来只翻译二流的白俄罗斯诗人和犹太诗人。

　　茨维塔耶娃想要出版自己的诗集没有获得成功；出版社的内部批评家把它定为废品。

　　战后，40年代末期，这个诗集的一份印稿落到我手上。在封页的里面，叶连娜·叶菲莫夫娜记下了茨维塔耶娃的一句话：

　　"能够把这样的诗鉴定为形式主义的人，简直没有良心。这话，我是从**未来的**角度说的。

玛·茨"

　　大约五年前在戈利齐诺，一个当时在奇斯托波尔逗留的女人,向我谈到她在玛丽娜去世前不久和她相见的情形。玛丽娜在寻找着把从巴黎带来的毛线卖给谁。

"我欠一百卢布,我得马上偿还。谁来买我的?这是很好的毛线……"——"也许能值一千卢布,"我看了毛线,说,"但是我不知道您该去找谁……"——"不,哪怕一百卢布就行,我得拿它还账……"我给她讲了当时最为殷实的一户人家,便分手了。

为了达到预想的目的,玛丽娜做什么,怎么做,一切都经过周密的考虑。从她的行动中,可以看出她的专心、果敢和机警。需要损害人家的住宅吗?也许住宅里是有钩子的,但她看到过道有一枚结实的钉子,而且钉帽很宽,她没有拿粗绳——粗绳是有的,而是拿了一根很结实的细绳。为了不让人们从过道间向储藏室以及从储藏室向院子透过玻璃看见吊起来的身体,她用布把玻璃遮起来了("否则吊不彻底——徒然出丑,不是吗?"——摘自她 1910 年给我的信……)

她用绳子把门拴在墙壁上的什么东西上面,虽然有门闩,但为什么要损坏穷房东的门闩呢——战时,什么东西都难弄到。等到人们从外边解开一大堆拴得很紧的绳子——死神已经做完了自己的事情。

她没有错。她什么也没有疏忽。准备工作很全面,很合乎人情,也许,她的行动还充满着灵感——她只是在做最紧要的事情。

一切——可能争论。大家一定会争论这个问题。

我知道,与我持不同意见的人们,将根据自己的看法对我在这里讲述的真实情况加以歪曲,进行错误的解释。这些人不理解玛丽娜……

穆尔离开叶拉布加以后到了塔什干。穆尔在塔什干是挨着饿的:他给姐姐的每一封信都高喊着饥饿。但是他在那里读完了九年级和十年级,成绩优异,而且是第一名(他用俄语写文章写得好极了)。

1978 年在科克捷别尔,曾经在塔什干与穆尔结识的诗人瓦连京・别列斯托夫向我讲述了穆尔那几年的情形。我请他写下来。下面是他的回忆录:

"1943 年初在塔什干,安娜・安得烈耶夫娜・阿赫马托娃介绍我认识了穆尔(格奥尔吉)・埃夫伦。我记得,她在监护着穆尔,而且努力做得不现形迹,她希望穆尔有一些同龄朋友,特别是从事写作的同龄朋友。

穆尔在什么地方耽搁了(他好像是住在卡尔・马克思广场附近的一个院子里,开初,阿赫马托娃也在那里住过的),那天晚上,我在阿赫马托娃那里待了很久。看来,安娜・安得烈耶夫娜等待穆尔已经不是第一次了。她为他担心,老是望着院子。有一天,她看见院子里一位姑娘,等待穆尔已经几个小时了,这一点使她很不高兴。如果他自己不爱这位姑娘,那么他,一个少年,又怎么需要她来爱他呢? 这位姑娘,当然是可以理解的:穆尔很漂亮。

他向我读了自己的一些日记。他的那种整洁好像不是俄国式的,他的手稿跟书似的编着页码,留有页边,而且,我记得没有一处涂改。日记里有我所喜欢的关于阿赫马托娃的记载,有对于胜利后欧洲未来的议论(穆尔指望和平时期也能够保持同盟国之间的友谊)。里面记载着他所遇到的名人的谈话。这些,对于他将来的工作应当是很有用处的。他在同时写作两部长篇小说,一部——取材于法国生活,另一部——取材于俄国生活。穆尔憧憬着把自己的一生献给这么一项事业:在俄国宣传(这是他的用语)法国文化,在法国宣传俄国文化。穆尔竭力客观地描绘与他自己不同的、别人的生活面貌。描绘得很精确,相当详细,而且不带抒情色彩。

从书里,从笔记本里,我还记得那小房间里的陈设。

我们在谈话中根本没有触及我们自己的命运。他有时引用他母亲的诗,也和引用其他诗人的诗一样。我没有和他谈过她。

有一次,一位朋友不知道用什么方法弄到一辆汽车来度星期日,我们一群人乘汽车到春天的草原去采盛开的郁金香。记得,在那里我们第一次听到而且后来自己也唱起来一支以苏尔科夫①等的歌词谱成的著名歌曲《窑词》:"火苗在小小的火炉里跳动"。

我和穆尔根本没有交谈过彼此的日常生活,但是,他那朴素的小房间,他那没有补丁的衣裳,他那食堂餐票,——那食堂,可以遇到不少名人,他们拿着饭盒打汤打菜,菜往往是以各种方式做出来的饲料甜菜:这一切说明有人为茨维塔耶

---

① 苏尔科夫(1899—   ),苏联诗人,社会活动家,诗集有《短颂歌》等。

娃的儿子帮了忙。

穆尔有一种独立不羁的精神以及他那个年龄所固有的自我肯定的毅力。

瓦连宋·别列斯托夫

1978 年 10 月 1 日"

穆尔到莫斯科后,住在姑妈利利娅·埃夫伦家,进了文学学院夜读部,为了挣钱,又当了一家工厂的装潢美术员。当时他十七岁半。波尔图加洛夫保存着穆尔创作的一个剧本,是一个创新型的剧本。

1944 年 2 月 1 日他满了十九岁,而且应征入伍。他的信到 1944 年夏天止。以后,他便缄默了。后来,他的姐姐阿利娅和我都向国防人民委员部询问过。回信称:伤员名册、阵亡名册、失踪名册都没有格·谢·埃夫伦的名字。

直到 1975 年,《涅曼》杂志第 8 期登出了 C. B. 格里巴诺夫中校的文章。这位中校曾经为格奥尔吉·埃夫伦的事情做过大量的工作。文章标题是"茨维塔耶娃的一行诗",还有,《祖国》杂志(1975 年第 3 期)登出了 C.维肯季诺夫(格里巴诺夫的笔名)的文章,并且有照片——十九岁的穆尔一张痛苦的脸。他在长大,看来,在重新理解母亲的死。他在回想着母亲……

C.B.格里巴诺夫中校是一位随军记者,是茨维塔耶娃作品的爱好者,他查阅了从那些岁月起保存下来的全部卷宗,阅读了大量文件,在军事档案馆坐了好几个月,找到了许多在战斗中认识穆尔的人。他们的回答:"战斗中——他很勇敢。"

　　他的最后一次战斗是在 1944 年 7 月 7 日——关于这次
战斗,他在前一天写信告诉了他的姐姐阿利娅:"明天——投
入战斗。"以后,再也没有他的消息了。这次战斗,在树林里
追击法西斯匪徒,他受了重伤,并且"撤退到医疗队"。那里,
附近有一座不知名的士兵的坟墓。那次战斗,还有别人受了
致命伤吗? 这个士兵会永远不知名吗,还是将在那里树起谢
尔盖·埃夫伦和玛丽娜·茨维塔耶娃的儿子——格奥尔吉
的名字? 时间会告诉我们。

　　1975 年,我收到了斯塔尼斯拉夫·格里巴诺夫的信。

　　这封信里,斯·格里巴诺夫告诉我,和谢尔盖·埃夫伦①
一起参加那次战斗的雅科夫·哈贾伊诺夫中尉的儿子曾经
告诉他:"……我最近到了乡村德鲁伊卡和维德扎赫,437 步
话团曾于 1944 年 7 月初在那里进行战斗……8 月 17、18、19
日三天,我们在布拉斯拉夫市,并且在兵役局找到了葬者的
名单和写着全部资料的父亲的整套卡片。人们告诉我,在维
德扎赫纪念碑上将刻上母亲的姓名……"

　　斯·格里巴诺夫进行这一困难重重的寻访,所得的数十
件证明和书信都由穆尔的姐姐阿利娅交给了苏联中央国家
文艺档案馆。斯·格里巴诺夫将自己关于格奥尔吉·埃夫
伦的资料转给了维帖布斯克市兵役局,开始是转给州兵役
局,后来是转给布拉斯拉夫区兵役局。又过了三年。人们从

---

　　① 应是谢尔盖耶维奇·埃夫伦(即穆尔),疑是作者笔误。

布拉斯拉夫来信,说埋葬格奥尔吉·埃夫伦的地点已经肯
定。同时,还收到了区兵役局的证明,日期是 1978 年 2 月 13
日,上面写着:

"尊敬的斯·格里巴诺夫同志,按照您的要求寄来纪念
碑的几张照片,这里埋葬着包括格·埃夫伦在内的苏联军
人。其他军人的姓名我们不清楚。"

不久,我也收到一张照片:德鲁伊卡村附近,光秃的树
枝,下着雪,一座坟上立着一座方尖纪念碑,铭文是:

埃　夫　伦
格奥尔吉·谢尔盖耶维奇
1944 年 7 月牺牲

和他葬在一起的是谁? 也许,我们也会弄清楚这些名字
的……

……一双眼睛总是不能够离开照片上的石碑。直到现
在我才相信他死了……

我访问叶拉布加以后,过了十年,鞑靼共和国作家协会
在叶拉布加坟场——在 1960 年我所认定的地点,给玛丽娜建
了一座巨大的花岗岩纪念碑,铭文是:"在坟场的这块地方安
葬着玛丽娜·伊万诺夫娜·茨维塔耶娃……"(接下去是诞
生和死亡日期)。可惜,鞑靼共和国作家协会没有复述这个
铭文的第一行。因为将来也许能够确定玛丽娜坟墓的准确
位置——靠近坟场右墙。

然而,向着诗人象征性的纪念碑,人们早就在山岗上踏出了一条小径,他们走在高高的坟场,走向岗岩上的铭文:"玛丽娜·茨维塔耶娃"。

我八十八岁了,今年秋天玛丽娜将满九十岁。

题解:

阿纳斯塔西娅·茨维塔耶娃(1894—1993),昵称阿霞,玛丽娜·茨维塔耶娃的妹妹,哲学家。阿霞与姐姐关系十分要好,但青春时期有时也免不了争风吃醋这类常见之事。在安娜·萨基扬茨所著《玛丽娜·茨维塔耶娃:生活与创作》一书中有相关介绍。著有回忆录一卷,虽不是专门回忆姐姐,但姐姐在其中占据了相当多的篇幅,在众多关于茨维塔耶娃的回忆资料里,这本有其独特的地位。回忆录只是讲述到了1922年。正是在这一年,茨维塔耶娃为寻找丈夫,离开了俄罗斯。此后,姐妹俩长期分离,在茨维塔耶娃有生之年,也就见过寥寥几次。这本回忆录第三部分《我们的青春》及附录《关于玛丽娜的最后的话》曾被陈耀球先生译成中文(《自杀的女诗人》,漓江出版社,1991年),本文即是那篇附录,讲述了自己寻找姐姐坟墓的种种努力,征引了多位与茨维塔耶娃有过直接接触者的回忆,且结合自己的观感,这些资料对于理解茨维塔耶娃之死相当重要。萨基扬茨在传记的附录部分收有自己写给阿霞的一封信,指出了回忆录中一些细节方面的不实之处,并给予了客观的分析。在茨维塔耶娃关系最密切的亲人中,只有阿霞一人长寿,活到了一个新的时代。

(米 卡)